本书为国家自然科学基金面上项目（71273193）、国家自然科学基金青年项目（71402124）以及温州人经济研究中心专项课题的研究成果

网络与集群
温商群体形成的机制研究

张敏 张一力 著

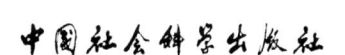

中国社会科学出版社

图书在版编目（CIP）数据

网络与集群：温商群体形成的机制研究/张敏，张一力著．—北京：中国社会科学出版社，2022.12
ISBN 978-7-5227-1084-6

Ⅰ.①网… Ⅱ.①张…②张… Ⅲ.①商业经营—经验—温州 Ⅳ.①F715

中国版本图书馆 CIP 数据核字（2022）第 235112 号

出 版 人	赵剑英
责任编辑	王　曦
责任校对	殷文静
责任印制	戴　宽

出　　版	中国社会科学出版社
社　　址	北京鼓楼西大街甲 158 号
邮　　编	100720
网　　址	http://www.csspw.cn
发 行 部	010-84083685
门 市 部	010-84029450
经　　销	新华书店及其他书店
印刷装订	北京君升印刷有限公司
版　　次	2022 年 12 月第 1 版
印　　次	2022 年 12 月第 1 次印刷
开　　本	710×1000　1/16
印　　张	19.75
插　　页	2
字　　数	281 千字
定　　价	108.00 元

凡购买中国社会科学出版社图书，如有质量问题请与本社营销中心联系调换
电话：010-84083683
版权所有　侵权必究

序

温州，在地理位置上背山面海、偏居东南一隅，在资源禀赋上人多地少、国家投资很少。在中国改革开放的伟大时代，温州因创造以市场化、民营化为主要特征的"温州模式"而名闻天下。凡是到温州参观访问、考察调研过的人，想必对其遍布城乡的特色产业集群和富有创新精神的民营企业家群体等，都会留下深刻的印象。

人是经济活动的主体和动力。改革开放40多年来，温州充分发挥了民间力量和市场力量，让人数众多的民间商人、民营企业家（即本书所论述的"温商"）自主选择、自由竞争、自我决策、自负盈亏，真正成为市场主体和竞争主体，一步步闯出了一条"小商品大市场""商行天下"的发展道路，带来了市场经济的蓬勃发展，以及广大老百姓的治穷致富和城乡面貌的巨大变化。

如今，有关温州模式研究的论著已经多得数不胜数。但是，它们主要研究的是温州区域经济现象、区域经济发展模式和改革经验，很少研究温商、温商群体、温商网络与温州产业集群的相互关系；就我的阅读范围而言，更未见从本土温商、在外温商和海外温商相结合的视角，探寻温商群体的创新路径及其形成发展内在规律的著作。因此，本书以"网络与集群：温商群体形成的机制研究"为主题所做的考察研究，是具有创新性的，可以说填补了温州模式研究的一个空白领域。

温商发展的一大突出特点，是流动性强、遍布天下。本书从企业家天性及其行为方式入手，建构了一个"温商网络—产业集群网络—全球化竞争优势"的逻辑分析思路，比较具体地考察了温商行为、温商网络对温商可持续发展的影响机制，剖析了处于转型期的温商群体的内在缺陷及相伴发生的一些"阵痛"现象。作者还利用1999年第一次对在外温商进行的大规模问卷调查以及后来在意大利对当地温商进行实地调查所掌握的第一手资料，较系统地分析了温商群体与集群网络的形成机理，试图检验温商网络协同程度、网络结构特征对其竞争优势的影响差异。

温商发展的另一大特点，是在强流动性的过程中形成聚集性、网络化。在我看来，温商的聚集性与网络化，两者不仅互为因果而且相互强化，因为聚集所以形成网络，因为结成网络所以有助于放大聚集功能。温商发展的这种独特现象，与温州区域文化是密不可分的。本书将推动温商集群演化的核心力量，概括为社会关系网络、市场关系网络和创新关系网络三者的协同发展。通过对海内外温商发展过程中的一些典型事件，特别是对意大利普拉托服装产业集群的个案研究，描述了温商群体的发展轨迹及其影响因素，刻画了温商群体与产业集群的相互嵌入、协同演化的发展过程，探讨了温商群体网络演化的动力机制和社会资本要素对温商创新行为的影响机理，也分析了温商网络与产业集群在协同发展过程中存在的机遇与挑战。总之，本书对于我们认识转型期温商的行为逻辑、动力机制、合作方式、商业模式选择和动态迭代等，都是有一定启发价值的。

以温商群体为实证研究对象，是一个具有相当难度的课题。一方面需要有效收集有关温商群体的研究资料，另一方面还要将收集到的材料纳入一个具有学理性的分析框架并努力作出合乎事实的逻辑解释。在这两个方面，我不敢说本书在多大程度上已经取得了成功，但想象得到作者为此付出的不懈努力和探索勇气。作为作者之一，张一力教授是土生土长的温州人，长期致力于温州企业家群体的研究，一直关注温州本土企业家群体的成长，从1999年以来曾先后六次到普拉托等地考察访问。他在2004年完成的题为《人力资本与区域经济增长：温州与苏州比较实证研究》（浙江大学出版社2005年版）博士学位论文，不仅在一般意义上充分肯定了"企业家人力资本的作用"，而且论证了"温州是企业家人力资本富裕型"及其对诱致性制度变迁和经济发展的影响。在国内外的一些重要学术期刊上，两位作者均发表了比较丰硕的前期相关研究成果。因此可以说，本书是作者"二十年磨一剑"的一个总结性研究成果。

一方水土养一方人。瑞士著名心理学家荣格曾说过："文化是有故乡的集体灵魂"，"一切文化都沉淀为人格"。温商作为一个人数众多的特殊群体，无论是活跃于温州本土的，还是在国内其他地方创业的，乃至漂洋过海到了国外的（如本书对普拉托服装产业集群网络中温商群体行为的考察分析），他们的价值观和行为方式都存在着许多共性的地方，比如喜欢"扎堆"聚集、"抱团"取暖、注重乡情、善于分工合作、乐于相互帮助，等等。那么，在温商群体身上体现出来的这些共性特点，与现代市场经济发展所要求的信用基础、契约观念和法治精神等，是否存在着不相适应甚至发生冲突的地方呢？如果有的话，在温州本土、国内和国外的不相适应程度是否存在着差异，其具体表现形式又将如何？诸如此类问题，我想应是温商研究的题中应有之义，也是非常有趣的。本书对这些问题分析不多，这似乎是一个欠缺，建议作者今后可作进一步考察研究。

张一力教授让我作序，盛情难却，就写下以上这些。

2022年5月31日于杭州滨江寓所

前　　言

　　2018年11月1日，习近平总书记在民营企业家座谈会上，充分肯定了企业家的贡献，他说"长期以来，广大民营企业家以敢为人先的创新意识、锲而不舍的奋斗精神，组织带领千百万劳动者奋发努力、艰苦创业、不断创新"。[①] 2020年7月21日，习近平总书记在主持召开的企业家座谈会上发表了重要讲话，进一步肯定了企业家群体的作用，他说，"改革开放以来，一大批有胆识、勇创新的企业家茁壮成长，形成了具有鲜明时代特征、民族特色、世界水准的中国企业家队伍"。[②] 温州企业家是中国企业家群体的典型代表，习近平总书记关于企业家的论断，为我们研究温商群体的形成机制提供了重要指引。

　　非常庆幸的是，我们作为国内最早关注"温州模式"的本土学者之一，见证了温州企业家的成长历程。在本专著即将出版之际，回顾整个撰写过程，我们经不住感慨万分。从学术研究转型的千思百虑，欧洲田野调查的千辛万苦，到研究主题筛选的千锤百炼，真是百感交集。想当初，温商走尽千山万水、想尽千方百计、说尽千言万语、吃尽千辛万苦，从一无所有走到了今天。作为温商的研究者，我们的心路历程竟与我们的研究对象惊人的一致。

[①] 习近平：《在民营企业座谈会上的讲话》，人民出版社2018年版，第5页。
[②] 习近平：《在企业家座谈会上的讲话》，人民出版社2020年版，第5页。

温州东濒东海，北、西、南三面均为大山高地，与外域隔离，地理位置偏僻。由于社会经济水平的低下、科学技术的不发达，自古以来温州境内人口流动频繁，不断发生迁徙活动，积淀了温州文化的移民基因，由此契合中国经济的快速发展，形成了温州人在国内外闯荡、生存创业的"商行天下"的独特现象，也成为改革开放后中国企业家队伍中重要的一支。1980年，温州的章华妹领到了第一张个体工商户营业执照，开启了中国第一位个体工商户的创业之路。此后，更多的温州人背井离乡迁移到全球各地，开始了草根创业者的艰辛旅途，也造就了闻名于世的"温州模式"。大批温州人走南闯北，商行天下。一人在外，带领一家致富，带动一片产业，带旺一个区域。温州的服装、鞋革、低压电器、汽摩配和泵阀等传统产业，就这样成为许多温州人发家致富的第一桶金。企业家数量多而集群是比温州产业集群更为明显的温州特征，也正是这个特征让温州"富甲一方"，温州人更被认为是富裕的东方犹太人。随着温州人商行天下的日益深入，温商离开温州在异地创业也纷纷带动了各地的就业。将近200万国内在外温商，创建了268家全国地级市的温州商会，2020年就有47家温商企业在异地上市。

我们一直关注自20世纪七八十年代以来温州经济发展变化和温州企业家群体的演化，研究的视角也从关注温州经济增长中企业家人力资本的贡献，转入对温商群体的形成与发展的观察。本书的研究时段主要集中在1999年至2015年，从1999年作者第一次对在外温商进行大规模问卷调查到2015年作者在意大利对海外温商展开的田野调查。在撰写过程中，我们基本上沿用了质性研究和实证研究的方法，在积累了大量的基础数据的同时，也建立了我们与温商的联络网络。在做针对在外温商的研究时，我们一直在思考如何能够把本土的温商在经济发展中的成长经历与在外的温州商人做比较。2012年11月，温州大学、意大利佛罗伦萨大学和澳大利亚莫纳什大学三方合作的国际移民学术研究会首次在温州举行。我们在大会上宣读了一篇海外温州人创业的案例研究，被与会专家认为开辟了一个全新的研究海外华侨华人的视角。我们先后6次前往欧洲，采用滚雪球的抽样方式获取海外温商的发展案例，与海外温商、当地官员和学者建立了密切联系。通过对一个个温商进行实地走访，对一家家温商企业进行深入了解，对一座座温商市场进行参观考察，从外围到核心，从历史到现实，逐渐勾勒出温商网络与企业家群体的演化轨迹。我们利用世界温州人大会和其他契机对访谈对象进行持续追踪，利用海归的温商项目不断纳入新的访谈对象。经过长时间辛苦细致的记录、分类整理，这些宝贵的一手资料记录下了每一个珍贵的现场调研瞬间，为日后提炼研究主题和文章的写作提供了源泉和动力。

我们秉承着历史唯物主义的思辨逻辑对温州本土、在外温商和海外温商的创新路径以及温商集群网络的演化规律进行系统梳理。不仅细致刻画了"温州模式"的演化脉络，并将"温州模式"与"苏州模式"、"珠三角模式"等其他模式进行了比较；还对温商群体的形成机制进行研究，揭示了人力资本对区域经济增长的影响。通过细致刻画温商与集群的相互嵌入、协同演化的发展过程，提供了一种关于转型期企业家集群动态迭代的微观解释。本书不仅记录了海内外温商与集群网络的融合过程，更记录了温商在过去近半个世纪中的创业故事。面对"百年未有之大变局"，回顾温商的创业历程对于大力弘扬新时代企业家精神、激发企业家的活力具有极为重要的意义。

习近平总书记提出了要"加快形成以国内大循环为主体、国内国际双循环相互促进的发展新格局"的大战略，此举既是顺势而为的战略举措，更是强国之路的必然选择。企业家群体势必在实现这一发展新格局中发挥更为重要的作用。愿我们能够从历史中汲取智慧和力量，以信仰之光照亮前行之路。

2022年3月

目　录

第一章　温州模式和温商的研究起点 …………………………（1）
　第一节　"温州模式"与"苏南模式"人力资本结构
　　　　　比较研究 …………………………………………（1）
　第二节　企业家人力资本富裕型：温州模式的起点 …………（10）

第二章　温商群体的起源 ………………………………………（19）
　第一节　温商群体的概况 ………………………………………（19）
　第二节　温商群体的总体素描 …………………………………（22）
　第三节　温州企业家集群形成的机制分析 ……………………（53）

第三章　温商网络的演化 ………………………………………（58）
　第一节　集群网络研究综述 ……………………………………（58）
　第二节　温商集群网络发展阶段的划分 ………………………（65）
　第三节　温州企业家集群形成的网络自生成模型 ……………（74）
　第四节　温商集群网络演化的理论分析 ………………………（80）
　第五节　普拉托温商集群演化的案例 …………………………（93）

第四章　温商国内网络的外迁拓展 ……………………………（110）
　第一节　温商国内网络扩展的概述 ……………………………（110）

第二节　温商国内网络外迁扩展的内在机制分析 ……………（123）
第三节　温商国内网络扩展的实证研究 ……………………（133）
第四节　温商国内网络扩展与可持续创业的趋势 …………（146）

第五章　温商创业学习、工匠精神与网络能力转型：一个探索式的案例研究 ……………………………………………………（154）
第一节　工匠精神、创业学习和网络能力的相关文献回顾 ……………………………………………………（155）
第二节　探索性案例分析的研究设计 ………………………（159）
第三节　探索性案例分析 ……………………………………（164）
第四节　案例讨论 ……………………………………………（170）
第五节　研究结论与展望 ……………………………………（175）

第六章　温商的全球化及海外创业模式的演变 ………………（178）
第一节　温商全球化的概念 …………………………………（178）
第二节　海外温州人：全球化网络的原点 …………………（182）
第三节　国内温商的全球化：全球化网络的扩散 …………（186）
第四节　海外温商创业模式的演变 …………………………（191）
第五节　温商全球化案例 ……………………………………（203）

第七章　对温商海外移民创业网络嵌入路径的重新审视 ………（206）
第一节　海外移民及创业网络相关文献回顾 ………………（208）
第二节　普拉托服装集群网络与移民创业网络的时空演化 ……………………………………………………（216）
第三节　基于距离特征的网络演化错位现象分析 …………（223）
第四节　双重社会资本视域下的距离调适策略 ……………（239）
第五节　结语 …………………………………………………（243）

第八章 温商海外移民创业的可持续发展 ……………………（244）
　第一节　温商海外移民创业可持续性的理论背景 ……………（246）
　第二节　温商海外移民创业可持续的研究设计 ………………（252）
　第三节　温商海外移民创业案例分析 …………………………（258）
　第四节　温商海外移民创业可持续性的研究结论与对策 ……（268）

参考文献 ……………………………………………………………（273）

第一章　温州模式和温商的研究起点[*]

第一节　"温州模式"与"苏南模式"人力资本结构比较研究

一　温州模式与苏南模式研究综述

何为"温州模式"？赵伟（1999）提出，温州模式是一种"新古典区域工业化范式"，即具有欧洲古典市场经济工业化早期发展的主要特征。杜润生（2000）认为温州经济是一种自发、稳定、可持续发展的经济秩序。史晋川（2002）则认为温州模式的基本内涵包括两个方面的内容：经济发展的模式和经济体制改革的模式，它的核心在于：充分尊重和发挥民众的首创精神，将经济体制改革与经济发展有机地融为一体，使改革和发展在区域经济与社会变革中成为一个相互促进的动态变化过程。

所谓"苏南模式"，洪银兴等（2001）认为通常的理解是指苏锡常地区通过发展乡镇企业进行非农化的方式和路径。其初始阶段的主要特征是：农民依靠自己的力量发展乡镇企业，乡镇企业的所有制结构以集体经济为主；社区政府（乡镇政府）主导乡镇企业的发展。宋

---

[*] 本书各章涉及的统计数据系根据研究需要采用不同年份，主要是反映温州和温商发展的关键时间节点。

学宝（2001）认为"苏南模式"是指乡镇企业以集体（乡、村一级）企业为主、以中型企业（相对而言）为主、以工业为主、依托大中城市的一种发展模式。

这两种模式比较的研究中，大部分是对两种模式的现象进行对比分析，虽然也有学者把两者的不同归结为地理、文化、历史等（周德欣，1997），但很少有学者从人力资本的角度来研究，特别是从区域人力结构的角度来研究。我们认为两种模式所在地域人力资本存量结构的不同是导致两种不同区域发展模式的重要原因。人们通过投资所获得的、具有经济价值的知识、能力、健康等质量因素的整合，就是人力资本。

二 区域经济增长的四种模式

张一力（2005）给出了两个层次本区域的人力资本的定义。个体人力资本就是通过时间、货币等的投资，在个体身上所体现的、具有经济价值的知识、能力、健康等质量因素的总和。区域人力资本是指在一个特定的区域内，每一个人通过投资所获得的、具有经济价值的知识、能力、健康等质量因素的总和。

同时，张一力（2005）提出存在三类不同的人力资本，即一般人力资本、专业人力资本和企业家人力资本。不同人力资本在经济增长中的作用不同。由于历史、文化、地理等背景的不同造成了各个区域对于人力资本投资的差异，从而形成了不同的人力资本存量结构模式，即专业人力资本和企业家人力资本存量都低、企业家人力资本存量高而专业人力资本低、专业人力资本高而企业家人力资本存量低、专业人力资本和企业家人力资本存量都高四种模式。可以分别称之为双低型、企业家人力资本富裕型、专业人力资本富裕型和双高型。比较典型的是温州和苏州。它们分属企业家人力资本富裕型和专业人力资本富裕型两种模式。这两种模式的经济增长的机制和形成机制是不同的。

温州和苏州在发展初期（1980年前后）分别属于企业家人力资本富裕型和专业人力资本富裕型。换言之，温州具有较高存量的企业家人力资本而相对缺乏专业人力资本。表现为区域内企业家精神旺盛，但教育、科技等比较落后，人们善于从商而不善于从事科教文卫事业。苏州却正好相反，人们乐于从事科教文卫事业，而羞于从事工商业，白领和蓝领人士居多，自我创业者较少。

苏州处于中国的中心地带，由于历史的原因其对教育和文化是非常重视的，专业人力资本存量一直领先于全国平均水平。然而，在改革开放初期，集体经济的兴旺发达使得企业家人力资本，特别是企业家精神没能在苏州迅速发展，这使得改革开放初期的苏州属于专业人力资本富裕型区域。

温州却正好相反，国家对该区域的投资极少，因此教育、科技等投入不足，专业人力资本存量严重不足。由于土地等条件的限制，温州传统的农业不能维持农民的生存，所以经商就成为他们的主要选择。再加上历史上温州周边区域已经形成的强烈的工商意识，使温州的企业家人力资本存量相对高于其他许多区域。从改革开放开始，温州的经济增长模式就体现出企业家人力资本富裕型的特点。

本书把温州和苏州分别作为"温州模式"和"苏南模式"的典型城市加以比较研究。

三 基于区域人力资本结构模式的两种模式比较

（一）发展过程的不同

1. 两种模式制度变迁路径的比较

经济发展的不同，最根本的表现是制度变迁路径的不同。温州属于企业家人力资本富裕型，导致了诱致性制度变迁；苏州属于专业人力资本富裕型，导致了强制性制度变迁。

股份合作制是温州诱致性制度变迁的典型。20世纪80年代中期，以家庭工业为主体的温州经济格局悄然发生了变化，这个制度均衡需求被打破，如果不创造出一种新的企业组织制度，那么众多企业的组织活力难以激发，扩大再生产就成为问题。因此，制度选择集合要发生改变，需要一种新的形式。首先，企业家们（创办企业或在企业中有投资的人们）要从技术上使这样的企业组织更为灵活。其次，要能从新制度创建中获得更大的经济收益，企业家从自己的利益出发，发挥企业家人力资本的创新功能，设计出合乎上述两种要求的股份合作制，这样的制度变迁自下而上，从个别到全体，从非规范到规范，其过程完全符合林毅夫（1989）所指出的诱致性制度变迁特征。最后，在这种利益的刺激下，更多的人会去模仿并且不断地创办新的企业，制度鼓励了社会对企业家人力资本的投资，促进企业家人力资本存量不断增加，形成了更多能促进企业发展的诱致性制度变迁的产生，实现了循环累积效应。每逢发展遭遇新问题就会产生新的制度集合，温州的制度变迁正是这样不断演化的，挂户经营、民间金融、商会、旧城改造等制度的出现与股份合作制几乎同出一辙，均属于自下而上由企业家推动的诱致性变迁。

苏州的情况却完全不同。企业是经济的主体，企业家决定了企业的发展。由于缺乏企业家人力资本，苏州的发展就需要另外的主体来替代。因此苏州经济发展初期的政府行为，在一定程度上代替了企业家人力资本的功能。由于苏州早期的乡镇集体企业产权不清晰、所有者缺位，企业的发展没有像温州个体、私营企业那样具有源源不断的内在动力，因此苏州改革是自上而下的，动力源自各级政府。它们提供了制度变迁的设计和动力，然后通过层层的任务分解予以落实，苏州制度变迁的路径明显带有强制性制度变迁的特征。

苏州乡镇企业的发展就是强制性制度变迁的典型案例。苏州乡镇企业起源于人民公社时代，但真正的发展却是在20世纪80年代中国农村改革之后。家庭联产承包责任制的实行使得农村分离出大量剩余劳动力，但户籍制度的束缚使得农民"离土不离乡"，进入乡镇企业成为主要的解决办法。同时，整体上分权改革思路以及地方财政包干制度的实施，刺激了地方政府兴办工商企业的欲望，它既有助于缓解关系社会稳定大局的就业问题，又可以增加发展地方经济所必需的财政收入。于是，出现了一批由乡村政府创办并直接管理的企业，形成了地方政府扮演推动者角色的乡镇经济格局。

苏州改革开放初期的制度安排暂时解决了苏州企业家人力资本短缺的问题，但是政府承担了本来不应由政府承担的事项，造成了路径依赖，强化了选择效应，企业家人力资本的发育被抑制了，更多的投资集中于专业人力资本而不是企业家人力资本，造成了专业人力资本不断加强而企业家人力资本相对落后的局面。苏州的乡镇企业经历了一段时间的发展之后，在2001年就开始了改制和转制，把原来由政府充当的角色还给企业。但随后按政府规定的幅度、比例、时间等要求进行的乡镇企业改制、大规模的工业园区建设和引进外资等则又成为苏州强制性制度变迁的新案例。

2. 资本来源结构的不同

由于人力资本结构不同，造成了两种模式资本来源结构的不同。一般我们可以把投资分为三类：第一类为各级政府的投资，包括基础设施和重点建设项目等；第二类为国内其他非公经济主体的投资，主要是企业的创立和规模的扩大等；第三类涉及海外投资，主要是外商独资和合资、合作等各种投资。一个地区的企业家人力资本密集（富裕），第二类的投资比例会更高些；而如果该地区企业家人力资本不足，投资基本上就要依靠外在的力量，包括政府和海外的投资，投资机制不同取决于区域人力资本结构的差异。企业家人力资本密集的温州，非公经济就占据了投资的较大比例；相反，缺乏企业家人力资本的苏州，来自政府和海外的投资占比较大。

对温州和苏州投资结构的分析，就可以实证上述结论。

张一力（2005）认为，自1980年开始，温州非国有单位投资成为全社会投资的主体，占65%左右。对比非国有单位投资和外商投资，发现温州外商投资所占的比例远远低于非国有单位投资。如1994—2002年，均不到6%；而其他非国有单位投资，却一直维持在60%左右的比例，2002年还达到66%。

由上述可知，温州投资主体来自区域内部，即众多的非国有、非外商的本地民营企业。民营企业在区域内的大量投资充分体现了区域内企业家人力资本富裕的特点。

张一力（2005）认为苏州的投资在1986年之前以国有经济投资为主。1986年集体经济开始超过国有经济，成为投资的主体。1986年后，苏州开始逐渐出现其他类型的投资，但数量上仍然是以国有和集体为主的。在其他经济投资中外商实际投资的比例，按当时的汇率计算，从1999年开始均在70%以上，虽然与温州的数字并不能直接相比（因为外商直接投资还包含非固定资产投资），但已反映出外商投资是苏州重要的投资来源。外商投资不仅带来了物质资本，也引进了企业家人力资本，对苏州的区域经济增长起到了发动机的作用，弥补了当地企业家人力资本不足的缺陷。而无论1978年的国有投资和1994年开始的外商直接投资，苏州投资的决策主体仍然是区域外的企业家人力资本，即各级政府或者外商，与温州大多源自区域内部的情况有较大的不同。

（二）发展结果的不同

不同的区域人力资本结构，除了会导致区域经济发展过程差异外，其相应的发展结果也不同，主要涉及以下四个方面。

1. 主导产业层次不同

苏州产业结构明显要比温州更为高级，尤其是主导产业。宏观上，三次产业的比例，苏州和温州基本相似，2004年分别为2.2∶65.7∶32.1和4.6∶56.8∶38.6。但苏州2000年后的制造业发展更快，而在第二产业内部，苏州主导产业的层次明显比温州高出许多。

2000年苏州主导产业是高端纺织业、电子及通信设备制造业、服装及其他纤维制品制造业、电器机械及器材制造业、化学原料及化学制品制造业、普通机械制造业等。苏州后续的产业分布与区域经济发展初期的以服装、丝绸加工等劳动密集型产业为主的结构相比，已经有了很大的改进。

温州规模以上产业的前六位分别为电器机械及器材制造业，皮革、毛皮、羽（绒）及其制品业，塑料制品业，通用设备制造业，服装及其他纤维制品制造业，化学原料及化学制品制造业。算上温州为数众多的规模以下企业，温州的主导产业（如皮革、服装、低压电器、泵阀等）与苏州的主导产业相比，在产业结构高度化方面有相当大的差距。

2. 产业集群档次不同

首先，产业集群的档次存在差异。从温州曾经的产业集群来看，大多数的集群准入门槛很低。任何人只要能拥有一笔并不算多的启动资金，即使不懂技术，发达的市场运作体系也能为低技术传统产业的发展创造条件。因此，传统产业一直是具有深厚企业家人力资本的温州人创立自己企业的首选。分布在传统产业上下产业链的众多企业，形成温州独特的产业集群现象。2004年，温州拥有27个国家级生产基地，其产品在国内市场上占有一定的市场份额，但基本上集中在低端制造业上，如皮鞋、服装、泵阀、汽摩配等。产业集群的数量比较多，但单体规模却相对较小。苏州的产业集群则以笔记本电脑、新材料、生物、电子等为主。两地的产业集群的档次明显存在着差别。

其次，温州与苏州两地产业集群的重要差别恰恰就在于形成机制的不同。从集群形成的资本主要来源上看，温州是区域内资金，而苏州是区域外资金；从产生方式来看，温州的产业集群属于自发型的，苏州的产业集群则大多属于随外来投资而形成的嵌入型的（任胜钢，2005）。温州的产业集群是随经济增长逐步发展的（张一力，2005），如温州鞋业本身就具有较长的历史，每年高达400亿元的产值和超过4000家的相关厂家，涉及鞋料、鞋机、设计、包装、运输等上下游产业链。苏州制造业方面的39个产业集群，大多源自外来投资，最为典型的就是IT业。苏州本身并没有发达的IT制造业，几乎所有的IT产业都是从我国台湾地区或者东莞转移过来的台资IT企业。

最后，从所需要的人力资本类型看，温州的产业集群形成并不要求有较高的专业人力资本，苏州的产业集群却需要。如温州的鞋革、服装等行业并不需要高素质的劳动力资源；相反，苏州的IT、新材料等行业对于劳动力素质，特别是对科研、产品开发实力有很高的要求，2004年4月苏州拥有超过30家世界五百强的研发机构便是一个例证。

3. 企业数量和规模不同

2000年以前温州规模以下工业企业对工业总产值的贡献占据一半以上。虽然2004年规模以下非国有企业工业总产值占全部工业总产值的比重有所减少，但仍然将近40%；温州"三资"企业的工业总产值对于工业总产值的贡献只占5%左右，对于温州工业的影响非常小；苏州2002年和2014年规模以上工业企业总产值占全部工业总产值的比重分别为67.4%和74%。与温州相比，规模以上工业企业对苏州的工业总产值的贡献占了绝大部分。

另外，2004年温州、苏州分别有工业企业147115家和91913家；同期的工业总产值却分别为3000.5亿元和9560亿元。温州工业企业数是苏州的1.6倍，而工业产值却仅为其31.4%，即温州的企业规模小而数量多，苏州的企业规模大而数量少。所反映的一个事实就是温州人更愿意自己创业，自己当"小老板"；苏州人更愿意去企业上班，做白领或蓝领。区域内企业家人力资本存量高低的差别导致了两地企业数量和企业规模的不同。

4. 人均地区生产总值和可支配收入不同

关于人均地区生产总值和可支配收入，温州和苏州呈现完全不同的局面，也是两者人力资本结构不同的结果。人均地区生产总值反映了区域经济发展水平，人均可支配收入则体现了区域居民实际的富裕程度。一般而言两者呈正相关关系，人均地区生产总值越高，则人均可支配收入越高。但是苏州 2004 年人均地区生产总值高达 57922 元，人均可支配收入却仅为 14451 元；温州 2004 年人均地区生产总值仅为 18846 元，人均可支配收入却高达 17727 元。虽然 2004 年温州的人均地区生产总值仅为苏州的 32.5%，但人均可支配收入比苏州要高近 22.7%。两地人均地区生产总值和可支配收入关系的特殊性，也可用区域人力资本结构模式来解释。

温州拥有众多的非公企业，居民中相当多的人本身就是所谓的"老板"，也就是说他们的收入并不仅仅来自工资收入，更多的可能来自各种投资的收益。另外，温州有将近 200 万的外出经商人员，每年均有大量的现金汇入温州。因此温州的人均可支配收入一直比较高，2000 年以前一直在全国各城市中名列前茅。相反，2004 年苏州人均地区生产总值远高于温州，但苏州的人均可支配收入比温州低很多，因为大部分的苏州人往往可能只是众多外企中的一名普通员工，其主要收入就是工资。温州的人均地区生产总值低，但人均可支配收入高的主要原因就是拥有相对富裕的企业家人力资本存量。企业家人力资本高则人均可支配收入也高。

"温州模式"和"苏南模式"经过 40 多年的发展，在浙江的温台地区和江苏的苏南一带形成了中国区域经济比较发达的典型地区。当然，两种模式的发展也面临着不同的问题。"温州模式"现在所面临的最大的问题，就是尽管拥有高企业家人力资本，区域经济增长却因为缺少相应的专业人力资本而陷于迟滞，如产业升级困难等。由于区域内极度缺乏各类专业人才，迫使许多温州企业要到外地寻找人才，甚至企业整体外迁，实质就是过去一贯不重视专业人力资本的培育而造成的后果。而"苏南模式"所缺乏的是富裕的企业家人力资本，过度依赖外资所造成的经济安全性和单一性问题，需要通过大力发展私营经济等方式解决。两种模式的最终归宿是一致的，将殊途同归地走向企业家人力资本和专业人力资本双高型模式，以保持区域的可持续发展。

第二节　企业家人力资本富裕型：温州模式的起点

一　企业家人力资本的作用

在上述四种区域经济增长人力资本结构中，温州属于"企业家人力资本富裕型"。即区域中企业家人力资本比较充裕，存量水平较高，而专业人力资本水平相对较低。

这种人力资本结构模式中，人们对于企业家往往崇拜有加，人们的企业家精神高涨，希望通过开办新企业，从而实现个人成功的梦想。人们具有很强的实现个人愿望的动力。这个动力，往往转化为开办新企业的实践。但由于该区域中的专业人力资本存量水平低下，技术创新和区域外引进技术的扩散受到了阻碍，因此对区域的产业结构或者区域的整体技术水平有重要的影响。

一个区域的企业家人力资本充裕，意味着具有经济增长的动力基础，区域中不乏具有以实现个人成功为动力的个人，创办新企业的意识弥漫着整个区域。企业家人力资本的充足，促使新兴企业和行业的诞生，区域经济增长是由区域内具有企业家人力资本异质型人力资本内在驱动，类似于资本主义初期的工业化。但由于缺乏专业人力资本，区域经济增长中的技术创新落后，不能为区域经济增长提供足够的技术创新支持，制约了新技术引进，降低了创新扩散速度。

因此，这种区域经济增长有如下特点。

一是经济增长速度快，而且持续时间长。由于经济增长的内在动力来源于区域内的企业家人力资本，所以存量充足的区域企业家人力资本源源不断地为区域经济增长提供了启动经济增长的原动力——企业家人力资本。企业家不断地识别市场的机会，协调整合各种稀缺资源，承担风险并最终促成企业成功。企业家人力资本的充裕，构成了区域经济增长决定性因素。

二是产业结构呈现相对较低的状态。由于缺乏专业人力资本的支持，企业家人力资本只能利用平均素质较低的劳动力，因此，从总体意义上讲这类区域改革开放后初期的经济增长，主要依靠的是劳动力密集型行业，当然不排除区域内个别企业是高科技型的，但无疑只是特例。区域的集群产业也属于比较低端的产业，温州的鞋、服装、阀门、低压电器、纽扣、羊毛衫等都是如此。

三是企业家人力资本可能会输出。在企业发展初期，企业家能选择的产业多属于劳动密集型，随着企业的进一步发展，对于专业人力资本的需求更为迫切。由于区域内的专业人力资本供给不足，所以一方面可以采取从区域外输入专业人力资本的办法，另一方面也可采取企业转移的办法，直接将企业建立在具有高专业人力资本存量的区域。如果原来区域并不具有地理、文化等方面的优势，企业外迁可能是更好的选择。因为对于已经实现了初步发展的企业而言，专业人力资本会逐步成为企业最急需的资源。

四是企业的数量多，但企业的规模小。由于企业家人力资本丰富，所以不断有新企业进入，因此企业的数量多。同时，由于企业从事的行业以劳动密集型为主，所以企业的规模相对较少。企业规模小的另外一个原因就是，企业家人力资本的丰富，使得企业在发展过程中经常会发生裂变，家族企业一旦规模扩大就迅速分裂，导致区域内企业数量不断增多，而规模却不能持续扩大。

五是这种类型的区域经济增长使得居民的收入分配分布较为均衡，人均居民收入相对较高。企业家人力资本存量高，人们更多地投资于高风险、高预期回报的企业家人力资本。因此，区域内的企业家人数多，企业家的收入高于一般劳动力的收入水平，造成整个区域的劳动力人均收入水平较高。

二 温州模式的起点：企业家人力资本富裕型

（一）企业家人力资本的作用

企业家人力资本主要的功能就是创新。这种创新包括组织、市场、制度、产品等方面。拥有企业家人力资本的人，配置资源的能力、发现新机会的能力、洞察企业发展过程的能力、管理协调的能力等相对突出，他们具有强烈的创业和成功的欲望以及吃苦耐劳的精神、良好的人际沟通能力、非凡的组织管理能力。企业家人力资本作为最重要的人力资本，大多数表现为异质型，是社会经济发展和变革的主要发起人和推动者。企业家人力资本作为独特的人力资本，可以整合其他两类人力资本，从而推动经济和社会的发展。

企业家人力资本的测度可以用企业家人数来表示。具有完全产权和独立决策权并承担相应财务风险企业数量的多少，通常可以作为代理企业家人数和企业家人力资本存量的一个指标。鉴于中国目前的具体情况，我们认为可以用私营企业和个体户的数量，或用其业主数占总人口的比例来表示企业家人力资本。私营企业业主和个体户户主对企业具有完全决策权和收益权，私营企业业主和个体户户主数量可以反映出一个区域中所具有的、通过各种投资才能形成的企业家人力资本存量水平。

1. 识别和把握新机会

识别和把握新机会有助于推动创新，增加利润。创新的含义除了包括熊彼特（1912）的五种含义之外，还应包括在现有均衡条件下，对现有生产函数的改进。

创新的意义是相对的，只要能够对现有生产函数进行改进就是创新。大量的模仿也是某种意义的创新。鲍莫尔（1990）指出了模仿比完全意义上的创新对历史的进步作用更大。模仿虽然不是完全的创新，但是也是一定程度的创新。模仿与完全意义的创新可能在应用的区域、应用条件、组织结构、收益多少等方面的表现有不同。在这个意义上，不是少数智力超群者,而是绝大多数创业者都能成为企业家,因为他们能模仿别人,进行部分创新。

识别市场机会有助于深入理解现有经济均衡中潜在的利润来源。企业家与众不同的能力就是要在一般人认定的均衡中,创造性地辨别出市场机会。从而不断在均衡和非均衡中,获取市场机会,通过各种创新获取利润。

2. 整合稀缺资源

企业家的另外一方面的重要作用,是整合各种稀缺资源。企业家在识别新机会以后,无论是要通过熊彼特式的创新,还是其他形式的创新,最终目标都是真正能够在商业上实现利润。为此,企业家一定要通过企业运营来整合各种稀缺资源。如整合科学研究人员,提供知识产品和技术;整合金融市场上的资本资源,获得金融支持;整合企业内部各种劳动力,保障生产的正常进行;整合销售市场各种力量,实现销售;整合各种社会资源,保证企业正常的运营。企业家的能力主要就是组织协调、领导管理、适应不同的环境、克服低效率等。企业家的创新作用离不开企业载体。熊彼特将企业家置于一个市场和组织之外的"天才"的位置,似乎企业家就是站在经济体系之外,指挥经济运行的"发号施令"者。但实际上,企业家只有在一定的组织环境中才能行使其职能(创新),组织的运行状况对其职能的发挥有着直接的影响。因此,企业家不但要有创新的职能,还必须有组织管理的能力,否则创新难以实现,企业家的价值也就难以实现。

3. 洞察企业发展的全过程

企业家的独特性在于他可以洞察企业发展的整个过程,所具有的预见、判断能力帮助他识别并承担风险。只有具备这种对企业发展全过程的洞察能力,才可以使企业家能够从创新开始,征召企业管理人员和生产工人、采购原材料、组织生产和市场销售,最后实现利润。缺乏对企业运营过程的洞察能力,企业家的组织管理等行为就没有办法在预期的情况下进行,创新想法的实现也得不到保障。

企业家人力资本的这三种作用，对于实现区域的经济增长都是必需的，而且是相辅相成、缺一不可的。首先，对于区域经济增长如果没有任何意义上的创新，如果不能在市场上发现和把握实现利润的机会，那么区域经济增长的动力就会缺失，其他的一切活动就会因此而停滞。其次，企业家的整合稀缺资源的能力是实现创新想法的保障，没有或欠缺这种能力，即使创新程度很高，也不能或很难转化为具体的企业活动，去实现生产和销售，最终实现区域经济增长。此外，企业家的洞察能力和承担风险能力，是区域经济实现持续增长的基础。没有企业家对整个发展过程和风险的预见，企业家的创新和资源整合能力就缺乏基石。这三种能力必须均衡，每一种能力对于企业家而言均有一个阈值，如果任何一项能力低于阈值，即使其他两项能力高超，也不能顺利实现发展预期。

张一力（2005）还从经济史的角度论证了世界范围经济增长的历史实际上就是企业家人力资本形成和发挥作用的历史。由于所处的条件不一样，各国的企业家人力资本的形成过程都有所不同。他发现有三种不同类型的企业家人力资本的形成过程。其中英国是从封建社会到资本主义社会，特别是工业革命前后，企业家人力资本的形成是自然发展的；美国的企业家人力资本则是快速形成的；日本企业家人力资本是国家意志强制生成的。

（二）人力资本富裕型：温州模式的起点

张一力（2005）提出温州属于企业家人力资本富裕型，主要的根据就是与苏州同期相比较，温州的企业家人力资本远高于苏州，而专业人力资本温州存量却比苏州低。

首先从企业家人力资本视角观察，温州的企业家人力资本远比苏州的丰富。

张一力（2005）用温州1988年到2002年温州的私营企业和个体工商企业与苏州的相关情况进行比较（见表1-1和表1-2），发现苏州的企业家人力资本远远小于温州。

表 1-1　　　　　1988—2002 年温州私营企业情况

年份	企业数（户）	雇工人数（人）	注册资本（万元）	商业营业额（万元）	工业产值（万元）	税收额（万元）
1988	350	3289	—	—	—	—
1989	1045	11453	9358	5332	8383	64
1990	1210	9182	8561	8210	14923	346
1991	1137	11441	9340	7668	17592	1031
1992	1232	12194	12598	8783	21804	982
1993	2380	24300	65400	28900	48418	33000
1994	2977	31463	105804	122294	122168	44700
1995	3989	40227	184254	151168	277192	54300
1996	5328	52287	283633	211444	353603	60230
1997	5616	54658	352145	423877	493721	—
1998	6590	64677	452185	463228	576941	—
1999	8627	84250	659700	562910	—	—
2000	13077	134414	1365548	943365	—	—
2001	27068	329716	3006894	—	—	—
2002	28430	276126	3441449	—	—	—

资料来源：史晋川：《制度变迁与经济发展：温州模式研究》，浙江大学出版社 2004 年版，第 111 页；相关年份《温州统计年鉴》。

表 1-2　　　1980—1990 年苏州城镇私营、个体从业人员数　　　单位：人

年份	苏州城镇私营、个体从业人员	年份	苏州城镇私营、个体从业人员
1980	1800	1986	10900
1981	6600	1987	13100
1982	6200	1988	13500
1983	6700	1989	16000
1984	8100	1990	15400
1985	9600		

资料来源：《苏州统计年鉴 2002》，中国统计出版社 2002 年版，第 69 页。

对于专业人力资本的存量，张一力（2005）也采用相关数据进行

了分析。他发现苏州在发展初期（20 世纪 80 年代初）15 岁以上人口的平均受教育程度比温州要多出一年多，而且这个水平比全国同期的平均水平要高很多（见表 1-3）。

表 1-3　　　　1978—1988 年温州、苏州 15 岁以上人口的
　　　　　　　平均受教育年限　　　　　　　　　　　单位：年

年份	温州	苏州	年份	温州	苏州
1978	3.4285	4.6651	1984	4.3879	5.5879
1979	3.5884	4.8189	1985	4.5478	5.7417
1980	3.7483	4.9727	1986	4.7077	5.8955
1981	3.9082	5.1265	1987	4.8676	6.0493
1982	4.0681	5.2803	1988	5.0275	6.2031
1983	4.228	5.4341			

资料来源：张一力：《人力资本与区域经济增长：温州与苏州比较实证研究》，浙江大学出版社 2005 年版。

对比高等学校在校学生数，也可以看到苏州更是高出温州 4—5 倍，而且在整个 80 年代均维持在这样的水平（见表 1-4）。所以，在区域经济发展初期苏州具有较高存量的专业人力资本。

表 1-4　　1978—1988 年温州、苏州各学校在校学生数比较　　单位：人

在校学生	1978		1980		1985		1988	
	苏州	温州	苏州	温州	苏州	温州	苏州	温州
高等学校在校学生数	6466	979	8754	1946	12248	2803	15484	3609
中等专业学校在校学生数	2748	2264	3388	2863	7456	3747	10518	4955
普通中学在校学生数	327561	210300	228618	180644	235600	211746	201857	248402

资料来源：苏州统计局：《苏州奋进四十年（1949—1988）》，1989 年，第 31 页；《温州统计年鉴（2003 年）》，中国统计出版社 2003 年版，第 118 页。

综上所述，我们可以判断在 20 世纪 70 年代末 80 年代初，温州和

苏州分属企业家人力资本富裕区域和专业人力资本富裕区域。

而随着时间的流逝，周建华等（2016）进一步验证了张一力（2005）的研究发现，通过分别比较2000年与2010年温州、苏州、深圳和东莞四个区域的企业家人力资本情况，进一步证实了温州企业家人力资本富裕型的定位（如表1-5、表1-6所示）。

表1-5　2000年温州、苏州、深圳和东莞四区域的企业家人力资本情况

地区	私营企业数目（个）	个体工商户数目（个）	劳动力总数（个）	企业家人力资本占比（%）
温州	13077	207993	5504900	4.00
苏州	29914	148740	8102853	2.20
深圳	43086	200835	6335618	3.85
东莞	9260	120303	5757400	2.25

资料来源：温州、苏州、深圳和东莞的2001年统计年鉴及第五次人口普查公报。

表1-6　2010年温州、苏州、深圳和东莞四区域的企业家人力资本情况

地区	私营企业数目（个）	个体工商户数目（个）	劳动力总数（个）	企业家人力资本（%）
温州	72232	328462	6809200	5.90
苏州	182575	354988	8611713	6.24
深圳	309618	423357	9156398	8.01
东莞	88650	402450	7356357	6.68

资料来源：温州、苏州、深圳和东莞的2011年统计年鉴及第六次人口普查公报。

2013年，温州专业人力资本落后的状况未能改善。科技投入、专业技术人员数量等方面在浙江省仍然相对落后。如2013年，温州的经济总量在浙江排名第三，但其对于R&D的总投入才58亿元，排第五位；R&D占GDP的比重为1.45%，在全省11个地级市中排名倒数第四，杭州、宁波分别为249亿元和153亿元，占GDP的比重分别为2.98%和2.2%。

温州 2014 年五大产业 R&D 经费投入情况如表 1-7 所示。

表 1-7　　温州 2014 年五大产业的 R&D 经费投入情况

五大产业	单位数（个）	开展 R&D 活动的单位比例（%）	R&D 活动经费投入（亿元）	主营业务收入（亿元）	R&D 经费投入强度（%）
电气	787	29.5	15.9	899.08	1.77
鞋业	722	15.8	3.43	535.9	0.64
服装	226	13.7	13.7	290.81	0.49
汽摩配	494	31.2	31.2	337.92	2.19
泵阀	241	47.3	47.3	195.69	2.78

资料来源：《温州：加大科技创新投入　构筑发展新动力》，http://blog.sina.com.cn/s/blog_574dff1c0102vzpp.html。

企业家人力资本则继续一路高歌，2010 年的人口普查显示，有超过 142 万的温州人离开温州在全国各地经商，而 2015 年的温州侨情普查显示，将近 69 万的温州人分布在全世界的 131 个国家和地区，其中大部分人从事工商业。2015 年温州本土拥有 136853 个企业，总量比 2000 年的 122775 个[①]有较大程度的增加，更进一步体现了温州企业家人力资本的相对富裕。

正是因为温州是企业家人力资本富裕型，企业家人数众多，但专业人力资本相对不足，区域人力资本结构存在偏差。这是温州的基本市情，也是温州模式研究的基本出发点。温商是如何起源，他们创业时的受教育程度、家庭背景等基本状态，温商是如何构建起遍及全国和全球的温商网络，海外的温商跟国内的温商又有哪些相同和不同，温州人的网络如何导致温州 2011 年局部的区域金融危机，我们将在下面的各个章节中一一解答。

---

① 《温州统计年鉴（2016）》，中国统计出版社 2016 年版，第 152 页。

第二章 温商群体的起源

第一节 温商群体的概况

一 温州企业家集群现象的总体描述

温州的产业集群已经成为全国的一个典型案例,无论其乐清市的低压电器还是鹿城区的鞋业与打火机等行业,其产业集群的现象十分明显。对于如何形成这样的产业集群,有许多不同的解释,但企业家集群是其中的一个重要原因。

所谓企业家集群,就是在特定区域内,集中地出现了一大批从事同一产业或相关产业的企业家。从原有的一乡一品到产业集群,无疑企业家在其中发挥了重要的作用。在产业集群集中的地方均有企业家集群。以参加了各种协会和商会的企业家统计为例,2001年温州鹿城区将近有3000多位与鞋业有关的企业家;乐清市则集中了超过2000名低压电器行业的企业家;龙湾梅头镇,一个小小的地方也会集中上百个水龙头及相关产业的企业家。当然,我们所说的企业家并不是指那些具有很高的产值和固定资产的企业主,而是指那些从事具有高风险同时又能独立决策的各类经济组织的负责人,包括私营企业主、个体工商户和股份制企业的股东和各类经理人员。从这类人员的形成历史可以发现,温州的企业家人群是非常庞大的。

1978—1988 年，温州的私营企业从无到有地发展到 350 家，而个体户从 1980 年的 1984 家发展到 1988 年的 146622 家，增加了 73 倍，营业额达到了 19 亿多元。值得注意的是，在个体户中，从事商业行业的份额比从事工业行业的更大。其商业的营业额，占据 80% 左右。工业产值所占比例最高只有 47%，而且仅仅维持一年，其余的基本维持在 20% 左右。可以说温州个体户所从事的行业主要集中在商业，商业精神的发达从一个侧面说明了温州企业家精神的充裕。很多的工业企业往往是前店后厂，将商业资本转化为产业资本，也合乎古典工业化的演变历程。（史晋川、朱康对，2002）

　　另外一个事实是工业企业的数量。在 1978 年，温州的工业企业已经有 4085 个，而到了 1988 年达到了 65405 个，增加了 15 倍；1988 年的苏州工业企业只有 31046 个，只有温州的近一半。在温州的 65405 个工业企业中，国有工业企业仅 321 个，其他还有一些名义上的集体企业，但实际上这些企业基本上是个人控制的。因此，1988 年温州就有超过 6.5 万的企业负责人，如果我们认为一个企业大致有 3 个股东或合伙人，①那么就有将近 20 万个企业，加上 14 万的工业个体户，以及经营商业企业的人数，将近有 50 万的各类企业家。而 1988 年年末温州的总人口数为 657 万，所以，每 13 个人中就有 1 个人拥有企业或者股份。用"全民皆商"形容当时的温州，可能会有点过头，但也大概反映其存在的实际情况。所以，在区域经济发展初期以及以后的发展过程中，温州的企业家群体，其数量一直是比较多的，在人群中的比例也是比较高的。熊彼特解释了为什么企业家的出现不是连续的。企业家不是在每一个适当的时间间隔内出现，而是成群出现。这完全因为一个或者少数几个企业家的出现可以促进其他企业家出现，于是又可促使更多的企业家以不断增加的数目出现（熊彼特，1990）。

---

　　① 2002 年温州私营企业共有 28430 家，投资人数为 86078 人，大致 1 个企业平均有 3 个投资人（《温州统计年鉴（2003）》，中国统计出版社 2003 年版，第 386 页）。

所以到 2011 年 2 月底，温州获得 35 个国家级生产基地称号，每个国家级的生产基地就是一个产业集群，这些基地分布在温州的各个乡镇。这些产业的形成，根本的原因就是温州各地均有相对比较著名的温州企业家集群。

二 温州三个典型的企业家集群

（一）永嘉桥头的品牌代理商

据桥头商会 2007 年统计，桥头人以广州、东莞为基地开设的品牌代理公司共有 200 多家，代理的国际知名品牌有 100 多个，主要集中在服装、皮鞋、皮具和化妆品等行业，涌现出金利来、鳄鱼恤、老人头、卡丹路、啄木鸟、卡蒂乐鳄鱼等知名品牌。按照知名度和销售额统计，桥头代理的皮鞋品牌有 67 个，服装品牌 46 个，总共 113 个国际品牌，销售额超过 400 亿元。2007 年，"中国纽扣之都"桥头镇的所有工业产值才达到 50 亿元。桥头人逐步退出自己的拳头产品纽扣和拉链，向品牌代理转变。据桥头镇统计，围绕国际品牌及其相关行业即产业链运转的桥头人就有 5000 人，许多桥头企业家在广州或东莞征地建造总部基地。而在国内众多的二级、三级代理商中，也有不少是桥头人。昔日人流如织的桥头，平时并不十分热闹，只有春节和其他重要节日的时候，才会出现车水马龙、宾馆爆满的场面，是在外创业的桥头人扎堆回来过节所致（浙商网，2008）。

（二）永嘉花坦的超市商人集群

温州永嘉县花坦乡共 26000 人，70% 的人在外地开超市，加上老人去照顾小孩，小孩在外地读书，待在乡里的，只有区区几千人。花坦农民与附近乡镇（如枫林、渠口、古庙等）的亲戚联合经营的，从 1992 年开始，在全国开办的超市超过 1 万家。小的两百平方米，大的近两万平方米。保守估计，平均一家以年销售额 300 万元计算，总计年销售额在 300 亿元。市场份额相对集中在江苏、浙江、上海、安徽一带，在这些区域的城乡接合部占有率为85%左右，随后陆续向东北、西南等地渗透，在这些地方城乡接合部的市场占有率在20%—30%，而且提升的速度逐步加快（汤海鹏，2007）。

（三）泰顺的建材和建材市场商人集群

泰顺县位于温州西南部，自古以来就有"九山半水半分地"之称。由于可利用的资源缺少和贫困，迫使20世纪80年代末90年代初，大批泰顺农民走出大山闯荡天下。经过十几年的发展，泰顺人在兴建和经营装饰建材市场、房地产开发、建材贸易等领域取得了非凡的成就。截至2008年6月底，从业人员达9万人之多，占泰顺县总人口的1/4。在全国各地投资兴建的建材市场、装饰城、商贸城等专业市场多达100多个。总投资200多亿元人民币，年销售额在150亿元以上，为国家上缴税收将近20亿元。这个数字是泰顺当地年财政收入的十几倍。据统计，泰顺人在上海的从业人员已达2万多人，成立了上海泰顺商会。泰顺经营户遍布江苏各个建材市场。在江苏建材行业中，泰顺商人已占据了40%以上的市场份额（魏盛辉、翁旭欧，2008）。

第二节　温商群体的总体素描

一　调查概况

为了了解温商群体的基本体征，他们的性别、年龄、受教育程度，以及他们的创业时间、所处行业、政治参与热情，我们在2001年7月、8月间对温州的265家民营企业进行随机调查，并与这265家企业的负责人或有关人士进行了以面谈形式为主的问卷调查，共获得有效问卷239份。这些企业分布在温州的大部分地区但不包括经济不发达地区，如泰顺、文成、洞头三地。被调查的企业涉及了一、二、三产业，具体包括鞋革、服装、打火机、低压电器、机械等温州传统行业，也涉及如电子、计算机、生物制药和贸易、服务、广告等当时的新兴产业。以制造业的民营企业为主,数量占 74.9%,符合温州民营经济发展的特点,被调查温商的特性应该也能够很好地体现那个时代的温商的群体素质和形象,这是对温商的一个群体画像。

下面我们根据调查的原始数据并结合统计分析软件 SPSS 对调查结果进行分析。

二 温商群体一般情况

1. 民营企业家的年龄集中在 30—50 岁

调查表明,企业家的年龄分布情况是:30 岁以下的占 5.9%;30—40 岁占 40.2%;41—50 岁的占 43.1%;51—60 岁的占 10.4%;60 岁以上的占 0.4%。这个分布情况表明,在调查时点(2001 年)民营企业家大部分(83.3%)在 30—50 岁。

虽然开办企业的年龄没有硬性规定,但不同年龄阶段的人所考虑的问题的角度是不一样的。如 20—30 岁的青年人,创业和就业所考虑的因素相对重要的是接受教育、获得工作经历和获得资本来源;而当年龄处于 41—50 岁时,所考虑的相对重要的因素是履行家庭义务、在工作中获得较多的报酬以及预期获得较多的退休金或养老金。综合考虑,进入企业界的年龄段最好是 20—40 岁,这个时期资本的积累、人生的阅历、管理的经验和家庭义务之间存在一种平衡,有利于企业家的创业。

由于民营企业的经营一般需要一定独立的资本积累和对所在行业的了解,所以对民营企业家的要求就变得苛刻了。民营企业家如果要自己创立企业都需要有一定的资本积累。因此在民营企业家能真正开始自己的事业时,一般已经拥有一定的资本,而且会在某些行业中从事过一段时间的工作。如果从年龄上考虑,以大学本科毕业时的 22 岁计算,一个人需要经过 3—5 年的锻炼和积累才能在工作上获得一些实用的经验和技能,以及必要的资本积累。因此从上面的分析来看,民营企业家一般年龄在 30 岁以上,才有可能真正拥有自己的事业。考虑到创业基础、工作经验、身体状况,这个年龄段也是民营企业家创业之最佳年龄段。

2. 男性企业家居大多数

调查表明温州民营企业家中,男女性别比例为94.6∶5.4,反映出在民营企业中以女性为主的情况还是比较少见的,这同温州民营企业中大量存在的夫妻档、家庭班情况是一致的。这类企业通常是男主外、女主内的模式,女性为主的情况并不多见。形成这种情形有多种因素,一方面在中国历史上女性的地位一直比较低,在家庭中一般处于被支配的地位,较少有出头露面的机会;另一方面女性在经济上的独立性较差,如果女性创办企业,在财务上所遭遇的困难会比男性多。但相对而言,温州的女性在企业经营上还是比国内的一般水平要高。据温州市女企业家协会的统计,1999年该协会有300多名会员,涉及众多行业。由于温州的市场经济发育比较早,女性从事个体及私营企业比较普遍。特别是一些适合于女性的行业,如服装、化妆品、百货零售业等,温州的女性企业家均有不俗的表现。

3. 企业家的成家与立业

调查表明,温州民营企业家的婚姻状况反映了成家与立业这两个传统意义上的大事之间的关系。只有3.3%的企业家未婚,95.4%的企业家已婚,仅有1.3%的企业家处于离异或其他的婚姻状态。首先从企业家的年龄来看,只有5.9%的企业家在30岁以下,这与3.3%的未婚率基本一致;其次从企业家的事业角度着眼,一个温馨的家庭是企业家艰苦创业和工作之余放松休息的最佳场所。企业家的创业是艰难的,其投入的精力是常人所无法想象的,如果没有一个坚强的家庭后盾,他(她)便无处倾诉创业之艰难和困苦,事业成功时也无人与之举杯共庆。因此和谐的家庭对于企业家是重要的,是创业的一个有力支持,一个优秀的企业家往往有一个很好的家庭环境。可以说民营企业家的成功,家庭是重要一环。家庭和睦、夫妻互相帮助则企业家的事业就可以有一个快速发展;否则家庭会成为企业家事业上的一个包袱，企业家的事业发展就会受到拖累，甚至会导致家庭破裂、事业被毁。这个结果与我们在欧洲温州人研究中所观察到的现象是一致的。

4. 企业家创办企业的时间

调查表明，有 2.9% 的民营企业家是在 1980 年以前就已经开始从事企业运营，这是温州最早的一批民营企业家。他们更是一种榜样，体现了吃苦耐劳的温州人精神；在 20 世纪 80 年代成为企业家的占 36.8%；90 年代进入的有 60.3%。进一步分析表明从 1985—1995 年开始创建企业的比例最高，达 60.8%，也就是说有 2/3 左右的企业家是在这个时期进入温州工商业界的。而这个时期正是中国市场经济高速发展时期，高速发展的经济需要更多的企业家投身到企业建设的大潮中，温州民营企业家正好抓住了这一发展的契机，促进了温州经济的发展。

同时分析表明，从 1995 年开始，企业家进入的速度大大降低。1985—1995 年企业家数量每年有 7.8% 的增加，而 1995 年后每年平均仅有不到 4.4% 的增长速度。一方面是与宏观经济发展进入调整期有关，另一方面民营企业的经营状况也让新创业者心存疑虑。民营企业的整体经营状况比市场经济初期要差，机会相对减少而竞争的激烈程度却不断加深。大家对民营企业的经营和盈利也有比较理性的认识，民营企业的企业主在数量上基本达到了动态平衡，不断有新的企业家进入，也有倒闭破产的企业家出局，民营企业家队伍呈现一种稳步微增的趋势。

5. 企业的规模

企业规模是衡量企业成长和评价企业发展状况的一项重要内容，有许多的指标可以描述。在本次调查中，我们以企业的固定资产作为衡量指标。调查表明在创办时的民营企业固定资产分布情况是：1 万元以下的占 8.3%；1 万至 5 万元的占 11.7%；6 万至 10 万元的占 17.2%；11 万至 50 万元的占 25.5%；51 万至 100 万元的占 18.8%；100 万元以上的占 18.5%。而且 SPSS 交叉分析表明，固定资产在 100

万元以上的有88.6%是在1985年以后创办的，其中在1990年以后创办的就占77.2%。但是在1985年以前创办的企业中，其创办时固定资产很少有超过100万元的。统计分析结果表明，随着经济的发展，民营企业创办时的平均固定资产有增加的趋势。一方面是由于竞争的激烈，设备等投入势必要增多；另一方面是由于产业结构在升级，更多的资金和技术密集型的企业开始出现，而其相应的平均固定资产的投资也在不断地扩张。2000年年末企业的固定资产比企业创办时已有很大的增长，固定资产在10万元以下的仅占2.5%；10万至50万元的占11.3%；50万（含）至100万元的占18.4%；100万（含）至500万元的占30.5%；500万（含）至1000万元的占20.9%；1000万及以上的占16.3%。民营企业的平均固定资产2000年为469万元，而这些民营企业在创办初期的平均固定资产仅为46.3万元，平均固定资产增加了9倍。当然由于企业创办时间及企业规模大小的不同，这个平均数代表性不是很强，但可以从一个方面说明温州民营企业的发展速度是很快的。

在2000年年末民营企业的工人数在100人及以下的占62.7%；100（含）—300人的占24.7%；300（含）—500人的占8.8%；500人及以上的仅占3.8%。数据明确地说明温州的民营企业家所经营的大部分还是中小企业，中小企业还将在相当长的一段时间内存在。企业家所面临的任务之一就是要将比较好的中小企业进一步发展成为在本行业有重要地位的大中型企业，但更为重要的是企业家要把现有的中小企业管理好，这才符合温州的实际情况，才能促进温州经济的健康发展。

被调查企业在2000年产值或销售额在100万元以下的为12.1%，100万（含）—500万元的为28.5%，500万（含）—1000万元的为25.1%，1000万（含）—5000万元的为22.6%，5000万（含）至1亿元的为7.5%，1亿元及以上的为4.2%。而2000年被调查企业的效益（利税之和）在10万元以下的为12.1%，10万（含）—50万元的为25.5%，50万（含）—100万元的为25.9%，100万（含）—500万元的为27.6%，

500万元及以上的为8.9%。产值或销售额的数据进一步说明，温州的民营企业大部分是中小企业。

6. 企业资本的原始积累

企业资本的原始积累是企业发展的一个重要阶段，对于企业的发展具有决定性的作用，影响了企业的发展方向、发展速度及发展的潜力。对于民营企业而言，由于融资较为困难和融资成本相对较高，其自身资本的原始积累就显得更重要。企业资本原始积累时期在1980年以前的仅占2.5%；1980—1985年的为12.1%；1986—1990年的为23.4%，1991—1995年的为32.6%；1995年以后的为28%；1.4%的企业没有填写原始积累选项。其中1990年以前为温州民营企业资本原始积累的主要时期，企业家大多在20世纪90年代以前或90年代初期完成原始资本积累，然后开始进入企业的快速发展阶段。这段时间正好是中国经济特别是温州经济的快速发展时期，谁能在这个时期抓住机会，谁就能率先发展。由于温州市场经济发展较早，温州人的市场经济意识尤其强烈。在全国人民还在讨论个体私营经济是姓"资"还是姓"社"的时候，温州的民营企业家已经轰轰烈烈地开始市场经济的实践了。温商自然就赢得了企业发展的最佳机会，特别是顺利地完成了对于企业发展最为重要的原始资本积累。

在对温州民营企业的基本情况有了一个大致的了解以后，下面我们讨论温州企业家的素质。

三　温商群体的素质状况分析

1. 政治思想素质

政治思想素质是中国企业家所需要的一种特殊素质。表现为政治上要坚定，正确贯彻执行党的路线、方针和政策，遵守国家的法律和法规，维护国家的利益。对企业家在政治思想素质的要求体现在以下两个方面。

首先,这种素质要求企业家一切的经营活动都要合法,实际上就是要求企业家适应宏观环境,这是企业家从事一切活动的基本要求。这个素质对中小企业的经营者尤其重要,特别是温州的一些中小企业在原始资本积累阶段或多或少使用了假冒伪劣和偷逃漏税等非法手段。这在市场经济早期法制不健全的过渡阶段也许有可能蒙混过关,但随着中国法律制度的建设,特别是各种各样的经济法律的制定和严格实施,再去特意寻找政策漏洞的机会成本太大了,是必定会遭受法律及政策惩罚的。

其次,从中国实际出发要求企业家一般要具有政治思维的广度和深度,能够吃透国情和善于运用政策。这一素质特征,是由中国市场经济的本质特征,以及深化改革和市场经济初步发育的历史阶段所决定的。不论哪种类型的企业家,都不能不训练自己的政治敏感能力和从实践出发运用政策的水平。中小企业经营者虽然不需要过多地参与政治,但也还需要具备一定的政治敏锐性。随着市场经济规范化的建设和政府对经济的干预逐步减少,这一素质特征对企业家的效用会递减。但这个过程可能会很长,而且如果企业家在转型经济期能抓住一个较好的机遇,就可能获得远高于一般发展速度的超常规发展,所以对于中小企业家而言必须具备正确的政治思想素质和敏感的政策领悟素质。

总休来说,温州的企业家的政治素质大多表现在比较灵活地理解和应用政策上,同时温州企业家对于参政和议政也是较为积极的,在我们调查的239个企业家中就有42人是各级人大代表或政协委员,比例高达17.6%;而且企业家较为重视荣誉称号,有接近一半(47.2%)的企业家(或其企业)拥有各类荣誉称号,从"中国十大经营大师"到鹿城区的"明星厂长",从"中国十大鞋王"到"纳税大户",等等,反映了企业和企业家不仅在经济上要求大和强,政治上也是要求上进和先进的。同时,对于法律的认识也较为深刻,有64%的企业所签订的合同有公证;有超过一半的企业聘有常年法律顾问;有75.3%

的企业家本人曾经参加过专门的法律培训。

2. 创新素质

企业家可以有许许多多的素质，但其中最重要的素质就是创新素质。熊彼特判断企业家的标准是开拓或创新，强调的就是创新与冒险。有人定义企业家是在动态经济中拥有实现边际报酬递增生产力的异质性人力资本的人，而异质性所表现出来的也是创新（丁栋虹，2000）。

创新是企业家最根本的素质。如果缺乏这个素质，则其他的一切素质都没有了所依存的载体，企业家作用也就无法实现。创新素质是由创新精神、竞争精神和冒险精神三部分组成。创新精神是创新素质的根本，冒险和竞争只是创新精神的表现。有创新精神才会勇于冒险，敢于冒险就具有竞争意识，而只有敢于竞争才会最后取得事业的成功，企业家的自我价值才会实现。

具有创新素质的企业家其创新精神、冒险精神和竞争精神都会体现在企业管理的方方面面，如企业制度的创新、管理方法的创新、经营方向的创新、技术的创新等；如果企业家拥有冒险精神，他就敢于运用新观念、新方法，可以接受失败和挫折，也决不轻言放弃；他善于竞争又乐于竞争，在竞争中发挥创新精神和冒险精神，并能最终取得竞争胜利。

成功的企业家，一般有胆有谋、敢想敢做，具有开拓创新的基本素质。很多企业实现超常发展，在很大程度上正是得益于企业家超常创新思维能力和善谋敢断的胆略和气魄。

因此，具有创新素质是一切企业家的根本特性，没有创新素质的企业家不能称为企业家。

创新作为企业家素质的灵魂，在温州的企业家身上表现得淋漓尽致。但温州企业家的创新更多地表现在宏观决策上而不是微观决策上。宏观决策体现在企业家在企业创立的时机、选择的行业、主要的产品等影响企业发展的重大问题的抉择上，往往表现出较大的创新；而在技术创新、管理创新、企业内部的组织架构、用人制度等企业内部管理的微观决策方面却缺少创新。

第一,在宏观层面上,温州企业家敢为天下先的精神是有目共睹的。诸多的全国第一,如包飞机、包油田、包线路、包市场等,温州企业家创造了许多奇迹。在全国首先创立了股份合作制,解决了企业的产权问题,为以后企业的壮大与发展确立了牢固的市场机制运作的微观基础。

第二,在微观层面上,温州企业家的创新精神却显得不足。从调查来看,企业的组织制度、用人机制、技术创新、技术开发、财务管理、人力资源培训等方面还是缺乏创新精神。

第三,在企业的组织制度上,首创了闻名全国的股份合作制,之后企业家在企业制度上的创新确实放慢了脚步。调查表明,股份制是当时温州民营企业选择最多的企业所有制组织形式,占所有被调查民营企业的51.5%,与1999年的54.8%相当;股份合作或联营,占25.5%;个人独资占16.3%;中外合资占4.2%;其他占2.5%。以有限责任公司作为组织形式的股份制企业占77%,特别要注意的是这239家企业中竟然没有一家外商独资企业。虽然与我们选择的对象有关,但由此可以证明温州的外商独资企业数量少和分布范围比较狭窄,与苏州等苏南地区引进外资的先进程度相比差距较大(2001年苏州已替代上海成为全国引进外资最多的地区)。

企业制度的这种发展情况主要有两个原因:一是经过20多年的发展,特别是1990年以后,一部分私营企业发展速度加快,企业的规模在不断扩大,加上有限责任公司在经营领域、经营方式、税负等方面的便利,成为许多私营企业希望采用的组织形式;二是与政府及有关部门的积极倡导和引导有关。在1993年至1995年减少的4000余家股份合作企业中,有近半数转化为有限责任公司。1998年4月,据温州市工商部门统计,全市由股份合作企业和私营企业转为有限责任公司的有12400家。如果我们考察温州民营企业的发展,可以发现民营企业的组织是随着企业的发展而逐步变化的。在20世纪80年代,统计结果表明民营经济的企业组织形式是以个体和私营为主，同时有部分的企业逐步转化为股份合作制。股份合作作为一种不规范的所有制形式，它是在当时特定的条件下企业的一种变通。20世纪90年代以后，姓"资"还是姓"社"问题得到解决，有限责任公司便成为已经初步发展的民营企业的必然选择了。当然，我们在调查中也发现许多有限责任公司是名不副实的，只是将家庭成员的出资或股份分割成几份，其实质内涵仍是独资企业，是企业家为赶流行或为享受优惠而进行的一种包装而已。

第四，在企业家进入企业的方式上，温州企业家的创新精神表现较佳。调查表明企业家在创办企业方式中第一类是家里已有企业，这类企业有12.1%。当企业家开始从事管理时企业已经存在，这类企业家并不是从企业创业开始的，他（她）参与企业管理是因为企业家本身的优秀素质或者企业家的直系亲属中没有更合适的人选等原因。第二类是企业家单独创办企业，占44.4%。第三类为与朋友共同创业的，仅占0.8%。其他，包括未选的有42.7%。统计结果表明，家人、朋友是企业家创办企业时的主要合作者，个人兴办企业是温州企业家进入企业界的主要方式，差不多一半的民营企业是个人开创的，这反映了温州企业家敢闯的创新精神。

第五，在使用企业管理人员的做法上，温州企业家的创新精神不够。企业管理人员，特别是职业经理贯彻和执行了企业家的经营思想，是企业家的得力助手，具有创新精神的企业家应该外聘职业经理参与企业的管理。但本次调查表明温州企业家和企业主要管理人员为同一人的占10.9%；企业中主要管理人员为家族成员的占26.8%；企业主要管理人员为企业家合作者的最多，达30.8%；而外聘职业经理的只占25.1%；其他占6.4%。这个分布与1999年的调查非常接近，反映了温州企业家现行的对于企业管理人员——特别是对职业经理人的态度及使用情况。从上述数字可以看出，温州的民营企业还处于发展的初期，表现在所有权与经营权在很大程度上还没有真正分开。代表现代企业制度的职业经理在企业主要管理人员中所占的比例只有1/4左右，标志着温州的民营企业整体还处在家族企业发展的早期阶段。

本书的进一步分析表明，作为民营企业最先进组织形式的有限责任公司，主要管理人员来自外聘职业经理的也仅占20.6%，最高的是合资企业，占60%；而有限责任公司的主要经营者中最多的还是企业家本人、家人及股东，占74.3%。反映了名义上的制度创新——有限责任公司，其实只是一种表面形式。当然温州民营企业也处于不断的学习和提高过程中，有相当一部分企业开始聘用职业经理人员。上述数据分析表明，温州民营企业的产权特征还是比较封闭的，大多数企业是由个人或家庭来控制的，即使是有限责任公司也未从根本上改变产权结构的封闭性。民营企业家在企业组织制度上的创新精神与企业家创业及选择进入时机相比存在较大差距。

另外从财务管理及人员安排使用上，可以看出温州企业家在微观管理方面的创新上还是偏于保守。在温州民营企业创业的初始，出于对降低监督成本的考虑，大多数的企业采用的是一种丈夫当老板、妻子当出纳的原始模式。考虑到初期的管理不规范以及制度的成本问题，而且民营企业往往对财务管理特别敏感，这种原始模式还是可以理解的。企业进一步发展以后则应该由专业财会人员从事财务管理工作，调查表明温州的民营企业基本上已经做到了这一点。在企业家与企业财务管理人员之间的关系上，有57.7%（58%）的企业财务管理人员是外聘的专业人员；占据企业财务人员第二位的是家庭成员，有26.4%（26.9%）；再次是企业家的合伙人，占15.9%（15.1%），这个比例与1999年的调查几乎一样（上述括号内的数字为1999年调查结果）。

民营企业的中层管理人员有54.4%来自招聘；有31.1%是亲戚和朋友；其余的来自合伙人。这个结果说明温州民营企业中一半以上的中层管理人员是通过正规的招聘流程来选取的。我们在调查研究过程中发现温州民营企业的股东中如确有能力独当一面的，往往会去承担关键岗位（如市场营销、原材料采购等）的工作。外聘的管理人员却往往只能承担一些不是很重要的岗位，如生产管理、技术管理等，根本原因还是对制度创新缺乏认识和具体运作。

对于民营企业而言，企业组织制度还包括是否建立企业的管理规章制度，民营企业家管理民营企业是采用人治还是采用法治，反映了企业家的管理理念。调查表明温州的民营企业家已逐渐进入规范化管理时代，有88.7%的企业家会制定一整套的企业管理规章制度来进行规范化的管理。当然从调查中看民营企业的管理制度也仅仅是一些最基础的信息，离真正的管理制度还有一定的距离。但温州民营企业毕竟迈出了这一步，为以后的科学、高效的管理打下了良好的基础。

温州民营企业的科技创新程度不高，调查表明有54%的企业声称通过自行开发来解决企业的技术革新问题；另有32.3%的企业家认为出资购买是企业技术革新的途径。当时大部分温州企业仍偏重于传统产业，如皮鞋、打火机、服装、家具等行业并不需要很高深的专业知识，进入类似的传统行业成本相对较低。温州人的精明在对传统产品的模仿改造中得到具体而生动的表现。这些产业并不需要从头做起，也不必带有自主知识产权，企业家经过模仿后，加以改造和提高就可以直接生产，而且在市场中有较好的表现。无论是打火机、眼镜还是剃须刀等行业，企业家们都经历了这一过程，而且后来居上成为温州的优势行业。温州拥有相关自主知识产权的产品却不多，缺乏科技创新，导致了其产品和产业升级的落后。另外，很重要的是温州民营企业家的市场意识强烈，他们对企业技术革新的第二种思路是直接出资购买。调查发现，许多的企业家依托内地的高校或研究所等科研机构作为企业技术革新的动力源，依靠外脑进行研发。

温州企业家对于子女的成长方向的重视，反映了企业家对于企业的持续发展的重视程度，在一定程度上也是创新的反映。

调查表明，有40%的企业家会让自己的孩子继续从事他们现在的工作，而大部分的企业家却并不愿意让他们的孩子继承父业；只有7.5%的人认为他们的孩子一定会愿意继续从事他们现在的工作，而有

28%的认为不愿意,可能愿意的占64.5%。可见,子承父业并不是一件容易的事情。要使企业延续三代,长盛不衰,确实比较困难。这对于包括温州民营企业家在内的中国民营企业家而言,是一个新问题,而且会越来越突出。香港已经有许多家族企业成功地实现三代以上传承,而温州企业家处于中国市场经济最先发育的地区,在这个问题上的创新会令人瞩目。

3. 知识(教育)素质

如果说创新精神大部分属于企业家先天心理素质的话,知识素质(或者是受教育程度)则是企业家后天所得最重要的素质。在所有的素质中,知识素质是基础,缺乏知识素质或者知识素质不高,必然使得其他的素质得不到提升从而影响企业家的整体素质,最终不能实现企业家最大的自我价值。

企业家应具备较高水平的经济、管理、人文、技术知识,眼界开阔,思路敏捷,敢于吸收国内外先进技术和成功的管理经验。企业家的知识素质包括许多方面,最基本的有科学文化基础知识、专业技术知识、现代经营管理知识和领导科学知识等。企业家知识主要是通过教育的途径来获取的,教育应该可以分成两类。一类是个人基本知识的教育,如自然科学、社会科学知识等,以培养企业家个人的思考、判断等能力;另一类是专业知识的教育,如财务、生产、营销、人力资源管理等的综合商业管理知识,主要培养企业家的职场专业能力。这两种知识不能截然分开,它们可以相互促进。

本次调查中为了了解温州民营企业家的受教育程度及其在创业过程中受教育程度的变化,我们设置了两个题项。一是在创业时的受教育程度,二是调查时的受教育程度。调查结果表明,民营企业家在发展企业的同时,也注意自己文化程度的提高。创办企业时企业家的受教育程度有11.3%是小学及以下;初中的为31.8%;高中的为43.9%;大学专科的为11.3%;大学本科或以上的为1.7%,说明民营企业家在开始创业时以初中和高中文化为多(75.7%)。

为了较好地了解温州民营企业家的文化教育素质水平,我们选取山东、浙江及全国的情况并进行对比(见表2-1)。1998年10月山东省工商局对全省17个市地的私营企业主进行了调查,而在1997年"中国私营企业主研究"课题组对12个省的83个县、区的私营企业主进行了调查,浙江省也是其中一个样本点。虽然这些调查数据并不属于同一个时点,但可以比照参考。

表2-1　　　　　　　企业家受教育程度调查对比　　　　　　　单位:%

受教育程度	温州		山东	浙江
	企业创办时	2001年调查时	1998年	1997年
初中及以下	43.1	30.9	28	50
高中	43.9	40.2	46	38
大专及以上	13	28.9	26	12

温州的企业家相对文化素质比较低,主要表现在受过高等教育人数的比例上。不考虑时间因素的影响,温州企业家创业时就接受过大专及以上教育的仅为1998年山东调查数据的一半。

因此,温州企业家的受教育程度明显落后于其他地区的企业家。虽然温州的企业家们具有创新的理念,但这种理念很大部分源自先天的素质,可能在市场经济开始发育时会具有某种程度上的先发优势,但往往后劲不足,缺乏长期的冲力,企业家和企业经常犹如昙花一现,缺乏成长性。产生于温州改革开放初期的昔日明星企业家能一直辉煌至今的已经屈指可数。

但温州民营企业家也明显地意识到了这一点,各种各样的学习成为他们的必修课,而且经过几年的学习,他们的文化程度有了较大提高。2001年调查时,情况发生了很大的变化。初中及以下的为30.9%,高中的为40.2%,而大专及以上的为28.9%。从2001年的实际情况看,比1998年的山东及1997年全国的平均水平要高。说明民营企业家在经营企业的同时已经意识到知识对企业经营的重要性，同时他们也在不断提高自身的受教育程度，而且投入的力度和取得的成绩都很不错。以乐清柳市镇低压电气行业的企业家为例，在20世纪80年代柳市镇低压电气产业刚刚兴起的时候，这些企业家大多是从当地的农民转变而来的，受教育程度相当低。但随着柳市镇经济的发展，企业家的素质也在不断提高，甚至个别企业家还远赴美国攻读工商管理硕士，并获得硕士学位，也有不少的企业家获得国内的学位。接受教育，特别是接受高等教育已成为企业家追求的一个重要目标。

另外从交叉分析来看，20世纪90年代后开始创办企业的企业家受教育程度明显比80年代的高。1985年前创办企业的34个被调查者中，没有一个是大学或大专的；但1995年后创办企业的53人中，有10人是大专及以上的。一方面是由于整个国民教育程度在提高，另一方面也是由于对企业经营要求的提高使得后期创办企业的企业家素质也在不断提高。可以预期以后进入企业家行列的个体教育素质会越来越高，同时已经创业的企业家也更加追求自身受教育程度的不断提高。总而言之，将会有更多的企业家接受更高、更多的教育。

知识素质的提高除了接受学校的正规教育以外，更多的则是通过创业实践提高各种能力，这也是温州企业家优秀素质的一个表现。温州企业家在接受正规学校教育中，所获得的知识相对较少，"干中学"就成为企业家提高知识素质的一个重要环节。

4. 品德素质

品德素质指的是企业家为人处世的一种基本准则。人有人品，厂有厂品。企业家的个人品德素质，往往会反映到企业的经营理念与经营作风上。健康向上的品德素质应该是基于诚信、责任、公平、勇气、进取等。企业家必须具有良好的个人品德，才可以端正自己和企业的行为，有利于人类社会的发展。与此同时，他们应该具有远大的志向，坚定的信念，强烈的事业心和责任感，果断的作风，诚实、正直、公正、以身作则的品格等。其中又以志向、毅力与事业心最为重要。培养良好的品德素质，形成优秀的职业道德和工作风格是企业家发挥才能的重要保证。因此，拥有健康、向上的品格素质是企业家实现个人自我价值的内在因素。

在品德素质方面，温州企业家几经沉浮，曾经因为假冒伪劣而惨遭封杀；也曾因良好的品德素质创造良好的企业文化而蜚声于企业界。

1987年7月18日，杭州武林门广场，一把冲天大火将5000多双温州鞋化为灰烬。同时期，上海、武汉等地也同样出现驱逐温州货的现象。原因就在于温州的"星期鞋""晨昏鞋"等劣质产品。温州为此付出的代价是巨大的，曾经在相当长的时间内，"温州货"成为假冒伪劣的代名词。根源就在于企业家的品德素质，片面追求利润而不讲商业道德，企业家狡诈、不讲信用，都会表现在经营企业时的欺骗行为、缺乏诚信。经历了揪心的痛苦后，温州企业家凤凰涅槃，重新书写了企业家优秀的品德素质。

本次调查充分显示了这个结果。

首先，我们以企业家个人的业余活动来反映企业家的人格品德。研究民营企业家的业余生活会可以帮助我们深层次了解企业家的品德和素质。

在企业家的业余生活中，最多的是同家人在一起，占68.2%；其次是参加保龄球等体育活动，占24.2%；再次是读书，占23.2%；接下去分别为打牌与麻将、卡拉OK和跳舞。

繁重工作之后好好休息、放松一下紧张的身心对企业家合理利用时间、提高工作效率均有重要的作用。但在少数人富裕起来后，出现了一种暴富的心理，不是考虑如何将事业进一步发展，而是喜欢去炫耀自己的财富，沉溺于纸醉金迷的生活，在社会上留下了很坏的影响。

在市场经济发展的初期，难免出现部分低素质的企业家。但残酷的现实也很好地教育了企业家，对业余生活毫不收敛、肆意放纵的企业家，其本身的工作和事业一定会受到影响，会因此而走向衰落，从而陷入一种恶性循环。昔日的明星企业家只因为种种生活上的问题，使得家庭破裂、事业毁灭。惨痛的教训及企业家自身素质的提高，使现在的企业家在追求事业成功的同时也刻意追求家庭的幸福。上述的调查结果清楚地表明了这一点。另外在意识到知识的重要性后，读书也成了企业家们的一项主要的业余活动，调查结果与前面对企业家受教育程度调查的结果是一致的。而且由于平常工作繁忙，业余时间的体育锻炼也成为企业家们热衷的一项活动，由于体育活动既可以放松身心，也可以成为一种高雅的交往选择，因此受到了企业家的青睐。日趋增多的健身馆、网球场、乒乓球馆、羽毛球馆等各种体育活动场馆也说明了这种趋势。温州的企业家在经历了创业初期的浮躁心理阶段后，更能以平常心对待生活，修身养性反映了温州企业家开始成熟，品德素质不断提高。

其次，企业家对于企业利润的流向、利润的用途、与员工的合同关系、职工的福利、企业的规章制度等，都可以从一些方面反映出企业家的品德素质。

在调查中发现，温州企业中，每年进行利润核算并有分红的有52.7%；有核算但没有分红的有30.1%；没有进行利润核算的有2.5%；还有14.7%数据缺失。另外还有一组数据，即企业利润的流向。调查表明，企业利润中有14%用于分红；自留企业发展的则有82.2%；用于提高企业家消费水平的仅有2.5%；另有1.3%的没有回答。说明温州企业家首先关注的还是企业的发展，个人的消费等都还在其次。企业家如利润自留发展，其主要途径是扩大规模，占68.8%，其他依次是引进人才、引进和开发技术、提高质量等。其次从企业员工的再教育和培训方面，有85.8%的企业家表示会给员工提供培训的机会，而其中最多的培训方式是师傅传授经验，有39.8%；其次是聘请专家进行技术培训，有36%；再次是企业的技术升级和外出考察，分别占12.1%和2.9%，另有9.2%的拒绝回答。

对待职工的态度，也反映了企业家的品德素质。在企业家与职工的关系中，劳资双方签订合同的占77.8%。同时，企业还为职工提供各类福利。其中，提供失业保险的有66%、提供养老保险的有26.3%、提供医疗保险的有29.2%，等等。甚至有部分企业允许职工持股，比例达11.7%。另外，有88.7%的企业具有正规的企业规章制度。这些都说明了企业家对于职工利益的保障，从侧面反映了企业家的品德素质。

5. 管理素质

企业家是企业发展的最重要的力量，但一个人单枪匹马、孤军奋战是不能实现自我价值的，他需要通过企业这个载体来运作，通过管理来推行战略思想，即需要全面的管理素质来贯彻实施自身理想和价值，这是企业家职业的基本素质。

具体地说，企业家要掌握管理企业的多方面能力和技能。如决策能力、思维能力、分析能力、组织指挥能力、协调能力、用人能力等。技能方面主要有文字技能、语言技能、外语技能和计算机应用能力等。

中国大多数企业家创业时缺乏系统的经营管理专业和知识的培训。有一部分企业家比较重视经验，不太相信理论，缺乏理论修炼的动力与时间。由于中国实行市场经济的时间不太长，市场经济本身还不太成熟，市场运作经验积累还有限，企业家所接触到的范围、所处理的市场关系等，总体上看还有一定的局限性。特别是能够对金融市场基本运作游刃有余、通晓国际市场运营环境的人还为数不多，复合型的企业家更是寥寥无几。

因此，丰富的、全面的管理知识是企业家成功的基本条件。

调查表明，温州企业家的管理素质参差不齐。从生产管理方式角度来看，温州企业家还停留在初级阶段；从营销管理方式来看，则存在着从最原始的推销员方式到现代的虚拟连锁经营等不同营销方式的混合；筹资方式反映了融资管理的落后；收入分配、招聘方式、企业发展模式等反映了企业家管理知识的差异。

（1）生产管理水平

为了了解现有民营企业的生产组织方式和质量管理水平，我们将这两个方面问题放在一起同时进行调查。在反映民营工业企业生产水平的生产组织方式的调查中，调查时点（2001年）有28.0%的企业采用了自动流水线的生产方式；有59.5%的企业采用以机械设备为主的机械化生产方式；只有12.5%的企业是采用手工生产方式。从总体上看，当时温州民营工业企业基本处于机械化的阶段，但现代化的自动流水线跟最原始的手工生产同时存在。反映出温州的民营工业企业的生产方式是以机械化为主的多种方式并存，当然生产方式是由企业生产的具体产品和企业发展的具体水平所决定。如作为温州支柱产业的鞋革业，既有最原始的手工作坊，几个人几把锤子加剪子就可以开工生产的个体小型企业，也存在以引进国际最新的、全自动的流水线为主的现代化生产方式。但大多数企业的生产方式决定了该行业的发展水平，如温州的鞋革业已是以流水线为主的现代化大生产，而家庭小作坊的手工生产只是对流水线生产方式的一个补充。这种生产方式的选择也是企业家生产管理知识水平的体现与应用。很难想象一个只有手工皮鞋生产经验的企业主会管理好现代化的流水线。

  调查还发现有88.7%的民营企业有统一的质量标准。其中有41.8%的企业家认为自己的标准的先进程度比国内同行业高；有55.3%的企业家认为自己的标准与国内同行业的先进水平差不多；仅有2.9%的企业家认为自己的标准比国内同行业低。回顾温州民营企业的发展历史，不难发现不少的民营企业是从生产低劣产品起步的，曾有一段时间温州产品被认作是伪劣产品。但经历了风风雨雨的温州企业家已经认识到质量的重要性，质量标准成了企业家们经常提及的话题。不仅如此，不少企业更是追求更高的标准，如推行ISO9000系列标准。调查表明，有59%的民营企业已经完成或正在准备实施ISO9000系列标准。温州的企业家正试图通过种种措施提高温州民营企业的质量水平，表现出民营企业家的一种向上的精神和对事业永不满足的追求。

  （2）科技管理水平

  对于科技管理，调查时点（2001年）有79.9%的民营企业开展了技术标准和技术情报的收集工作，反映了大多数的民营企业家已认识到科技对企业的重要作用，有关的基础工作也在逐步实施。而对于企业技术革新的主要途径，有54%的企业声称是通过自行开发来解决企业的技术革新问题；另有32.3%的企业家认为出资购买是企业技术革新的途径。

我们把企业每年投入的技术开发费占销售额的比例，称为企业的研发占比。由于研发费与企业的规模有关，我们选取了研发占比，利用SPSS的交叉分析对企业研发占比和企业规模进行比较研究。企业研发占比最高的是2000年，产值在100万至500万元之间的占8%—30%，而产值1000万元以上至1亿元的企业，研发占比大部分却处在1%—5%。当企业规模比较小时，企业由于本身实力的关系不可能以较大比例的产值或销售额投入开发，而当企业的产值超过1亿元时，其产值或销售额的基数已经比较大了，也不会有较高的开发占比。同时，也说明温州的中小企业还是以"小"字见长，以传统行业见长。没有像高科技企业那样一定要投入大笔的开发费用，这也是阻碍温州中小企业变大变强的重要因素。

（3）市场管理水平

温州民营企业家最为突出的特点是他们敏锐而超前的市场观念，"哪里有市场哪里就有温州人。哪里没有市场，只要有了温州人，哪里就会出现市场"。这种观念表现在温州民营企业家对产品市场的定位、市场营销机构的建设与设置上，同时也反映在企业家的市场经营策略的选择上。

调查表明，2000年有25.9%的温州企业家把企业产品的档次定位在高档上；定位在中档的最多，达67%，超过了2/3；把产品定位在低档次的企业家仅占7.1%。定位在以国内市场为主的最多，达75.8%，而主要定位在国际市场的也有24.2%。温州民营企业家的这种选择是经过一段时间的发展和演变的，有其必然性和适应性。在温州经济发展的初期，民营企业家几乎是从零开始的，在经过对资金、技术、市场的深思熟虑后，最初的产品集中在技术含量低、占用资金少、运输方便、市场容量大的产品上，采用的是小商品大市场的策略。温州的企业家选择了如纽扣、松紧带、羊毛衫、编织袋、鞋、低压电器、灯具、家具等特殊产品。选择这类产品具有以下几个原因：一是这些产品容易生产，特别适合于家庭生产加工和分工协作；二是这些产品的市场容量大，可以遍及全国及海外；三是这类产品容易运输，便于在全国范围内流通。在此基础上温州的经济得到了发展，开始有了原始的积累，然后产品的档次逐步提高，形成了现在的以中档为主、兼顾高档和低档的产品市场定位。虽然中档的产品市场大，但不可能所有产品都集中在中档上。考虑到全国的经济发展的不平衡，适量的高档和低档产品同样也有其相应市场。

温州的民营企业家把企业主要产品的主要市场设定为以国内市场为主，这与企业家的最早的产品市场的定位有关。中档产品最大和最方便的市场选择显然是国内大市场，当然其中也会有一部分产品适合国际市场和温州的本地市场。温州企业家之所以较少以本地市场为主要市场是由于以下几个原因：一是本地市场的容量有限，特别是对于从小商品生产起步的温州民营企业来说，温州本身需求容量实在有限，不可能成为其主要市场；二是温州人对本地产品的一种偏见，由于早期的温州产品以低价为主，温州人对自己的产品没有信心，因此本地市场非常狭小。如：虽然温州的鞋业非常发达，但温州人过去却是以穿广东鞋、上海鞋为荣。后来随着温州鞋在全国的名气越来越大，如中国十大"鞋王"中温州有其三。温州鞋墙外开花墙内香，温州人才转到以穿温州鞋为主。现在温州企业大部分的产品是以国内市场为其主要市场，鞋、服装、灯具、低压电器等都是如此。因此温州的民营企业家最为关注的是国内市场，在我们进行这次调查时很多的民营企业家刚从外地考察市场或者是寻找合作伙伴回来，他们一年中有很多的时间在全国各地市场奔波。

对于市场营销途径的选择，温州的中小企业家也显示出不同的想法。调查时点（2001年），有27.6%的企业选择了最原始的推销员，这是温州人打天下的第一招；最多使用的还是专业市场，也就是开办专业批发市场，这是温州产品销售最多的地方；当时最新的做法是专卖店，包括温州的西装、皮鞋、电器等纷纷开始专卖经营，虽然调查当时仅有 6% 的企业实行，却是温州企业家敢于和善于创新的一个表现；另外还有 12.9% 的企业实施其他的途径，如展览或几种途径的组合。

基于对市场的重视，有 76.6% 的企业设立了专门的市场营销部门负责市场开拓，同时也有部分的企业更加重视对市场的调查与预测。调查表明，有 37.5% 的企业家设置了市场调查与预测部门。但设立真正能起到市场研究作用的内部营销机构的民营企业几乎没有。

（4）薪酬管理水平

民营企业的薪酬管理中采取了多种收入分配方式，其中有 71.1% 的企业采取了月薪制；其次是计件工资制，有 21.3%；采取计时工资的有 25.6%；采取年薪制的仅有 1.7%。其中有一些企业是采用两种或两种以上的工资制度，对不同的人和在不同的时段采用不同的分配形式。从民营企业的工资制度上看，温州的民营企业职工及管理人员的收入分配方式与国有或者其他所有制形式的企业并没有太大的区别，月薪制和计件制还是主要的支付方式。从管理上考虑，计件制和月薪制是比较容易管理的，年薪制比较难以管理，特别是考核问题。所以，这些收入分配形式或者说是薪酬分配形式的选择，也是体现企业家管理素质和层次的一个方面。

（5）融资管理水平

在温州民营企业家所面临的问题中，融资问题是一个比较普遍而且必须要加以妥善解决的问题。在调查时点（2001 年）的融资方法中，银行贷款成为民营企业运用最多的方法，占 71.2%；其次是民间借贷，占 31.8%；其他为股票融资、海外融资及债券，但所占比例不高。而其中通过上市进行股票融资的为 0。职工在企业中有持股和持有企业债券的比例并不高，只有 11.7%。

（6）战略管理水平

另外，已经具有一定规模的温州民营企业对于未来的发展趋势的战略判断，也代表了其战略管理的水平。

在被调查的企业中，温州民营企业家最有可能的发展态势是进行多样化的经营，占59.4%；其次是到国内其他地方投资，占27.5%；再次是到国外投资或其他想法，分别占10.5%和11.7%；有停业休整想法的仅有1家，不到1%。说明当时绝大部分的温州民营企业家对未来充满信心，多样化经营和国内外投资是他们未来的选择，企业家们大多已经有了下一步的打算。这从一个侧面说明了为什么温州的民营企业和企业家总是超前，温州的经济就因为有了民营企业和民营企业家而显得充满活力和不断向前发展。

总之，温州企业家的管理知识水平就决定了企业的各项管理方法、方式的选择，随着企业家管理水平的提高必定会逐步采用新的管理方法和手段。

6. 个性素质

由于个人的成长背景不同，企业家个性会各不相同。但如果要成为一个优秀的企业家，他必须具备超凡的个人特质或魅力。如过人的智慧、专业特长、非凡气度或典雅风范。这样，员工才能对自己的领导人更信任。具有超凡魅力的企业家知道自己正在走向何方，并能使其他人支持自己的梦想。这种乐观主义的思想会感染和激励他的下属，使员工相信企业家的创造能力、创业灵感、不落俗套和先见之明，愿意为实现梦想而冒风险。

中小企业也许会很少拥有像微软的比尔·盖茨和通用的杰克·韦尔奇那样具有非凡的人格魅力的企业家，但一个企业从诞生起就具有蕴含着企业主个人魅力的因素。这种因素也可能会因此演变成为企业文化，缺少企业家个人魅力的企业是没有个性的企业，无法在众多的企业中彰显其独有的特点，从而帮助企业家实现自我价值。

其实，温州的部分企业家在这个方面表现了许多具有独特个性的魅力,并因为这个独特的魅力而使企业走上快速发展之路。如温州有3000家鞋业企业,如何在众多的鞋企中彰显个性特点,许多企业家各辟蹊径,凸显企业家及企业的魅力。如康奈以质量和品牌为底蕴的产品文化见长,奥康则是以广而告之的营销文化在早期闻名于世,红蜻蜓的鞋文化则可以体现企业家的独特视角,这些企业文化都是企业家个人魅力与企业具体情况相结合的产物。由于温州的产业聚集度很高,因此温州同行业企业数量非常多,如鞋、服装、打火机、眼镜等都是如此。因此企业家需要首先确立具有各自个人魅力的企业文化,这样也就造就了企业间风格的差异。

调查表明在经营策略上温州民营企业家存在一定的差异。调查时点(2001年),被调查企业有59.4%的企业家积极追随市场,产品多变、快速;有26.3%的企业家会建立自己独特的产品和经营方式;有36.3%的企业家会以产品薄利多销、低价微利作为自己的经营策略;采用多样化经营,有多种产品和服务的企业家有25.6%;以依靠大企业,为大企业提供部件和配件的企业家有12%;积极寻找市场角落,生产市场夹缝里的产品的企业家有11.2%;以外向型经营为主,产品主要销往国际市场的企业家有19%。当然企业家并不只是仅仅采取一种策略,一般是几种策略同时运作或者是随市场变化而做一些调整。从整体上看温州的民营企业家市场经营策略以变为主,产品积极追随市场变化;讲究低价微利;崇尚建立自己的独特产品和服务。但企业家采用多样化经营时真正具有多种产品和服务的却不多,这与温州民营企业发展的特定阶段有关。并且一些企业在多元化经营中经营不善、企业举步维艰,从昔日的明星企业变为破产或濒临破产的反面案例也是对温州民营企业家多样化经营的现实教育。另外温州民营企业并没有形成依附国有大企业或寻找市场夹缝的被动的市场策略,而是形成了鞋类、服装、家具、打火机等在全国占据较大市场份额的行业,这些行业在全国乃至世界都具有很强的竞争力。在这些行业的市场经营中形成的自我配套、自成体系是温州民营企业家赋予温州模式的一个重要内容。值得注意的是，温州的民营企业并没有以外向型经营为主，与珠江三角洲地区的企业不同，温州企业一般是在企业有了一定的发展，产品的质量、产量都有了一定的保证之后才会触及国际市场，并有部分企业后续转而主要为国际市场服务，如温州的眼镜、制笔行业就是如此。

当然，与国内外的一些大企业相比，温州的企业家显然在个性魅力方面还存在一定的距离，但已经出现了一批具有独特个性的企业家。

7. 学习素质

现代社会是知识经济社会，其中对于企业家而言，很重要的一点就是要理解整个社会是一个学习型的社会。面对一个学习型的社会，企业也要成为学习型的企业，当然更要求企业家是学习型的企业家。

通过学习提高企业家素质从而提高企业的创新能力和竞争力是企业生死存亡的关键。学习素质的高低，直接决定着企业在市场上竞争的成败。学习是一个永无止境并伴随着企业发展全过程的自我教育过程，有发展前途的企业家绝不可以因各种原因而提前中断这一过程。学习是竞争活力的来源，这已成为一个正在形成的理念。

当然企业家的学习素质，就是要求企业家能意识到学习的重要性，能自觉地、花一定的时间和费用来安排学习，从而提高自己的各种素质。因此，一种积极的学习素质是企业家提升自己所不可缺少的。

2001 年的调查表明，温州企业家是非常愿意学习的。企业家从业前的文化程度和调查时的文化程度相比较，可以非常强烈地感受到这种变化。调查发现，创办企业时企业家的受教育程度有 11.3% 是小学或小学以下；初中的占 31.8%；高中的占 43.9%；大学专科的占 11.3%；大学本科或以上的占 1.7%，说明民营企业家在开始创业时还是以初中和高中文化为多（75.7%）。而在 2001 年调查时初中及以下的占 30.9%，高中的占 40.2%；而大专及以上的占 28.9%。整体文化水平有很大的提高，说明温州企业家的学习欲望及学习的努力程度是比较高的。

另外，调查发现1999年和2000年接受过培训的温州企业家占79.1%，其中的方式有短训班，占48.4%；考察，占29.7%；脱产培训，占5.8%；自学的占16.1%。培训的专业分布如下（多项选择），财经为22.6%，管理为65.9%，法律为26.4%，技术为26.3%。对于提高自身素质最佳方式的认知，认为长期业余时间的系统培训最佳的占25.5%；短期的专项培训占43.8%；管理部门（工商、税务、技术监督）的法规政策培训占24.6%；有学历或无学历的脱产学习占6.1%。一年中企业家可以用于参加各种培训、学习的时间长度，10天以下的占25.1%，10—30天（含）的占49.4%，30—60天（含）的占16.3%，60天以上的占5.0%，没有时间的占4.2%。一年中用于学习的支出情况，500元以下的占8.6%，500—1000元的占41.8%，1001元至3000元的占30.5%，3000元以上的占19.1%。

温州企业家给人很深的一个印象是，文化素质不一定很高，但是专业素质和对管理的理解与实施却很有见地。很多外地企业家在多次接触了温州企业家后，就会越来越明显地感觉到这种温州企业家独特的学习素质。正是这种"干中学"和"边干边学"的素质，成就了第一代温州企业家。

8. 公共关系素质

企业要生存和发展，就要与政府、新闻单位、传媒机构、业务单位、社区等方面搞好关系，以塑造良好的企业形象。为此，要求企业家具有高超的社会活动与交往的素质，特别是精通与灵活运用公共关系、人际交往、礼仪等方面的技巧和方法。

特别是在企业面临危机时具有很高公共关系素质的企业家可以通过公共关系来消除危机，唤回人们对企业的信任，则企业就有可能摆脱危机重新回到快速发展的轨道。如果企业家具有良好的公共关系意识，则可以通过日常的一些公关活动来建立企业及企业家的形象，从而为企业家实现自己的价值，打下坚实的基础。

因此，灵活的公共关系素质是企业家与社会、团体、个人进行沟通所不能缺少的。

温州的企业家在这个方面的表现,体现了他们的公共关系服务于企业发展的基本思想。

调查表明,在是否建立行业公会、企业家联谊会或企业家俱乐部等组织时,有54.5%的企业家认为很有必要;认为无所谓的占38.5%;觉得没有这种必要的仅占7%。据温州市总商会的统计,2000年温州有45个行业协会。对这些行业协会组织应该发挥怎样的作用,有13.4%企业家认为协会可以保护合法的私有财产;有30.9%的企业家认为可以提高民营企业家的社会地位;有44.3%的企业家认为可以促进经营绩效;有6.2%的企业家认为这样可以增加休闲、娱乐;有5.2%的企业家认为效果不明显。企业家对协会的认识也不尽相同,交叉分析表明企业规模较大的企业家对协会的认同度更高,他们往往期望通过协会提高他们的社会和政治地位,帮助他们参政和议政;成立不久的企业则期望通过协会以集体的名义,切实保护他们的企业免受一些干扰,同时也可以在同行间进行一些沟通,协调各自的经营活动。企业家的这些心态,反映了作为一个在经济上已经具有较高地位的企业家阶层,会有在政治等其他方面相应的要求。特别是一些企业发展得又快又好的成熟企业家,他们的预期就更高。这也要求有关部门能对此有一定的认识,及时与民营企业家进行有效的沟通,鼓励他们为国家、为民族、为行业、为区域的发展多做贡献。

2001年的调查还发现,为提高民营企业家的社会影响力,尽量扩大企业规模成为温州企业家的第一选择,占56.7%;第二位的是树立良好的企业形象,占46%;第三位的是支持社会公益事业占29.9%;其他依次为利用媒介宣传自己(6.4%)、加入中国共产党(15.1%),等等。温州民营企业家的实干精神在这里得到充分体现,他们的公共关系素质就表现在他们如何应用公共关系去发展他们的企业。对于他们而言企业的规模大小就代表了他们事业上的成就,就代表了他们对社会的影响力。所以他们会尽量把企业做大,企业整体上去了,他们也就会觉得自己的社会影响力提升了。同时，企业的公众形象对民营企业家而言也十分重要，公共关系作为提升企业形象的一个手段会受到企业家越来越多的注意和选择。

法律意识的不同也反映了企业家不同的公共关系素质。市场经济从某种意义上说就是法治经济。部分企业家有过直接或间接钻国家法律空子或是利用法律体系的不完善而打擦边球的情况，在法律制度不健全的时期，甚至有些企业家就凭借这些手段而发财。但是随着立法速度的加快，遗留的法律空子也越来越小，利用法律漏洞的机会就越少，同时企业家的法律意识也逐步加强。

调查表明，有64%的企业所签订的合同有公证；有超过一半的企业聘有常年法律顾问；有75.3%的企业家本人参加过专门的法律培训。另外，有33.9%的企业发生过法律纠纷，而发生纠纷通过法院解决的有40.6%，私下调解的有12.1%，没有选择的企业有33.3%。过去是温州人的假冒伪劣使外地人对温州企业和温州产品小心翼翼，而后来出现了外地人利用温州企业家急于发展的心情，精心设计欺骗温州人。经历过多年普法的教育和多个实际案例的生动教育，企业家们也更加清楚法律的重要性。公证、企业法律顾问等已成为民营企业家平常谈得较多的名词，签合同要公证、遇事先同法律顾问商量则逐步成为企业家自觉的行动之一，法律已成为现在温州民营企业家经营企业的护身符。依法从事企业经营活动，依法维护企业及企业家自身利益成为企业家经营的根本原则。温州企业家的公共关系意识已经开始同法律等有机结合，日益成为企业经营的一个重要方面。

9. 健康素质

良好的身体素质是企业家成长和发展的根本，是企业家做好领导和管理工作的最基本的条件。中小企业家由于企业规模不大，专业管理人员不会太多，各方面的事务都需要企业家自己参与。因此，平常工作忙碌，再加上一些应酬难免会影响身体状况。当一个企业迅猛发展正需要企业家投入更多的精力时，企业家却因为身体状况的原因直接影响企业的发展。

因此,健康的身体素质是企业家进行创业时所不能缺少的。

我们的调查(2001年)表明,在企业家的业余生活中,参加体育活动的占24.2%,反映了企业家比较重视锻炼,他们从实际的工作经历中确实感觉到健康的重要性,并且已经将身体锻炼融入日常的工作中。

根据企业家素质理论对温州企业家素质进行的研究,可以发现温州企业家素质还存在一些与市场经济发展不一致的方面,阻碍了企业的快速发展。研究温州企业家的素质,分析影响企业发展的企业家素质瓶颈,可以找出这些瓶颈存在的原因,在此基础上可以提出改善企业家素质的对策。

10. 企业家对社会环境的评价

企业家成长除了企业家本人的内在素质之外,还需要其他外部因素,使企业家敢于创业并且不断加大投入,从而使企业家能在提高素质上投入更多的时间与精力,只有这样才能促进企业的壮大与发展。

首先,要有一个良好的社会环境。

在民营企业发展进程中,政府关于民营企业发展的政策是企业家普遍关心的话题,而且企业家对企业以后的发展战略也常常取决于对政策发展趋势的判断。

总体上看民营企业家对当时的国内政策较为满意,调查发现,2001年有11.7%的被调查企业家认为政府的民营企业政策很好,51.5%的企业家认为较好,认为一般的占34.7%,认为不好的仅占2.1%,认为很不好的为0。可以看出温州的民营企业家对企业当时的宏观环境的满意程度还是比较高的,企业的发展还具有大量的机会。对于当时的国际环境,有6.3%的企业家认为很好,认为较好的占45.6%,认为一般的占44.8%,认为不好的占2.1%,认为很不好的占1.3%。

但企业家们对一些具体管理部门或政策还存在一些看法。如认为民营企业的税负较重,调查表明,2001年有5.9%的被调查企业家认为民营企业的税负太重；而有50.6%的认为较重，有40.2%的认为一般；只有2.5%的认为税负较轻，极少的认为是很轻。由于企业的根本目的是获得利润，所以从企业家本身的角度来说税负越少越好。实际上，从现行的税负来看，民营企业同其他所有制企业的税负基本相同，并不存在税负不公的问题。另外，民营企业家希望管理部门更好地为民营企业服务。在调查时点的2001年，银行等金融部门被提及的最多，占64%；税务部门占57.4%；工商管理部门占53.2%；技术监督部门占26.2%；司法部门占10.4%。许多企业家是对多个问题同时提出要求，而且从被提及的频率看，企业越急需解决的问题，其所在的管理部门被提及的次数越多。民营企业的融资问题是一个大问题，是每一个企业都会遇到的，而当时的贷款政策所需程序对一般民营企业明显不利，借贷的成本高且手续烦琐，所以就成为企业家最需要解决的问题。其他的如税务、工商等部门也是民营企业必须要经常往来的部门，企业家对这些管理部门的工作还是有不满意的地方，包括这些部门的不正之风和低效率的工作作风。

其次，要减少制约企业发展的外部因素，特别是要建立信用经济，维护公平的市场经济秩序。

据此次调查，制约企业发展的外部主要因素有（多选），竞争不公平，占28.1%；市场需求不足，占27.2%；"三乱"严重，占18.8%；商业信用缺乏，占18.7%；管理部门效率低，占17.8%；政府干预多，占12.5%；融资困难，占10.3%；基础设施不完善，占8.7%；有法不依、执法不严，占7.6%。对不公平的市场秩序和需求不足的问题反映最明显，反映了当时的企业所面临的发展瓶颈。

最后，要提高企业家的社会地位。

为了具体了解民营企业家对自己的评价，我们按10分制设置了三个问题，分别让他们填写自己在社会、政治和经济上的地位。其中10分表示地位最高，1分表示地位最低。统计结果表明企业家认为在经济上的地位最高，平均达8.3分；社会地位第二，达6.5分；政治地位最低,只有5.4分。而且这些数据之间的标准差较小,企业家的评价相差不大。说明民营企业家作为一个社会阶层,其经济地位已经基本确立。他们对自己的财富评价已经处在社会的较高层次,但社会地位和政治地位并没有相应地提高。

11. 素质不高原因的数量分析

为了了解企业家素质与企业家选择的行业、企业所取得的固定资产(规模)以及企业家所在企业效益情况间的关系,我们根据当时调查的数据,应用定性数据的列联表,交叉分析上述关系。考虑到文化素质的可量化性以及知识(教育)素质对于其他指标的基础性作用,具体分析时,我们选择了知识(教育)素质作为交叉分析的企业家素质指标(表2-2、表2-3)。

表2-2　　　　企业家文化程度与从事行业的交叉分析　　单位:人,%

			所属产业			合计
			第一产业	第二产业	第三产业	
文化程度	初中及初中以下	实际计数	5	56	13	74
		预期计数	5.3	55.4	13.3	74.0
	高中	实际计数	3	76	17	96
		预期计数	6.8	71.9	17.3	96.0
	大专及大专以上	实际计数	9	47	13	69
		预期计数	4.9	51.7	12.4	69.0
合计		实际计数	17	179	43	239
		预期计数	17.0	179.0	43.0	239.0

表2-3　　企业家文化程度与从事行业的交叉分析 SPSS 的卡方检验

	值	自由度	双尾检验
皮尔逊卡方	6.274[a]	4	0.180
自然对数比	6.177	4	0.186
案例数	239		

企业家文化素质与所从事行业的相关关系，我们应用 SPSS 的列联表分析，并对结果作卡方检验（χ^2）。由于 3×3 的列联表只有 $(3-1) \times (3-1)$ 共 4 个自由度，当给定置信水平 95% 时，P 值大于 0.05，因此企业家的知识（教育）程度与进入行业无关。

分析表明，企业家的文化素质对于他所从事的行业并不会产生显著的影响。也就是说，大学毕业的可以去做小买卖，而小学毕业或者文盲也可能会去经营生物工程等科技企业。换句话说，当时的条件下不同的产品市场对于准入并不设置文化素质的门槛，知识（教育）还没有成为温州企业家对所从事特定行业的一个特定条件。

另外，对企业家文化程度与所形成的固定资产的交叉分析，也有相似的结果。SPSS 的卡方检验表明，企业家的文化程度，即其知识水平与所创立企业的固定资产的多少之间并没有显著的关系。因为 2001 年的数据中，文化程度与所创资产显著有关的临界值相差不大，表明以后有可能会成为影响所创资产的一个显著因素。而文化程度与企业效益、企业工人人数等的交叉分析，都可以得到类似的结果。因此，总体而言，在温州当时发展阶段（2001 年），企业家知识素质并没有表现出应有的重大作用。

从上述数据分析来看，企业家素质的高低还没有成为企业成功与否的决定性因素，至少在当时的情况下还没有对企业家的业绩产生显著的影响。但是，随着市场经济的发展和与世界经济的接轨，对企业家的素质要求会逐步提高。因此，如何提高企业家的素质成为中小企业发展的关键。

第三节　温州企业家集群形成的机制分析

一　温州企业家集群的形成历程描述

温州企业家集群最具区域特色。温州有 200 万名左右温州籍商人

(2001年温州市区户籍人口780万人)在全国各地经商、创业,近50万名温州人在全世界各地经商。温州本土商人(企业家)、温州以外的全国各地温州籍商人,以及海外的温州籍商人,构成了温州企业家集群的三支主要力量。而这三支企业家队伍的形成是由点及面,进而发展成为温州企业家群体网络。

最早的温州企业家,可能是一些在外地从事低端手工业的温州人,他们没有办法在温州固有的体制下生活,特别是农民,由于没有足够的土地来支撑庞大的农业人口,只好迁离温州。事实上能够决定迁离温州的农民,其所具有的企业家人力资本其实就要比其他安于温州现状的人高出一些,这已经决定了他们预期可以有更高的收益。而且一旦离开了温州,就会形成一个新的节点,同时保持与温州的联系。一旦发现了机会(如永嘉桥头的纽扣产业的发展就是从外地国有企业的边角废料中起步的),这些外出的人群,一定会回到温州,因为这里有熟悉的人群、闲置的资金和足够的劳动力等。所以,一旦一个新的产业启动以后,企业家精神或企业家人力资本便不断地生长蔓延,最后形成企业家集群,大量相关的企业家集中在相近的行业,产业集群开始形成。大量的企业家又加速聚集,如此形成良性的循环。

由于在温州本地的竞争非常激烈,企业的盈利水平越来越低,所以部分企业家转到异地从事贸易,或到其他城市去开店经商。这些外出经商的企业家,逐步遍及全国各地,基本上是由近及远,从高收益城市到低收益城市,又生成企业家群体网络上的新节点。

外出经商所获得的收益,反过来又对温州本土的农民、工人甚至干部产生冲击,继而又带动生成了具有血缘、亲缘和乡缘等关系的更多的企业家。当一个地方的温州企业家增加到一定数量,所从事行业的利润率越来越低的时候,企业家又开始分化。一部分企业家开始新的迁徙,到具有更高收益的城市,另一部分企业家开始转型到相关行业,等等。

当一个城市的温州企业家具有相当的经济实力,如形成了"温州街""温州村"的时候,他们对于当地经济的影响就会越来越大。

对于温州本地的企业家而言,一方面激烈竞争,导致大量的企业家外出,但同时那些外出的温州籍企业家,却给本地的企业家带来了巨大的全国各地的市场,加上本地产业集群的完善、成本的降低、交易的方便,等等,也使得温州本地的企业家得到了快速发展。作为温州企业家群体网络中心的节点,就自然成为 38 个国家级生产基地、80 个驰名商标、50 个中国名牌等的聚集地,也保持着与外面节点的强联系。

在发展的过程中,由于与国外的联系逐渐增多,同时由于国内竞争日趋激烈,加上国家的对外开放,使得到国外经商更加便利,早期的利润率也远高于温州和国内其他城市。所以,开始出现海外的温州籍企业家集群。

温州企业家集群的形成过程实际上就是中国经济发展过程的一个缩影,同时也是企业家人力资本不断生成的过程。其路线图实际上就是一个从点到面到网络的过程。从温州某个地方开始,然后围绕温州这个中心点,不断地增加节点,这些节点又与温州有着很多联系。从地理上看,这些节点会越来越远,甚至可以跨越国境;但从联系上看,还是与温州这个中心点有着千丝万缕的联系。当然,这种联系也是变化的,节点也可以逐渐形成自己的中心,例如一些大中城市的温州商会,就有联系周边众多温州商人的功能。现在,温州依靠鞋服、电气、阀门等与海内外的温州商人集群保持着紧密联系,但一旦某个节点不需要温州产品或服务,这个节点也许就会断开。

二 温州企业家集群网络生成模型

1. 社会关系网络分析与企业家网络综述

在产业集群的成熟阶段,企业家的社会关系网络主要由地理范围更广的强联系所组成。不同企业家社会关系网络的演化具有路径依赖现象。吴翰洋(2007)以嵊州领带集群为例,研究了产业集群与企业家的互动关系。认为在整个互动过程中企业家的成长和企业家队伍的发展壮大都积极影响集群经济的发展。同时，集群的发展又为企业家人力资本和社会资本的积累提供了条件，促进了企业家的成长。产业集群和企业家之间是相互促进相互影响的。魏江（2005）研究了处于生命周期不同阶段的中小企业的企业家网络的不同特征，认为创立期的中小企业家网络以嵌入式节点为主，是节点之间联系稠密的强联系型和高度路径依赖的网络。成长期则是以混合型节点为基础的、组织间关联得到加强的、倾向于有意识管理的计算型网络。王建（2006）指出了经济学对产业集群现象解释的局限，通过构造环境、网络和行为三者之间的关系，在内生型产业集群环境下，利用社会关系网络角度的"撒网"模型，得出两点结论：第一，强联系在企业家撒网过程中起主要作用；第二，个体行为的路径依赖现象影响了企业家撒网的过程和结果。也有学者从社会关系网络转型与家族企业成长的关系出发进行研究，认为家族企业的成长与社会关系网络转型密切相关，家族企业治理、转型、传承等均需要考虑社会关系网络的变化（刘洋，2008）。顾慧君（2007）从社会关系网络与集群之间的相互作用出发，分析了温州鞋业集群在集群形态从同质集群、分工集群向创新性集群变迁的过程中，社会关系网络随之而发生的由族群、企业家社会关系网络向非人格化社会关系网络变迁的这一集群与社会关系网络的协同演化过程。

  Burt（1992）通过对企业家进行创新活动的网络结构分析，认为企业家具有相当数量的强联系；企业家处于网络的中心地位，并享有一定的内部声望；除了直接联系之外，企业家还通过与之直接联系的主体间接控制着一定数量的次级簇，这样的结构被称作蔓—簇结构；企业家可能处于两个非冗余性联系之间的关键性位置，即拥有结构空洞，从而享有信息优势和控制优势。Anderson（2003）认为，社会资本与社会关系网络资源的特性与范围也影响了一个企业家识别与跟踪机会的能力。刘冰等（2005）提出了撒网模型，即企业家的社会关系网络首先被控制在一个很小的局部区域，其网络撒开的过程中企业家的网络非常广泛但是很疏松；撒网完毕，企业的网络资源在更广的范围内进行了定位。证明了单个企业家的社会关系网络演化具有路径依赖现象，即企业与企业家的最初成长决定了企业家社会关系网络演化的路径与最终状态。

2. 温州企业家集群的社会关系网络模型的基本构想

温州企业家集群是一个非常典型的现象，虽然过去也有很多尝试，但借助于社会关系网络分析方法也许是一条可行的路径。根据社会关系网络的理论和基本分析方法，通过对温州企业家集群的长期观察，我们提出了以下5个基本命题。当然，需要理论和实证的检验。

命题1：个体企业家就是温州企业家集群网络的一个节点，并且自身就拥有各自的网络；

命题2：个体企业家总是寻求较高程度的中心性，包括可以从点入度、中间性和特征向量等指标进行测量；

命题3：温州企业家集群网络具有较高连接密度；

命题4：温州企业家集群网络具有较高连接强度；

命题5：温州企业家集群网络一直在扩大。

第三章 温商网络的演化

第一节 集群网络研究综述

一 网络与集群

社会关系网络相关概念是解释社会复杂现象的一个很好的工具，特别是对于一个具有很多关系群体的形成、发展等演化过程时，网络的解释显得尤为符合现实情况。当然，由于现实的多样性和复杂性，网络的定义和如何应用也是学术界一直存在的分歧。一个比较积极的处理方式，就是根据研究对象的不同，从不同的角度进行研究，尽可能接近现实的真相。这样既可以对网络及其相关理论有所发展，也可以更好地解释典型现象，促进理论与实践的交叉互动发展。本章我们综合以往的研究成果，并结合研究温州商人群体形成、发展的特点，对网络和集群网络的概念加以界定和分类，从社会关系网络、市场关系网络和创新关系网络的视角解释温商群体的形成、发展以及未来演化的趋势。

（一）网络

1. 网络的定义

网络定义的关键是网络所包含的要素，一般认为网络包括节点及其连带关系两类基本要素。社会关系网络理论认为网络是指个人、组织等节点之间的联结。Mitchell（1969）最早提出一组人、事、物之间的关系即构成网络，而关系类型不同，所形成的网络关系也不同。Hakansson（1987）认为网络是行为主体在主动或被动地参与能力范围内活动的过程中，通过资源的流动，在彼此之间形成的各种正式或非正式关系，包括行为主体、活动的发生、资源三个基本组成要素。陈守明（2002）将网络看成平等个体之间的一种网状联系，盖文启（2002）认为网络就是各种行为主体之间在交换资源、传递资源活动过程中所建立的各种关系的总和。

20世纪80年代以来，网络系列概念逐渐应用于经济学、社会学、管理学等学科，以解释社会经济现象。Rogers等（1981）认为网络是单个系统中的各个主体通过所有相关联结而构成的整体。Thorelli（1986）对网络主体之间的关系进行细分，认为网络是两个或两个以上组织介于市场交易关系和组织层级关系之间的长期关系。Aldrich（1986）认为个体可以通过所处的社会关系网络来获取所需的信息和资源，社会关系网络的一大重要功能便是强调了信息和知识在网络成员间的共享。Johnson（1987）丰富了网络的内涵，认为网络是由一群相互依赖、支持的企业通过网络中的各种互动行为来完成相互间的沟通、协调甚至整合，其中暗含了专业分工的定义。

结合上述研究，我们将网络定义为：节点之间，即行为主体（人、企业、机构等）之间由于各种要素的流动所形成的各种关系的总和。

2. 网络的分类

按照对网络要素特性的不同，可以对网络进行多种分类。Miles和Snow（1978）根据网络在不同发展阶段表现出变化性、内外交互性和发展性，提出了划分为稳定型网络、内部型网络和动态型网络三种常见的网络类型。何郁冰等（2015）则是从关系强度和网络密度两个维度构建四种不同组合，分为强关系稀疏网络、强关系稠密网络、弱关系稀疏网络、弱关系稠密网络四种类型。同时发现网络内两个维度均会影响节点间的要素流动，进而影响创新的效果。在组织管理研究领域，重点研究的社会关系网络类型有情感网络、咨询网络、情报网络、创业网络、企业家网络、集群网络等。

Granovetter（1985）受伯特等学者网络分析模型的启发，将嵌入分为关系嵌入和结构嵌入两种。因为嵌入性概念容易受到经济学和管理学领域研究的关注和认可，所以这种分析方法在管理学界产生了极大反响。Michael（1998）进一步综合了网络关系联结的形式、内容、程度、规则和演变等因素，把分析网络本身和分析在网络中流动的资源结合起来，认为网络由结构要素、资源要素、规则要素和动态要素构成。

邬爱其（2005）认为，基于关系和结构两个维度的网络特征分析方法对企业行为与绩效具有较强的解释能力，目前在国外研究中已经被普遍采用。网络分析的基本维度是关系和结构，关系包括节点和纽带的联结，结构则是关系之间的分布情况。关系维度又包括关系的内容或类型、强度、持续性、方向等指标，结构维度主要是指网络关系联结在整个网络中的位置、规模、密度等。关系和结构两个维度都代表了不同丰裕程度和不同品质的资源情况。

企业家网络的定义。刘常勇（2007）将企业家网络界定为企业家与其他个人、团队或组织所形成的，呈现"差序格局"的网络系统，企业家网络以信任为基础、以经济利益为纽带，具有动态开放的特性，是企业家获得内外部信息和资源的重要通道。陈春丽（2008）则认为企业家网络影响网络成员之间的知识转移，促进网络成员之间资源交换，影响网络成员的行为和绩效，加强了供应商的联系，促进了区域生产网络的形成和公司间的学习，有助于企业战略联盟的形成，有助于企业获取、合并、重组以及扩散资源。

3. 集群网络

集群网络的定义。Theo 和 Pimden（1998）认为产业集群是企业（包含专业供应商）、知识生产机构（大学、研究机构和工程设计公司）、中介机构（经纪人和咨询顾问）和客户通过增值链相互联系而形成的网络。黄中伟（2004）认为集群本身就是一个网络，通过内网和外网获取必要的外部知识、信息和技术；同时集群作为重要的经济体又嵌在全球的产业网络中。陈守明（2002）借鉴社会关系网络的概念，以企业与企业间关系代替社会关系网络中的个人及人际关系，建立起狭义的集群网络的概念。从构成的角度看，狭义的集群网络是在一定地理范围内，由一群自主独立、相互关联的企业依据专业化分工和协作建立起来的，具有长期性、有指向的企业的组织联合体。李梅（2017）在研究普拉托的华人纺织产业集群时认为在对集群网络界定时，首先要突出行为主体，即构成网络的节点；其次要明确"活动的发生"，即主体间是如何连接的，也就是关系；再次，还需指出通过网络的点和边所形成的资源流动。而企业作为核心元素嵌入集群网络，是其重要节点，企业根据分工协作所形成的竞争合作关系，构成集群网络中的边。

因此，综合考虑上述文献，我们将集群网络定义为：在一定的地域内，由若干企业、组织、机构交错而成的产业链和价值链中，通过纵向的垂直分工协作关系，实现主体间各种知识、信息及技术等的传递。

集群网络的演化。Butler 和 Hnasne（1991）认为，企业网络在企业发展不同阶段呈现不同的特征，并识别出了企业网络的演化路径：在起步阶段，企业网络表现为社会关系网络的特征；在上升阶段，企业网络逐渐演化为商业聚焦网络；而在可持续发展阶段，企业网络最终演化为战略网络。目前，社会关系网络的理论和方法还处于不断发展和完善的阶段，利用网络理论分析集群网络的演化路径有很多视角，并未形成统一规范的研究思路。根据集群的发展趋势，结合产品生命周期理论，Tichy（1997）、蔡宁等（2003）将产业集群演进划分为初建期、成长期、成熟期和衰退期四个阶段。

二 企业家集群与网络三个维度

1. 企业家集群（温商集群）网络

企业家集群网络的定义。类似产业集群的定义，所谓企业家集群就是一定区域内具有多种联系的企业家群体的集合，构成了企业家集群。他们之间的各种关系，包括位置、结构、稀疏度、强度等的总和就构成了企业家集群网络。

本书要研究的温州企业家群体（也称作温州商人群体，简称温商群体，我们将在以后的章节中混用温商群体和温州企业家群体这两个概念，而不加以区别），其实就是一个典型的企业家集群。我们已经在本书前面章节给出了相应的一些例子，但还没有给出完整的定义。本书认为所谓的温商群体或者温州企业家群体，就是分布在温州本土、国内其他城市以及境外各地，由温州籍及其后代的企业家（商人）所组成的企业家集群。根据上述企业家集群的定义，企业家集群应该是对应于某一个区域而言，而温商群体因为在发展过程中，大量离开温州本地，迁到国内其他城市，甚至到国外（海外），所以我们就依据区域的不同分成三个子群，即本土温商、在外温商和海外温商，他们的主要活动区域分别分布在温州本土、国内其他城市（温州之外）和海外各地。这三个群体既有群内联系，也有群间关系；既有作为区域企业家集合的商会之间即组织间的联系，也有个体之间以及各种商人组织与个体之间的联系。这些企业家节点之间的关系，企业家节点及其集合与各个区域的政府、研究机构、团体等非企业家节点之间的联系就构成了温商集群网络。

2. 企业家集群网络三个维度及其关系

集群网络分类。盖天启（2002）基于网络层次把集群网络划分为企业家个人网络和社会关系网络，基于产业链内分工不同划分为合作网络、产业网络、研究与开发网络、市场交易网络，根据地域范围划分为区域网络、国家网络和全球网络等。蒋天颖等（2012）根据集群类型和网络类型两个维度将集群网络分为水平相关型、水平无关型、垂直相关型、垂直无关型4种。刘汴生（2007）认为集群网络是由集群的生产分工网络、信息知识网络和社会关系网络相互联结而成的，是基于多个维度契合而成的耦合结构。戴益军（2011）基于集群中有无主导集群发展的核心企业，将集群网络结构划分为有核中卫型和无核小企业共生型。王辉（2008）直接将产业集群定义为由生产网络、社会关系网络和知识网络相互融合而成的复杂网络结构。Johnston（2004）从性质上将集群内节点间的关系分为三类，即基于信任的社会关系、基于契约的市场关系和基于联盟的交易关系。

为了更加符合温商的实际情况，本书将使用张一力（2015）和李梅（2017）研究意大利温州商人的普拉托快时尚产业集群的分类方法。

张一力（2015）根据产业集群的功能和节点间的关系性质，将产业集群网络划分为社会关系网络、市场关系网络、创新关系网络。李梅（2017）根据对普拉托的快时尚产业集群的研究，将三个网络关系调整为社会关系网络、市场关系网络、知识创新关系网络。

在本书中，我们结合温商企业家集群的特点，通过回顾和总结温商群体的形成和发展过程，认为基于社会关系网络、市场关系网络、创新关系网络三个维度来考虑温商群体的演化规律，可以比较好地揭示温商发展的内在机制，为后续可持续发展提供政策建议。

张一力（2015）在研究意大利普拉托温商纺织品产业集群网络演化时，认为集群网络是由网络的节点和节点之间的连线构成的，节点和节点之间的连线是网络构成的两个基本要素。集群内节点间的关系从性质上分为三类，分别是基于信任的社会联系、基于契约的市场联系和基于联盟的创新联系。考虑对于集群功能和节点间的关系性质，我们可以将集群网络分为社会关系网络、市场关系网络和创新关系网络。首先，任何一个集群都存在由集群的社会个体（人）为节点，以他们基于血缘、亲缘、地缘等信任联系所构成的社会交往关系，这些节点间的连线结成了集群的社会关系网络。社会关系网络主要维持集群内的最基本的人与人的社会交往。其次，产业集群的市场交易是由原材料供应商、产品生产商、产品销售商以及其他服务于产业集群的管理、运输、咨询公司等中介机构组成。这些企业组织之间纵向存在市场交易关系，横向存在市场竞争关系。由集群内部的各个市场主体，包括供应商、生产商、销售商、中介机构等为节点，以它们之间基于契约的市场联系为基础，结网形成了集群的市场关系网络。市场关系网络，通过契约维持了市场主体的交易关系。最后，集群内许多具有创新能力的企业的研发部门、当地大学、科研机构、政府部门，它们对集群的创新起着规划、引领等作用，通过构建联盟关系，推动集群创新的发展。在集群内部将这些基于联盟关系的节点结网，就形成了集群的创新关系网络。

社会关系网络、市场关系网络和创新关系网络，是集群内三种不同类型的网络，其中社会关系网络是基础，决定了市场关系网络和创新关系网络的发展，同时市场关系网络和创新关系网络也相互影响，产业集群网络实际上是由社会关系网络、市场关系网络和创新关系网络叠加而成的一种复合网络。三种网络的协调方式和发展路径决定了集群发展的速度、质量和可持续性，也决定了集群网络的演化形态。

同样，对于产业集群的集群网络的三个分析维度可以直接应用于温商集群网络演化的分析（见表3-1）。当然，我们还需要将温商集群划分为本土温商、在外温商和海外温商三个不同的子群体，由于三个子群体的演化时机、路径和机制不同，首先，我们需要先确定三个子群体的发展阶段；其次，利用集群网络的三个维度，来分析不同子群体的演化过程；最后，总结它们的共同点和辨析它们的差异之处，并解释发生的机理所在。

表 3-1　　　　温商集群网络三个维度的网络节点及关系

网络类型	网络节点	关系性质
社会关系网络	企业主、企业员工、集群管理和服务人员及其亲属、朋友等	狭隘的、简单的、原始的纯社会属性的关系网络
市场关系网络	供应商、生产商（包括零配件企业、部件企业、成品企业）、销售商	竞争和合作关系
创新关系网络	企业、大学、科研机构、政府、中介机构等	促进内部技术或制度创新的正式或非正式关系

资料来源：对李梅（2017）三个维度的概念界定的修正。

第二节　温商集群网络发展阶段的划分

一　关于温州模式发展阶段的划分

温商发展阶段的划分和温商企业家集群网络的演化密不可分。由于温商集群的诞生与温州经济或者温州模式密切相关，所以，我们需要回顾过往研究对于温州经济和温州模式发展的阶段划分。洪振宁（2008）在回顾温州改革开放30周年历程时提出，温州30年的改革发展可划分为三个阶段。第一阶段，从1978年到1992年，是温州初次崛起阶段；第二阶段，从1992年到2003年，是温州二次创业阶段；第三阶段，2003年以后，进入温州科学发展的新阶段。当然这个阶段的划分，当时尚未遭遇2011年的温州局部金融危机，所以还是基于前30年的发展。而且这个阶段的划分只是针对温州整体发展，没有着眼于温商这个群体。温州人经济研究中心课题组针对国内温州人经济的形成与发展过程，划分为四个阶段，一是1978年前的萌芽阶段，工商业传统下的国内温州人经济；二是形成阶段，1978年到1994年，从供销员到百万温商的国内温州人经济；三是兴起阶段，1995年到2000年，急剧扩张的国内温州人经济；四是转型阶段，2001年开始，拓展和深化的国内温州人经济。

杨迪（2016）在用企业家网络解释温州模式的变化发展时，根据温州模式演化发展的不同特点，把温州模式分为初创期、成长期、成熟期和转型衰退期四个阶段。由于企业家集群生成跟温州模式发展密切相关，所以对于温州模式发展阶段的划分有助于我们理解温商的发展。

1. 温州模式初创期：1978—1984 年

温州模式的发展初创期，以 1978 年改革开放为标志，持续至 1984 年温州成为 14 个沿海对外开放城市，又称家庭工业阶段。

2. 温州模式成长期：1985—1992 年

温州从 1984 年起，至 1992 年邓小平"南方谈话"止。温州模式进入成长期。

3. 温州模式成熟期：1993—2002 年

从 1993 年起，至温州 GDP 首次增速名列全省倒数第二的 2003 年止，进入快速发展阶段。

4. 温州模式转型和衰退期：2003 年起

2003 年后温州模式发展遇到了巨大的瓶颈。国际贸易保护主义的推行与国内市场饱和导致市场急剧萎缩。温州的经济地位开始下降，2011 年温州发展出现了最大的危机，出现局部金融危机。

二 关于温商网络发展阶段的划分

张一力（2012）在对温商的网络发展阶段进行了如下划分。

第一阶段：从个体到行业网络的初步形成，时间是 1978—1988 年。1988 年 6 月鹿城区鞋业协会成立，这个协会是后来温州众多的行业协会和商会的先行者。最主要的产业鞋业成立行业协会，也意味着温州本土的产业网络和企业家网络基本形成。这个阶段早期本土企业大量增加，形成完整的产业链和产业集群。特点是快速、大量、多行业（大多为小商品、劳动密集型行业）。到 2009 年年末，温州市已拥有 24 个由国家工商总局认定的中国驰名商标，38 个中国名牌产品，获得 36 个国家级生产基地称号，13 家企业集团跻身中国企业集团竞争力 500 强，11 家企业入围中国大企业 1000 强。而这些产业集群的产生基本源于这个阶段，鞋革业就是一个典型的例子。从众多的单个鞋业企业到上下游企业集中的产业集群，再到形成众多国家品牌，到 2001 年 9 月 12 日，温州正式被授予"中国鞋都"称号。1985 年，温州市皮鞋产量 864 万双，其中市区鞋厂就达 142 家、产量 290 万双。而到了最高峰的 1994 年前后，全市共有鞋业企业 6000 多家。1998 年，康奈、奥康、吉尔达首次被评为"中国十大鞋王"（中国真皮鞋王），标志着对温州鞋业质量和品牌的认可。2004 年温州鞋业集群产量 6 亿多双、从业人员 45 万人、鞋业企业有 4000 多家，此外还有鞋机、鞋材、皮革、合成革、皮革化工等企业 2500 多家。2004 年全市鞋革总产值为 380 亿元，其中鞋业产值 317 亿元，出口 13.4 亿元，占全市出口总额的 29%。①

从鞋业产业集群的案例可以看出，温州的鞋业集群就集中了大量的温州企业家，他们在与鞋业相关的辅料、原料以及销售、服务等环节，建立了很多的联系。在这个阶段，温州本土的产业网络和企业家网络基本形成。

第二阶段：从温州走出去的企业家初步形成网络。时间为 1988 年 7 月—1999 年 5 月。

这个阶段，对于温商网络有两个标志性事件。其一是第一个在外温州商会的建立，昆明（云南）温州总商会经昆明市民政局正式批准，于 1995 年 8 月 28 日成立，标志着作为昆明区域的温商集群有了自己的网络中心节点。昆明（云南）温州总商会成立时，有近 400 个会员，开始主要为会员做一些服务性工作，如经营中的办证、治安、

---

① 《温州民营经济发展 30 年》（发展综述卷），浙江人民出版社 2008 年版，第 306 页。

纠纷调解等事宜。后来，昆明（云南）温州总商会又先后成立了异地计生办公室和昆明仲裁联络委员会温州商会联络处。2000年10月，昆明（云南）温州总商会成立了在外温州商会的第一个党支部，下辖会员7000多名，理事以上成员1900名，下辖矿业、商业地产、服装纺织、塑编包装、鞋业箱包、汽摩配、五金机电、美容美发器材用品、超市零售、家居装饰、园林绿化景观、通信器材12个行业分会以及曲靖、红河、德宏等15个地、市、州温州籍兄弟商会①。1997—2009年在外温州商会的数量如表3-2所示。

表3-2　　　　　1997—2009年在外温州商会的数量　　　　单位：个

年份	全国各地商会数量	年份	全国各地商会数量
1997	8	2004	108
1998	11	2005	127
1999	25	2006	146
2000	34	2007	161
2001	51	2008	171
2002	62	2009	182
2003	77		

1999年5月举行全国各地温州商会第一次年会，全国有30多个商会代表参加，温州市政府相关领导亲临会议。此次会议提出了"服务会员、服务两地经贸合作、服务家乡现代化建设"的商会工作精神，温州以外的温州商会工作进入新的发展阶段。

走出去的温商，扎根内地发展，在某个区域的温商企业家达到一定规模后，便有一定的意愿成立自己的组织，以便形成网络。所以，在外温州商会的成立，就是温州商人各自不同区域集群网络形成的标志。各地的在外温州商会成立之后，除了各自与温州本土的政府机构

---

① 昆明温州总商会网站，http://www.kmwzgcc.com。

和企业建立联系之外，相互之间也逐渐开始互动。在外温州商会与温州的联系在刚开始落户外地时比较多，后来越来越少。从最早销售温州产品，到建立温州单一商品市场，再到举办温州商城，进而转到房地产开发，在外温商的经济行为越来越融入所在地的经济格局。而1999年开始的各地在外温州商会年会的举办就是异地温州商会间网络形成的一个标志。在商会年会首次举办之前，在外商会的活动大多局限在各自所在的城市，相互交流不多。1999年之后，分别在哈尔滨、广州、石家庄、乌鲁木齐、合肥、大连和贵阳等地举办在外温州商会年会，到2013年举办了十届，极大地扩展了温商的集群网络，加强了网络节点间的联系，节点间的互动更为顺畅和便利。在这个阶段，从温州走出去的企业家开始初步形成网络。1999—2010年在外温州商会年会的地点和主题，如表3-3所示。

表3-3　　　　　1999—2010年在外温州商会年会的地点和主题

全国各地温州商会年会	地点	时间	主题	大会规模
第一届	昆明	1999年5月	—	30多家温州商会参会
第二届	哈尔滨	2002年	—	50多家温州商会参会
第三届	广州	2004年7月19日	交流、合作、发展	近百家温州商会参会
第四届	石家庄	2006年10月26日	交流、创新、发展	139家在外温州商会，600名全国各地的温州商会代表参会
第五届	乌鲁木齐	2007年9月21日	交流合作、和谐发展	150多家温州商会的近500名代表参会
第六届	合肥	2008年10月9日	交流、合作、共赢	全国各地160多家温州商会及商会筹备组的300多名代表参会
第七届	大连	2009年10月12日	新温商，新经济	170多个城市的温州商会负责人参会

续表

全国各地温州商会年会	地点	时间	主题	大会规模
第八届	贵阳	2010 年 10 月 30 日	交流、合作、共赢	187 个地区的温州商会会长、温州籍海外侨胞等 600 多名企业家精英出席本次盛会

第三阶段：内外温商开始互动。时间为 1999 年 6 月—2008 年 11 月，期间召开了两届世界温州人大会。

这个阶段涉及国内温商网络和国外温商网络的建设，以及这两个子网络的互动。通过召开世界温州人大会，推动大批的海外温商与温州本土温商以及国内其他城市的温商进行了多层次的互动。其中，2003 年 10 月 11—13 日，举行了第一届世界温州人大会。1488 位来自世界 60 个国家、地区和国内 118 个城市的温州人出席，海外华侨大多以温商为主。举办了"温州商人与温州人精神论坛""'一港三城'发展战略论坛""温州科技创新与温州人经济论坛""温台经贸合作与交流座谈会""温州服装走向世界战略研讨会"等。第二届世界温州人大会于 2008 年 11 月 8 日—10 日召开，来自 58 个国家和地区、国内 170 个城市的 1500 位温州人参会，以"凝聚、跨越"为主题，以"乡情、乡谊"为主线，倡导"商行天下""智行天下""善行天下"。两次世界温州人大会的召开，尤其是大量与海外温州商人有关的活动的举办，标志着海外温州人的网络与温州本土及国内温州人的网络开始对接。当然，这个阶段的对接活动，大部分属于政府的牵线搭桥，并非出自市场的力量，但海外温州人，尤其是海外温商的网络开始借助中国经济的快速增长，与国内的和温州本土的温商进行了网络的连接，标志着内外温商互动的开始。

当然，国内温商本身的网络建设也在不断加强。其中最为重要的就是国内温州商会年会逐渐形成一个平台，形成了每年一届的主题会议。从 2012 年的第九届开始，一直在温州举行，而不像过去在其他城市轮流举办。

通过这些活动的进行,国内温州商人之间的互动更加紧密,海外温商与在外温商还有本土温商有了更多的接触和交流,促进了三个集群网络的多元化连接,标志着国内外温商企业开始进入具体的合作阶段。

第四阶段:内外温商互动深化,时间从2009年开始。

其间的标志性事件是每年一届的全国各地温州商会年会,2009年开始的温商论坛(2009年上海、2010年厦门等),2010年的全球温州商会会长会议,2010年的第二代温商国情研讨班(上海),2013年、2016年和2018年的三届世界温州人大会等,举办这些会事的主要目的是推动国内外温州商人的可持续互动,也包括与第二代温州人的互动,试图推动温州本土、国内其他城市和海外温商的三个子网络形成一个良好的运行机制,促进子网络形成更紧密的联系和更深入的发展。

根据上述分析,我们将温商集群的三个子集群——本土温商、在外温商和海外温商,均分为孕育形成、高速成长、成熟衰退和转型升级四个阶段。划分的时间点,见表3-4。这样划分主要是为了更好地解释各个子集群形成的共同点和差异性。按照集群生命周期理论,每个成熟的集群应该是都可以按此划分。统一划分成四个阶段可以将不同的温商子集群置于同一框架下进行比较,有利于我们更清晰地分析温商形成的机理。

表3-4　　　　　　　　温商三个集群的发展阶段

阶段	孕育形成期	高速成长期	成熟衰退期	转型升级期
本土温商	1978—1992年	1993—2003年	2004—2013年	2014年起
在外温商	1978—1995年	1996—2004年	2005—2012年	2013年起
海外温商	1978—1990年	1991—2000年	2001—2009年	2010年起

1. 本土温商

第一阶段,孕育形成期(1978—1992年)。温州本土大量温商开始自下而上、自发逐渐生成是这个阶段的主要特征。部分是因为延续了温州历史中的商业基因；部分是因为改革开放后，中国整体的政治、经济管制逐步放松，温州商人群体得以孕育和形成。1992 年，邓小平"南方谈话"激发了温州商人的创业热情，温商群体被主流社会所认可。

第二阶段，高速成长期（1993—2003 年）。1992 年邓小平"南方谈话"后，代表个人私有经济的温商群体被认为是社会主义建设的重要力量，走出了过去自发发展的路径，走上大规模、快速发展的道路。这个阶段温州本土精英温商群体基本形成，成为温州本土经济的主要力量。2003 年对于温州本土经济发展是一个转折点，因为当年温州经济（GDP）的增长速度在改革开放后第一次成为全省的倒数第二，意味着温州经济增长出现了发展瓶颈。

第三阶段，成熟衰退期（2004—2013 年）。主要特征是本土温商在发展中遭遇困难，温州本土经济的增速开始在全省全面落后，本土温商的转型升级遭遇瓶颈。特别是 2011 年，温州出现了温州企业家跳楼和跑路等事件，温州一些曾经知名的企业倒闭或破产，社会对温商出现许多负面评价，对温州经济模式也有很多争议。2012 年和 2013 年也是温州本土经济和本土温商最为痛苦的两年。

第四阶段，转型升级期（2014 年起）。主要特征是温州经济的增速开始回升，说明本土温商开始了转型升级的工作，高新技术企业越来越多，很多企业开始从事上市等资本运作。

2. 在外温商

第一阶段，孕育形成期（1978—1995 年）。1995 年是第一家在外温州商会成立的年份。该阶段的主要特征是在外温商在外地开始逐渐适应和生存下来，在各地生根发芽。

第二阶段，高速成长期（1996—2004 年）。这个阶段，在外温商无论是人数还是企业的发展都开始步入快速发展的通道，逐渐成为温州本土经济所依赖的群体力量。2004 年在外温州商会第一次超过 100

家，达到了108家。2003年举办第一次世界温州人大会，就把在外温州商人作为参会的主要对象，共有国内118个城市的在外温州商人参加了会议，在外温商成为对接和服务温州本土经济发展的主要力量。

第三阶段，成熟衰退期（2005—2012年）。这个阶段，在外温商逐渐成熟，到2012年温州人在全国地级以上城市新成立温州商会11家，至2012年年末，在外温州商会累计209家。而全国异地温州商会年会从1998年在昆明举办开始，一直在温州以外的城市轮流举行。在举办了八届之后，异地温州商会年会2012年第一次回到温州举办，也意味着在外温州商人集群网络发展成熟之后，也遭遇了一些困局，回归温州成为一种可能的选择。部分企业也受到了温州本土企业金融危机的影响，但波及面远不及温州本地。这个阶段，在外温商属于成熟和衰退并行的阶段。

第四阶段，转型升级期（2013年起）。这个阶段，在外温商出现了大量的转型升级案例，2013年全年温商回归（在外温商回归温州）新项目就达392个，总投资额达到624.47亿元，实际到位资金220.35亿元，[1] 创下温商资本回归的历史之最。同时很多离开温州的在外温商成为所在地的龙头企业，出现比温州本土更多的上市公司，包括许多高新技术企业。截至2017年7月，境内上市公司中在外温商控股的为37家，远超温州本土的21家。[2] 意味着，在外温商的转型升级更胜于温州本土温商。

3. 海外温商

第一阶段，孕育形成期（1978—1990年）。改革开放后，温州人在海外的各种关系得到了恢复，部分华侨的直系亲属等开始移民到海外，也带动了其他温州人移民海外的历程，但尚未开始大规模的海外移民。

---

[1] 温州大学浙江省温州人经济研究中心课题组：《温州人经济研究》，中国社会科学出版社2016年版，第142页。

[2] 《温州上市企业问题研究》，温州市决策咨询委员会课题报告，2017年8月。

第二阶段，高速成长期（1991—2000年）。这个阶段温州开始出现包括投资移民等在内的各种海外移民，特别是向欧洲移民的温州人群体。这个移民趋势大约在2000年基本结束。所以，这个阶段移民海外的温商开始大量聚集，并且在国外形成了产业集群，如在法国、意大利形成的温商产业集群，意大利的普拉托更是海外温州产业集群的典型。

第三阶段，成熟衰退期（2001—2009年）。这个阶段海外温商的快速发展势头出现了初步下滑，特别是2008年国际金融危机以及欧洲主权债务危机对欧洲和美洲的海外温商发展产生了巨大压力，海外温商发展出现了瓶颈，既难以融入当地，又很难获得中国本土快速发展的红利。

第四阶段，转型升级期（2010年起）。这个阶段海外温商开始转型，除了在所在地产业的升迁，如从外贸到地产再到资本经营，也包括二次移民到第三国。如欧洲的温商到非洲和南美洲的二次移民，以及部分海外温商回归中国再创业等。法国温商黄学胜任总裁的欧华集团2010年成为在法国上市的第一家华商企业，法国温商刘若进开始在欧洲进行电商试点，并成功运营37VIP等电商平台，意大利普拉托的温商利用智能化的机器设备进行产业升级等，都标志着海外温商在转型升级的道路上迈出了重要的一步。

第三节　温州企业家集群形成的网络自生成模型

一　温商集群自生成模型概述

温商集群网络的生成呈现一种自发生成机制。先是从大量的个体网络开始，进而形成行业网络，然后是区域内网络的形成和区域间网络的扩展，最后形成了温商的全球网络。

温州企业家集群网络首先从个体网络的生成开始。早期的温州企业家通过固有的社会关系网络，如个人的亲戚、同学、战友、朋友等社会关系网络关系，更方便、更快捷和更低成本地获得了必要的市场信息，为建立相应的市场关系网络打下了良好基础。

在建立个体网络之后，他们就会接触某一个行业，通过各种关系将自己嵌入网络某一个环节。通过同一行业的横向联系进入某一个行业协会，也可以通过供应链上下游的垂直关系进入某一个商会，或者是两种方式的结合，这样它与其他企业的联系就更为紧密，成为行业协会或者商会网络中的一个节点，真正嵌入企业家集群网络。

当众多的行业协会和商会在某一个区域有很多联系的时候，这个区域的温商就建立了区域内的温商网络联系。如各地成立的在外温州商会以及在温州本土成立的各种行业协会，都是各个区域内温商网络联系建立的重要形式。一旦各个区域内的网络间的联系越来越多，必然会推进区域间温商网络的建立，这样不同区域的温商集群网络便有了互动。这些互动可能会是从国内的两个商会开始，例如同一个省份的两个不同城市温州商会进行联系。我们发现的典型是福建省的福州温州商会与福建各地其他温州商会的联系，以及四川省的成都温州商会通过轮流在各地举办商会年会将成都市的温州商会和四川各地的温州商会紧紧地联系在一起。

随着经济的发展，当国内各个城市的温州商会已经有很多联系的时候，它们必然会跟海外的温州商会发生联系。随着这些联系不断深入，海内外温商集群网络就逐步建立起来了，温商的全球网络便形成了。

二　温商网络的四个自生成模型

我们可以根据温商从简单到复杂、从个体到行业、从区域内到区域间、从国内到全球的发展过程，建立模型来描述温商网络的形成过程。我们分别就温商网络形成模型、温商个体网络生长模型、温商行业网络生长模型和温商网络生长模型分别予以简单描述。

(一) 温商网络形成模型

如图 3-1 所示,我们看到温商网络的发展过程,经历了从个体网络到行业网络,再到区域内网络和区域间网络,最后到全球网络的发展。这个过程符合集群网络的发展规律。首先,每一个温商均有其所拥有的社会关系网络,然后把行业内的个人网络予以聚合,就形成了行业网络,如温州皮革行业协会、温州服装商会等组织就是各个相关行业的企业家个人网络的聚合;其次,当温州的很多行业网络形成以后,就会出现在温州地区的行业协会之间的网络,如官方的温州市工商联,以及非官方的温州企业家联合会、温州青年企业家协会等;再次,在区域内的温商网络联系建立以后,区域间的温商商会之间建立区域间的网络联系,典型的如在外温商商会年会、全国温商总商会等就是不同区域间温商组织的互动;最后,国内温商的各种组织会与海外的温商商会或者同乡会等一起建立网络的联系组织,如世界温州人联谊会、"一带一路"温商联谊会等。这个模型表明,温商网络的这个发展过程就是一个从个体到行业,从温州本地到国内其他城市,再到海外各地的过程,温商活动范围不断扩大,温商网络范围也逐步延伸,保障了温商网络的动态扩展。

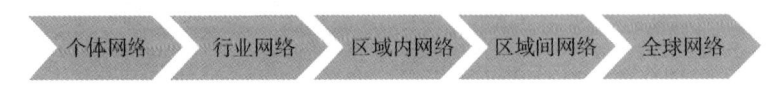

个体网络 ▶ 行业网络 ▶ 区域内网络 ▶ 区域间网络 ▶ 全球网络

图 3-1 温商网络形成模型

(二) 温商个体网络生长模型

如图 3-2 所示,温商的个体网络模型体现了社会关系网络最基本的个人要素的总和。一个人的家庭出身、受教育程度、朋友圈的大小、社会经历的多寡等,都可以影响个人社会关系网络的复杂性和连通性,尤其是个人经历的丰富与否,极大地影响了个人信息量的多少,对于个人创业的行业选择和地域选择会产生至关重要的影响。所以，温州很多经历过"上山下乡"的知识青年，尤其是"老三届"人群，有很多成功的创业故事，这些都跟他们丰富的个人经历有关。个人经历越丰富，掌握的信息量就越大，如果其中有很多经济类信息，他们就能掌握足够多的结构洞，就容易促使创业的发生、发展及成功。

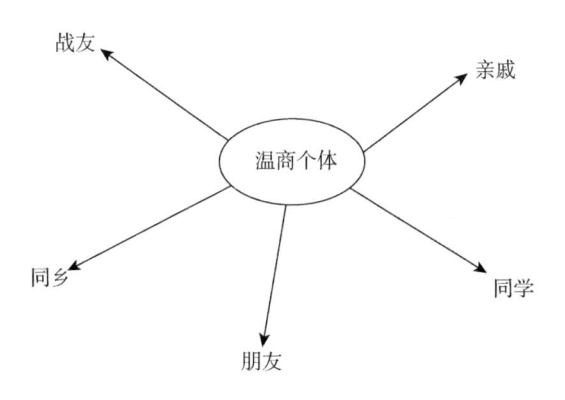

图 3-2　温商个体网络模型

（三）温商行业网络生长模型

这个模型说明了温州行业网络的形成过程。如图 3-3 所示，各行是相同行业企业构成，它们的集合形成了某种行业的行业协会。如温州服装面料协会，就是由经营服装面料的企业组成的行业协会。各列由各个产业链的不同行业但具有上下游关系的企业所组成的各个商会，如皮革行业协会就是由上游的皮和革原材料，以及鞋的辅料、鞋化工材料，也包括鞋机等相关行业，以及下游的皮鞋生产和销售企业组成。温州的行业协会和商会有时是混用的，并没有严格区分。当然，后来也有一些按照区域划分组成的区域性商会，如乐清城关商会、白象商会等，则是区域内的企业家网络组织。如果一个企业既不属于各个行业协会，又不属于各种商会组织，则这些企业就是图 3-3 中孤立的点，是没有进入集群网络的企业，用圈表示。这个模型反映了行业协会和商会的形成机制。

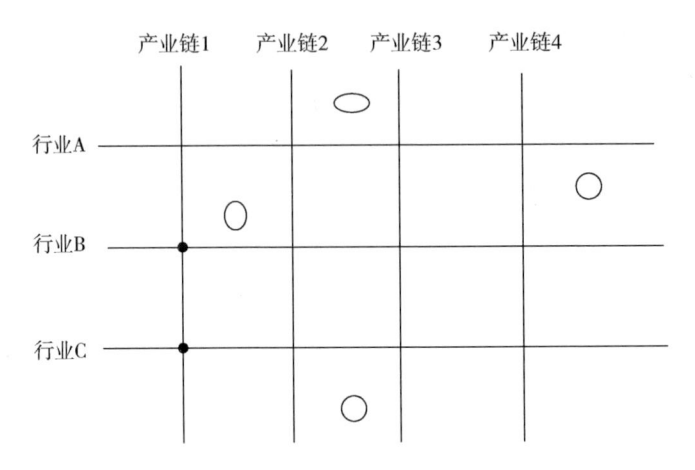

图 3-3 温商行业网络生长模型

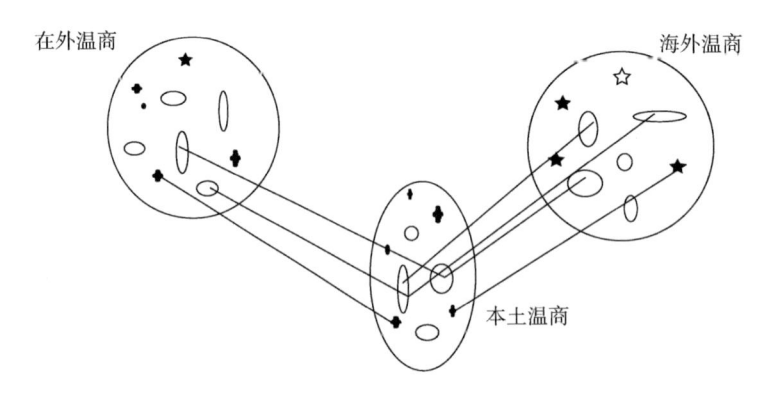

(四) 温商网络生长模型

温商网络生长模型如图 3-4 所示。

图 3-4 温商网络生长模型

全球温商网络的形成，最早始于温州本土。1984 年成立的鹿城区鞋业协会是温州本土温商网络形成的标志。国内温商网络出现的标志，是 1995 年 8 月昆明（温州）总商会的成立。海外温商网络产生的标志，比较难以确定。因为海外温州商会或者同乡会已经有十分悠久的历史，如法国华侨华人会，其前身是旅法华侨工商互助会，成立于 1949 年。改革开放后又有很多海外的温州商会或者同乡会成立，如主要由温州华侨组成的普拉托华侨华人联谊会就成立于1998年。当然，对于本土温商、在外温商和海外温商而言，他们各自网络组织的成立都是独立的，并没有互动关系。值得关注的是，无论是哪一个温商网络组织的成立，都跟温州本土有若干联系。温州本土的商会或者协会，当然需要温州本土的工商联或者某一个行业主管机构的备案（一般是分管工业的经信委，最后要经温州市民政局批准或者备案）；而国内其他城市的温州商会成立，过去按照温州市经济合作办公室（简称经合办）的管理办法是一城一会（一个城市只能成立一个温州商会），也需要得到温州市政府相关部门的核准和支持；海外的温州商会或者同乡会，虽然并不需要温州市政府相关部门批准，但它们如果要作为一个海外组织回到温州参加各种活动仍是需要得到诸如侨办、侨联或者政协、统战部等部门的认可。所以三个温商集群的子群，如果要建立某种温商网络的机构，都需要得到温州本土相关政府部门的同意或者认可，因此它们都与温州保持某种联系。

本土温商通常也较多地接受温州本地各级政府部门的领导，所以他们通过温州的政府部门与国内其他地方的温商以及海外温商建立联系，但未必是直接的联系。因此，温州本土才是全球温商网络的中心，温州的发展对于三个温商子群的发展特别关键。而且海外温商与国内温商的联系，也是通过温州相关部门的关联以建立起全面的对接。在本土温商有了更多的与在外温商和海外温商的接触之后，特别是温州本土举办了各种融合三个温商群体的活动之后，三者之间的两两互动也会慢慢增加，逐步形成以温州本土为核心，包含在外温商和海外温商的全球温商网络。这个模型（图3-4）反映了全球温商网络的形成机制。

第四节 温商集群网络演化的理论分析

一 温商集群网络演化概述

按照本章第二节的划分方法，我们将温商集群的三个子集群，本土温商、在外温商和海外温商分成孕育形成期、高速成长期、成熟衰退期和转型升级期四个不同发展时期。下面我们将分别对四个时期中三个子集群的社会关系网络、市场关系网络和创新关系网络对集群网络形成的作用进行分析。首先我们分析在四个不同时期三种网络的共同作用机理，其次分析三个不同子集群演变中的不同作用机理。我们的分析包括两个方面：一是要说明各种网络在各个时期所起的不同作用，二是要分析各种网络之间的关系。

温商集群网络的演化实质上是集群的社会关系网络、市场关系网络、创新关系网络三者协同演化的过程，三者的协调方式和发展路径决定了温商集群发展的进度、效果，同时也决定了集群网络演化的动态性和可持续性。由于我们把温商集群划分为温州本土温商、在外温商和海外温商三个子集群，因此在各个子集群发展的不同阶段，三种网络的作用也存在相互依赖、此消彼长、动态变化的关系。

温商集群的三个子集群的三种网络演变路径和机理方式基本相同，但存在先后顺序、发展程度不同和两两关系的差异。总的来说，三个子集群的总体演化路径基本相似。集群孕育形成期，温商企业大多分布在某一个相近的区域，可能是同一个县、同一个乡镇或者同一个村，甚至就在周边的院子。所以族群社会关系网络的存在是非常明显而起主导作用的，如亲戚、同学、朋友等关系。在这个区域的每一个人都天然地拥有很多的弱联系和少量的强联系，因此在这个阶段社会关系网络起到主导作用，市场关系网络和创新关系网络几乎被社会关系网络完全替代。在集群的高速成长期，温商集群内部逐渐实现了细致和有序的分工，基于产业链的市场关系网络逐渐开始取代社会关系网络在集群发展中的作用，市场关系网络趋于高度发达，成为三种关系网络中最强且起引领作用的网络。社会关系网络依旧贯穿子集群的演化，创新关系网络有了更多的需求，但仍然非常弱小。随着温商集群进入成熟衰退期，温商企业为了避免创新路径锁定，创新关系网络就被寄予更多的期望，但由于温商群体受教育程度偏低以及普遍过于倚重社会关系和市场关系，导致创新关系网络对比市场关系网络及社会关系网络，显得规模小、联系密度低和强度弱。因此，创新关系网络发展的迟滞严重阻碍了温商集群网络的快速演变，这个阶段温商开始从成熟走向衰退。在转型升级期，那些可以通过构建自己的创新关系网络，从而获得创新资源来改善市场关系网络和社会关系网络的温商，有可能走出衰退期，而且会积聚更多的资源，社会关系网络、市场关系网络和创新关系网络也会逐渐发展成熟。当然，部分温商已经开始转型升级的尝试，并有企业获得成功。比如，本土和海外均有温商企业成功上市；有部分生产型企业转型为服务型企业，或者从劳动密集型企业转型为高新技术企业；或者转型为跨国企业，成为全球产业链的一部分。

总之，随着温商集群的发展，社会关系网络、市场关系网络和创新关系网络也随之发展，三者在更替中实现协同发展。

当然，由于温州本土温商、在外温商和海外温商的各自网络基础不同，而且所处的宏观经济环境不同，各个阶段的需求也有很大差异，因此各个子集群的网络演变也会有许多不同路径。如温州本土的温商集群网络，其社会关系网络和市场关系网络很容易分离；而在外温商则是以社会关系网络引导市场关系网络的发展，市场关系网络的发展又进一步强化了内部的社会关系网络；海外温商的网络虽然也是从社会关系网络起步，但市场关系网络几乎与社会关系网络同步发展。创新关系网络是本土温商的劣势，而对于在外温商而言，其创新关系网络的可扩展性就比温州本土温商有更多的连通性和便捷性；海外温商的创新关系网络发展相对温州本土更加困难，因为海外温商要跟侨居国所在地建立创新关系网络，不同的语言体系、差异的文化背景和较低的教育水平都是制约海外温商创新关系网络的瓶颈。

下面我们将分阶段对各个子集群的演化进行比较分析，更加详细地说明和分析不同的演化路径和机制。我们将按照社会关系网络、市场关系网络和创新关系网络对温商各子集群在孕育形成期、高速成长期、成熟衰退期和转型升级期四个不同演化阶段的作用机制进行分析。

二 温商集群网络的四阶段演化分析

1. 孕育形成期

在萌芽阶段，市场关系网络是建立在网络主体间相互承诺与信任的社会关系网络基础之上。温商企业主要依靠亲缘、血缘、地缘等强关系发展起来，且在集群的诞生期，集群在本质上是依赖社会关系网络萌芽的，因此具有社会关系网络的嵌入性特征。在集群内部，初创企业通常以非正式的个人社会关系网络主导企业的生产经营渠道，对个人社会关系网络的依赖是诞生期集群社会关系网络的常态。集群演化的初期表现为数量上的扩张，主要是通过流程升级来提高生产效率（阮建青，2014）。市场关系网络的初始演进是经济个体的自我识别和群体聚集的过程。市场关系网络演化的过程主要表现为市场主体数量的增加和市场规模的扩大。

三种网络的演化关系。由于社会关系网络是最原始的关系，也是企业家之间天然的地域联系，因此社会关系网络在企业家集群网络中一直起重要作用。在孕育形成期温商集群的社会关系网络类似于产业集群的形成期（王恩才，2013）。Granovetter（1973）的关系强度理论认为强连带主要是情感关系，而在集群孕育形成期温商的强关系为集群社会关系网络的形成提供了基础性元素。由于社会关系网络是依靠信任建立的联系，所以一旦有社会关系存在时，联系的双方会根据相互的信任而建立联系。在温商的孕育形成期，温商之间依靠信任构建了可以通达周边子集群的社会关系网络，在节点内的基于民间习俗的信任关系远远强于基于法律的契约关系和基于协作的联盟关系。所以，在缺乏法律体系和商业规则的情况下，社会关系网络的信任为温商之间提供了市场关系网络和创新关系网络的功能。在温商的孕育形成期，社会关系网络几乎取代了市场关系网络，亲戚朋友或者同学就是商品的生产者，或者货物的贩卖者，或者关系的中介。而温商之间的市场关系，不是通过签订严格的合同或者协议，更不可能通过公证等予以明确的法律意义上的确认。而创新的功能，不仅依靠企业家之间的联盟关系，也是基于技术、工艺的协作创新。产业集群是由于特定因素而产生的空间聚集，创新关系网络的节点为政府机构、上下游企业等。地方政府在引导企业进入和产业支持方面发挥着重要作用，合作在中小企业间展开，其他研发机构与企业少有联结，集群内创新环境尚未形成（李玉华，2006）。产业集群初始阶段的创新关系网络较为简单，首要动机是快速获取创新资源，其创新关系网络的特征表现为规模小且脆弱，以客户为中心，核心技术知识很少在集群内部传播（吕国庆等，2014）。在强关系网络中，相互之间频繁交流的个体或者有着强烈感情依附的个体之间更容易传递和分享高质量的、复杂的或隐性的知识及稀缺资源（戴益军，2011）。温商集群在孕育形成期社会关系网络的作用与上述研究的产业集群网络的功能非常接近。

所以，在孕育形成期，温商就是利用了强联系的社会关系网络，社会关系网络覆盖和取代了市场关系网络和创新关系网络，温商之间的各种联系大多以信任为纽带，以社会的功能代替市场和创新的功能。当然，这跟当时的市场经济的法律制度不完善，温商的创新资源非常缺乏，以及当时市场对于商品的要求较低等有关；对于科技创新需求也处在比较低的层次，只需要通过简单的社会关系网络，就能够大部分替代比较复杂的市场关系和比较新颖的创新关系。例如，很多的市场合同仅凭温商之间的口头协定就可以确认。而且，孕育形成期的创新大多集中在组织创新上，例如温州地区率先实施的股份合作制、挂靠企业等，在某一个地方实施后，通过社会关系网络可以非常快地在温商之间传播，而不必通过联盟的创新关系网络传播。在孕育形成期，可以最大限度地减少交易成本，促进市场繁荣，也正是这样才使得温商在中国市场经济刚刚起步时，就可以及时通过社会关系网络，汇聚市场关系网络和创新关系网络的优势，从而成为中国市场经济的先行者和受益者。

在这个阶段，温商的三个子集群的网络演化路径基本类似。本土温商，除了依靠社会关系网络之外，市场关系网络已经初步发育，特别是对外的商品交易市场，在与温商之外的商人交易时，更多采取契约的形式。而创新关系网络，尤其是产品创新和设备创新也逐步发育形成；而在外温商除了依赖社会关系网络，开始到全国各地定居和经营，与非温商之间的市场关系则会更多地采用初级的市场契约模式；海外温商，在孕育形成期，则主要是通过社会关系向国外迁移，在这个过程中，也会顺带形成初步的市场关系，创新关系网络则没有多少节点和联系。海外温商主要依靠社会关系网络来传播创新技术和创新方法，例如温州本土的第一套西装设备就是法国华侨回国办"华士"公司而引进的，带动了温州本土西装产业进入机械化的流水线时代；而温州早期的太阳镜涂膜技术，也是法国的温州籍华侨为了出口合乎法国标准而引入法国的先进技术，从而使温州的太阳镜产业有了巨大的飞跃，基本能匹配欧洲的质量要求。

三种网络关系可用图3－5表示。图中A—K代表不同的温商企业家，中间的连线代表他们之间的联系。我们看到在孕育形成期，当时绝大部分的企业家是依靠社会关系进行联系的；另外很多的市场关系是通过社会关系而产生的。而且在孕育形成期，有较多单独的市场关系，而创新关系几乎没有。孕育形成期阶段，温商需要依靠社会关系网络替代市场关系网络和创新关系网络的作用。

2. 高速成长期

在高速成长期，温商集群的规模迅速扩张，加上前期的积累，相

———社会关系　- - -市场关系　······创新关系

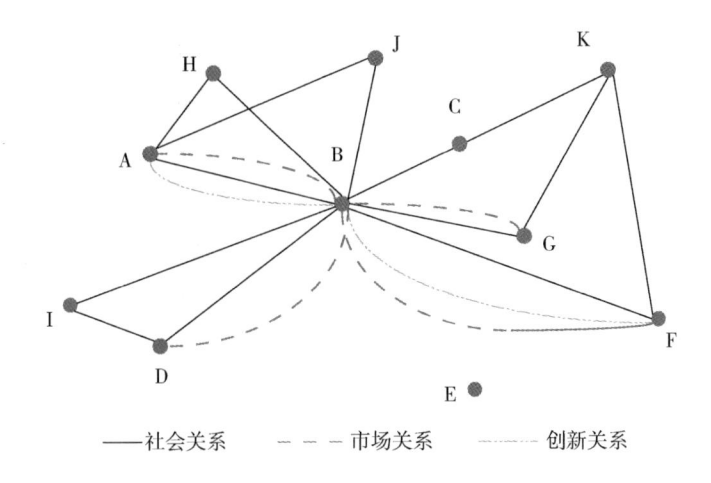

注：第一阶段即孕育形成期；A—K代表企业家节点。

图3-5　温商三种网络的演化说明（第一阶段）

应的产业集群在配套设施、创新环境和市场环境方面都得到了较大的改善，专业化市场关系网络开始形成，产业集群开始产生明显的外部经济效应，大量外部企业纷纷迁入产业集群，使得产业链逐步趋于完整。

在高速成长期，社会关系依旧是各个温商子集群的主要关系。由于还是以社会关系网络为主，信任关系依旧起决定性作用，温商之间的信任依然是第二阶段的主流。相对第一阶段，更多的市场关系开始发育，其中部分是跟第一阶段一样随着社会关系网络形成而伴生的，但有部分市场关系开始单独出现。这个阶段，市场经济逐渐正规，更多相关法律制度出现，更多的温商形成了法制意识和市场经济的理念；整个社会的发展对科技创新的需求更加高涨，更多创新的商业模式出现，更多的科技成果应用于市场。但由于受限于温商群体的文化素质和教育素质，以及他们过往以社会关系网络为主导，导致他们深度依赖社会关系网络。当然，企业间也进一步细化分工，专业化程度提高，企业间展开了垂直和水平等多种合作形式（李玉华，2006）。所以，这个阶段虽然有更多的市场关系从原来与社会关系共生或者伴生中独立出来，以及创造了一些新的市场关系网络和少量的创新关系网络，但社会关系网络依旧是主流，大部分的市场关系网络和创新关系网络可以通过社会关系网络予以解决。创新关系网络是以企业的衍生为主要演化动力，创新关系嵌入在社会关系之中（吕国庆等，2014）。对于产业集群，国内学者普遍认为，在产业集群网络成长阶段，中介机构在集群形成过程中发挥着重要的作用，为促进知识和信息的传递提供了交流平台。通过推动产学研合作，可以促进异质性信息的产生和传递，推动知识创新关系网络的发展；此外，行业协会通过举行各种交流活动也可以促进集群内隐性知识的传播（徐盟，2009）。

三个温商子集群在这个阶段，出现了一些分化。本土温商的创新关系网络虽然出现不多，但比在外温商和海外温商更为丰富；国内在外温商的市场关系，比本土温商更为发达，因为他们需要与其他地区的商人进行交易；而国内在外温商的创新关系网络虽然没有本土温商发达，但他们已经将创新关系网络在比温州本土有更好创新资源的地方展开；海外温商仍处于社会关系网络与市场关系网络共生的阶段，且以社会关系网络为主。

这个阶段的三种关系网络的图示如下（图3-6）。

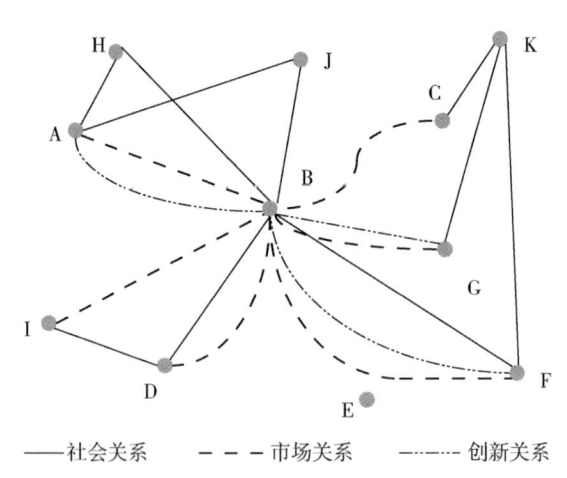

——社会关系　– – 市场关系　-----创新关系

注：第二阶段即高速成长期；A—K代表企业家节点。

图3-6　温商三种网络的演化说明（第二阶段）

虽然图中出现了一些独立的市场关系，但更多的市场关系还是与社会关系相伴共生的；部分的创新关系开始出现，可能是与社会关系网络伴生，也可能是与市场关系网络共生，单独的创新关系网络很少出现；但已经比第一阶段相对更多；代表社会关系的连线依旧是最多边的集合。

3. 成熟衰退期

随着集群的发展，集群进入质量提升阶段，需要通过创新来提高产品质量进而实现升级（阮建青等，2014）。政府的功能逐渐弱化，中介及研发机构的功能逐步完善，集群通过网络连接不断增强创新功能，特别是自主创新能力（李玉华，2006）。

在成熟衰退阶段，由于市场经济的发展，温商特别是本土温商在前两个阶段得到了迅速发展，同时形成了以社会关系网络为主的温州企业家集群网络。到了成熟衰退阶段，由于发展需要大规模、多频次金融资本的支持，尤其是银行间接融资的支持，但在温州商人以社会关系网络为主的背景下，出现了社会关系替代市场关系的融资模式。如民间借款或者银行贷款的担保经常是借款人一个电话，担保和借款就可以到位。由于借贷双方的强社会关系，导致民间借款并不需要正式的协议或者合同，也没有违约条款的限制。在温商发展的前两个阶段，这种方式早已存在。但由于国家总体经济一直呈现上行状态，而且银行的信贷规模等指标也是一直上行，所以温州除了出现过个别的恶意民间借贷案件之外，并没有大规模涉及银行借贷的债务危机出现。在这个阶段，温商集群在融资体系中还发展出了一种社会关系跟市场关系混合的担保模式，即联保。联保通过上下游或者具有各种社会关系的企业组成一个借贷担保圈，大家相互担保而且都从银行贷款。由于受国家宏观经济收缩和银行银根收紧政策的影响，上述借贷方式在2011年下半年开始成为引发温州局部金融危机的导火索。社会关系大量替代市场关系的陋习，最终还是让本土温商尝到了苦果。当然，对于在外温商和海外温商，这些融资方式和贷款担保方式也是存在的，只是程度和规模远远不如本土温商。但还是有部分与本土温商具有融资联系的在外温商和海外温商遭受了巨大的损失。例如，意大利温商为在外温商进行借款的担保、介入温州破产企业的重组等，最后有些海外温商越陷越深，因欠款导致破产，甚至被牵连而导致司法处理。

此时的创新关系网络中，大学及研发机构逐步扩大了影响力，形成了吸引高素质人才的凝聚力，但企业间的人才流动较为频繁。在分工、竞合的过程中，集群内企业通过信息交流，降低交易成本，获得异质性信息，促进显性知识流动（杨中华等，2009），而异质性对企业创新能力具有显著的正效应（孙晓华等，2010），尤其是有利于探索式创新（蔡宁等，2008）。

虽然出现的时间段不同，但三个温商子集群都表现出企业数量减少、一些大型的企业出现破产等问题，温商在前两个阶段一直快速发展的势头被抑制，温商的发展出现了拐点，从成熟进入衰退。本土的标志性事件是2011年的温州局部金融危机。2013年、2014年温州本土经济的低速增长，部分企业破产或关闭。国内温商发展衰退的表现是他们在外发展受到限制后，部分温商开始回归，到温州寻找新的发展机会。虽然温商回归与温州提供的招商引资政策有关，但在外温商很难像以前一样在国内其他城市快速发展，确实成为他们回归的一个最根本的原因。海外温商的衰退，与2008年的国际金融危机及后续的欧洲主权债务危机有关，主要的表现是在2013年、2014年大量由温州人经营的中国商品市场出现了经营危机，相当一大部分温商出现了亏损。

在这个阶段，创新关系网络的节点增多，许多温商开始寻找能够建立创新关系的网络。尤其是国内的在外温商，他们比温州本土温商具有更多的机会利用更为丰富的创新资源，创建自己的创新关系网络，帮助温商企业发展。海外温商这个阶段发展的重点是市场关系网络的进一步扩展和深化。他们通过温商的社会关系网络，将市场关系网络搭建到全球各地，同时建立创新的联系，如寻找所在国当地的专业人才和机构。海外的温商二代接受了更好的教育，从而得到了更多的机会，能够进入所在国科技、教育、文化等创新关系网络。成熟衰退阶段以温商集群内部自主创新为主,并拥有自身集群品牌效应。在产业集群演进中,整个创新关系网络以集体学习为主要特征,各行为主体不断协同创新(王艳,2009)。其衍生企业数量逐步稳定,新进入的企业有助于集群创新能力的提高,集群内的贸易关系和社会联系对知识创新关系网络的产生和发展也起着重要作用(吕国庆等,2014)。创新关系网络在与外部联结的过程中逐步发展,开放性和聚集效应明显,对温商集群外部创新关系网络的依赖越来越强。

在这个阶段,基于信任的社会关系依旧起主导作用,而基于契约的市场交易,虽然有所发展但经常被信任取代,而基于联盟的创新关系,由于温商逐步具有创新能力,慢慢也出现了比第二阶段更多的创新关系网络。从图3-7看,代表社会关系的边还是处于统治地位,代表市场关系的边更多出现,但很多仍与社会关系网络相伴生。代表创新关系的边也比第二阶段更多,预示未来会有更多的创新关系出现。

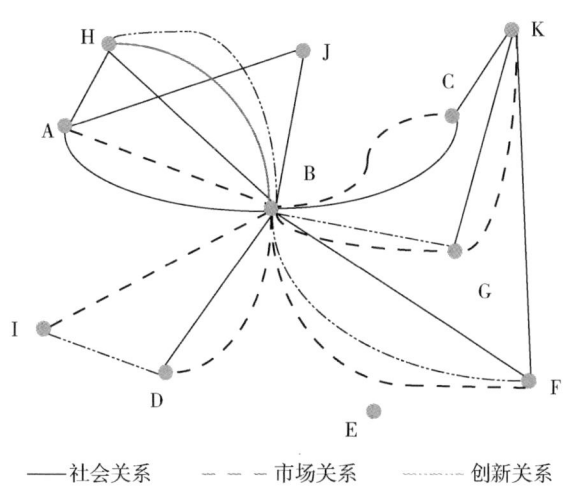

——社会关系　———市场关系　………创新关系

注:第三阶段即成熟衰退期;A—K代表企业家节点。

图3-7　温商三种网络的演化说明(第三阶段)

4. 转型升级期

国内很多学者针对产业集群进行了研究,对集群的演化仅仅关注成熟阶段或者均衡阶段，而事实上，每个产业都有自身的生命周期，产业集群如果一成不变甚至变化速度过慢，那么进入衰退期就是必然趋势。如何实现集群网络的转型升级，成为亟待解决的问题。

温商集群的演化也是如此。进入成熟衰退期后，温商集群内的企业面临更加激烈的市场竞争，接受市场优胜劣汰的严峻考验，集群的发展逐步过渡到致力研发与品牌创新阶段。温商企业也意识到功能升级的重要性，企业要通过创新提升价值链的附加值，使企业向微笑曲线两端行进（阮建青等，2014）。在温商的成熟衰退期，社会关系大量替代和覆盖市场关系，造成了2011年出现的温州局部金融危机，国内温商和海外温商经历了这个拐点后，在转型升级过程中，温商更为重视独立的市场关系网络，更加愿意将市场关系与社会关系区隔开来。生意归生意，人情归人情。危机过后，温商很少会随便替人担保，更加重视自己的信用，而不是用信任去代替契约。而部分在前三个阶段就开始布局创新关系网络的温商，他们在本阶段开始了转型升级。由于积聚了创新资源，基于联盟的创新关系网络的创建和发展，对于部分温商显得更为容易和顺利。温商集群内部行为主体之间逐渐形成相对稳定的创新交流圈（吕国庆等，2014）。集群社会关系网络的内部网络继续向外部网络扩展，社会关系网络和市场关系网络持续向温州以外的地域结网，使得温商的创新关系网络发展相对滞后的程度得以改善。而这些更多的创新关系网络，可以让温商一方面接触本行业的科技创新资源，另一方面接触其他行业的创新资源，如进入资本市场寻找与资本对接的机会。在这个阶段，三个温商子集群都出现了诸多的温商上市公司，这是温商转型升级最好的标志。当然，温商中也出现了很多的新兴产业，如高新技术产业、文化创意产业、高端服务业等。

这个阶段，温商三个子集群的转型升级各有优异的表现。本土温商注重总体的提升。在政府的引导下，国际金融危机过后的本土温商出现了更多的新兴产业，如实施的"510"产业，包括服装、泵阀、电器、鞋革、汽摩配五个传统产业，及其他的十个产业，如信息、新材料等都属新兴产业。而国内的在外温商，显然转型升级比本土温商早一些，如杭州温商林东的跨界经营，从牛肉干跨界到互联网，再到潮汐发电的新能源，一直处于转型升级之中；上海温商林奇的网络游戏事业非常成功，而且2014年其游族网络在A股上市，显示在外温商能够利用他们已经建立的创新关系网络，帮助其转型。海外温商也投身资本市场上市或者应用高科技帮助行业发展。如法国巴黎的温商黄学胜是第一个完成企业在欧洲上市的温州华商；如意大利普拉托的温商在快时尚产业集群发展中，利用科学技术帮助升级，适时将全自动裁剪机、电脑的移印技术等用于普拉托原本比较低端的快时尚服装产业，提升了该行业的科技含量和附加值。

在这个阶段的三种网络演化关系中（见图3-8），最明显的就是代表创新关系边大量增加，意味着在这个阶段基于联盟的创新逐渐成为温商的一个主流，也意味着温商有足够多的创新资源，可以进行转型升级。但是，同时我们应该看到创新关系、市场关系依旧跟社会关系相伴而生，如果不能摒弃社会关系的主导作用，而让市场关系和创新关系各自独立起作用，温商还会过多利用社会关系，由此滋生运营风险。

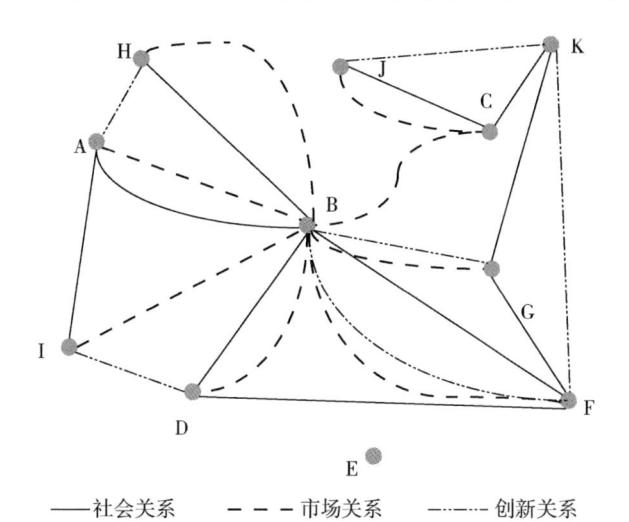

——社会关系　－－－市场关系　·—·—创新关系

注：第四阶段即转型升级期；A—K代表企业家节点。

图3-8　温商三种网络的演化说明（第四阶段）

三 小结

　　温商过于依赖基于信任的社会关系网络，很多时候替代和抑制了市场关系网络和创新关系网络的生成，造成市场关系发育迟缓，创新关系也难以在孕育形成期和高速成长期得到确立。由于社会关系过于强大，造成温商的市场关系和创新关系在一定程度上依附于社会关系，从而会以信任关系代替契约关系和联盟关系。而当这种替代关系过于强大时，可能会使契约关系和联盟关系得不到正常的发展，最终造成了关系的错乱形成危机，阻碍温商企业的转型升级。市场关系没有从一开始就确立契约关系的决定作用，而是依据社会关系的差序格局来确定的，造成市场交易关系的社会化，影响了市场关系的正常发展。按照市场经济理论，市场交易必须最终依赖契约，不能一直用信任替代。没有与日益发展的市场经济法律制度的与时俱进和契约精神的缺失是造成温商发展各种危机的原因。在温商三种网络关系的发展过程中，创新关系网络的发展没有像社会关系网络那样，具有天然的联系；也没有像市场关系网络那样，通过契约交易得以建立。创新关系网络是基于联盟关系网络的，也就是联盟各方均需要提供创新资源而合作，创新理论认为基于联盟的创新关系网络建立是创新实践的必要条件。温商恰恰因为没有足够多的专业人力资本，造成其接触的创新资源数量不多、质量不高，最终导致温商创新不充分，影响温商的转型升级。

　　温商集群网络中，其社会关系网络、市场关系网络和创新关系网络三者在四个演化阶段中的发展并不协调。部分温商完全以社会关系网络取代市场关系网络和创新关系网络，导致温商企业转型升级的落后，从而阻碍整体区域经济的发展。温商努力构建了自己的创新关系网络，正好可以跟上整个世界经济和中国经济高速增长的节奏，顺利走上转型升级之路。无论本土温商、在外温商还是海外温商，这些能够顺利转型升级的温商均为少数，且多发生在创新资源丰富的地区，而非温州本土。从浙商整体来看，温州如此，其他地方也大抵如此，全国也类似。温商网络，或者说中国企业家网络的演化困局，体现在企业开办数量过多、科技创新偏少；投机取巧偏多，扎扎实实做创新的偏少。这也是中国企业难以顺利转型升级的根本原因。总体来说，产业科技创新能力弱，严重阻碍了中国企业的国际竞争力。

第五节 普拉托温商集群演化的案例

一 普拉托快时尚产业集群的演化过程

1. 诞生阶段：1987—1992年

从1987年第一个温州人来到普拉托，到1992年第一个专门供应成衣专用线锭的温州人企业的出现，标志着为普拉托当地服装企业提供配套加工服务的温州人服装加工集群的形成。

意大利有那么多的城市，为什么普拉托会成为温州人的集中选择地呢？主要有三个原因。

首先，普拉托当时严重缺乏劳动力。普拉托有很多中小纺织企业，而本地的意大利青年，并不愿意从事如缝纫车工这样繁重的手工劳动，普拉托的纺织产业发展面临巨大的危机（Gabi，2014）。普拉托当时可以为外来移民提供大量的就业机会和创业机会，所以很多温州人闻讯而到。

其次，普拉托周边佛罗伦萨的温州人起到重要的中介和推动作用。作为温州人在意大利乃至欧洲的一个中心，也是第一个最重要的据点，温州人到欧洲往往第一站就是佛罗伦萨。普拉托距离佛罗伦萨只有30千米左右。1990年前后，佛罗伦萨的华人经济经历了一次危机。当时有超过2000名华人（多数为温州籍）聚集在佛罗伦萨圣多尼诺，主要从事箱包加工业。由于人数众多，激起了当地意大利人对华人的不满，他们认为中国人抢了他们的箱包生意。当地居民通过各种抗议活动要求中国人搬离这个区域。因此，距离最近的普拉托便成为佛罗伦萨的温州人寻找新的创业地的首选。更多的温州人，通过他们在佛罗伦萨的温州人网络最终也来到了普拉托。

再次，佛罗伦萨的温州人凭借独特的社会关系更容易在普拉托服装业立足。佛罗伦萨的温州人大部分来自温州的文成和瑞安，他们的很多亲戚、朋友原本就在法国从事服装产业，具有服装生产的技术优势；而在佛罗伦萨的温州人已经在意大利生活和工作了一段时间，具有当地语言沟通便利和资金优势。温州人之间合作的模式通常是，从法国来的华侨到佛罗伦萨找到他们的亲戚或者朋友，然后共同去普拉托设立缝纫加工厂。原来在佛罗伦萨的温州人利用语言优势在普拉托人的公司承接服装代工业务，而他们从法国来的亲戚则利用技术优势负责组织生产。这一创业模式不断在普拉托成功复制。原来在佛罗伦萨（或者意大利其他城市）的温州人，可能是做箱包的，或者是做鞋的，转而从事服装行业；而来自法国或者欧洲其他国家的温州人则学会了意大利语。同时，在这个过程中，他们都接触了服装产业链上下游的不同环节。温州人对产品和市场有了更多的理解，对整个产业链的分工协作也有了更深入的思考，为他们将来从事为服装产业服务的水洗、印花、染色等配套产业的发展打下了基础。

最后，要归功于当时普拉托政府采取的优惠措施。为吸引各国移民到普拉托定居，作为对当时普拉托纺织业和服装业急缺劳动力的补充，普拉托政府出台了很多鼓励措施。

在这样的情况下，第一批温州人很快在普拉托扎下了根。除了车衣工厂之外，同时一些专门为华人配套服务的机构出现。1992年，普拉托华人首家中国货超市——三圣超市成立，一楼是食品，二楼是日用品，解决温州人家庭日常生活的基本问题；同年，首家华人中餐打包店出现，解决了很多长时间工作没有时间做饭的华人就餐问题，诸如此类的服务性企业的涌现，解决了后续新来劳动力的各种生活问题。从此，一个以温州人社会关系网络为基础的产业集群逐步得以建立，市场关系网络和创新关系网络也得到持续发展。

2. 成长阶段：1993—1998 年

从 1993 年的第一家手工裁剪工厂，到 1998 年第一家华人裁剪公司的出现，以及众多配套的加工和服务企业的相继出现，普拉托众多商会成立，标志着温州人企业步入快速发展的轨道，逐渐进入产业链的高端领域。

三缘（亲缘、血缘、乡缘）关系促成了普拉托温州人的快速聚集，温州人社区像滚雪球一样，越来越大。社会关系网络的联系形成以后，温州人之间技术传播速度非常快。因为在国内就已经存在的亲戚朋友关系，到了欧洲后，这个社会关系网络就开始发挥作用。只要网络的节点足够多、节点间的互动机制确定，就可以解决几乎所有的问题。站稳脚跟的温州人开始从老家带亲戚来帮忙，而老家的同乡一旦听说普拉托容易立足和发展，就会跟着来找工作。[①]

新的劳动力纷纷涌入。不断有温州人打工一段时间后，离开原来的工厂，成为一家新开张的车衣工厂的老板；他也要雇用新的劳动力帮他工作，于是他又介绍国内或者欧洲其他地方的温州亲戚或朋友移民到普拉托。如此往复，推动企业不断分裂、扩张，后续的劳动力会不断地跟进，温州人的新工厂逐渐增多，这样的创业模式逐渐传播开来。

由于企业主所需要的劳动力、技术、市场是慢慢积累而成，而且在产业链延伸过程中，经营线锭、纽扣等辅料的企业从车衣工厂中分化出来，其他的加工业应运而生。因为普拉托的温州人足够多，华人群体足够大，所以一定会通过遍及意大利、欧洲其他国家，甚至国内温州人网络的各个节点，把最需要的温州籍技术人才，输入普拉托。

[①] "就拿我的家族来说，我是家族中第一个到欧洲的，现在我的 5 个兄弟姐妹，已经有 4 个在欧洲。"徐秋林说，"算上他们的子女就有二三十个人，再加上表亲，由我直接或者间接带到欧洲的就有将近 100 个人。刚开始创业时，需要自己的家人过来做工、帮忙，这是很重要的。"这是欧洲的一个华人媒体对徐秋林的采访。

所以，普拉托华人群体所需要的各种专业技能人员，无论是生活服务上需要的技工，如厨师、理发师、摄影师等，还是服装配套加工生产的专业人员，如电工、保全工、泥瓦匠、装修工等，他们慢慢聚集到普拉托，初步形成了以温州人为主的、相对封闭的产业链和生活圈。

1995年，普拉托的首家手机店和旅行社出现。手机的普及极大地加快了温州人信息网络的传递速度；旅行社的出现，也为温州人往返国内外提供了交通便利。借助访谈发现，1993年前后普拉托出现了一家类似于中国裁缝铺的小工厂。老板是瑞安人，他们一家四口开办了一个手工裁剪的服装加工厂，专门为"买撒客"（即没有固定市场，在城市和乡镇中流动，主要为移民和意大利底层消费者提供低档产品的小商贩）生产低档服装，这个小工厂可能就是后来众多在普拉托的温州人快时尚服装产业企业（Pronto Moda）的鼻祖。

在服装产业快速发展过程中，有很多温州人跟当地居民甚至普拉托政府发生了各种关系，比如定居手续、开设工厂、租买房屋、缴纳税收等。而且温州人内部出现一些纠纷，如家庭问题、劳资矛盾等，迫切需要华人机构出面协调，该机构能够作为整个华人群体的代表，处理各类关系。所以，在1997年2月，作为意大利华商会分支机构的普拉托华商会成立，普拉托华侨华人联谊会也几乎同时成立，还有普拉托佛教会等华人组织也纷纷酝酿成立。1998年，一家叫"范佬"（音）的温州人裁剪公司，第一个雇佣意大利设计师员工，开始了温州人企业对接意大利专业人士的阶段。

3. 产业链发展成熟阶段：1999—2008年

从1999年到2008年，普拉托的华人群体出现了专门的贸易公司和布料行，与快时尚产业的配套日趋成熟，温州人逐渐成为快时尚全产业链的主力；与此同时，温州人与当地居民和企业的矛盾开始显现。

在此阶段，产业集群中逐步出现了专门从事印花、染色等服装生产配套的温州人企业，而原来这些行业都由当地人经营；也有温州人开办国际贸易公司，专营从中国进口服装并在当地市场批发，以及专营从中国内地进口布料的普拉托布料行。同时，温州人的裁剪公司也越来越多，从开始在 IOLO 立足，到因其规模小、厂房有限再发展到 DVLO。同时，普拉托快时尚产业集群的销售市场逐渐扩展到中东、亚洲和美洲等欧洲以外的其他地区，快时尚集群产业逐渐进入成熟期。

普拉托快时尚产业的合作模式基本上类同，主要是通过裁剪公司的龙头作用，整合全产业链。一般是龙头裁剪公司根据已经定版的服装大批量地裁好布料，根据订单批量的不同，散发给不同的服装加工厂。车衣加工厂完成后，会马上送回裁剪公司，裁剪公司检查后，会根据不同的要求，再分送到移印、配饰等其他外加工处。早期的温州人，就是从事最简单的车衣加工。发展到一定阶段，也需要开办水洗、印花、染色等相对需要高投入和专门技术的配套加工企业，同时还有部分温州人进入为温州人的裁剪公司提供原材料的贸易行业，这个阶段是温州人在普拉托发展最快和最为成熟的时期。

4. 冲突和艰难转型期：2009—2015 年

从 2009 年开始，一方面华人企业与当地居民冲突加剧，华人企业间的竞争也更加激烈，另一方面受国际金融危机和欧洲主权债务危机的影响，普拉托快时尚产业市场萎缩，产业集群出现衰退迹象，进入艰难的转型期。

2009 年始，华人与当地社群的冲突日益突出。受中右联盟支持的罗伯托·琴尼，2009 年在普拉托市长选举中获胜，终止了 63 年来普拉托市由中左派掌权的局面。随着新政府上台，对当地华人企业整治力度明显加强，华人受到的冲击更大。2011 年 6 月，意大利警方在普拉托以及周边的佛罗伦萨、比萨等地针对华商进行了较大规模的整肃行动。据警方声明，行动查封了 70 家华商企业，扣押了价值 2500 万欧元的财产。意大利警方多次采取类似行动后，华商和当地政府之间的关系更为紧张。

2013 年 12 月 1 日普拉托发生火灾（以下简称为"12·1 火灾"）是这个时期最为重大的事件。火灾致 7 位华人死亡，3 人受伤。由此，普拉托华人企业的工作环境和生活模式，受到了意大利和西方社会的极大关注，引发很多争议和批评。"12·1火灾"事件发生以后，更是直接导致了酝酿已久的针对普拉托、佛罗伦萨、恩波利三省华人企业的大检查。

随着欧洲经济的持续困难，普拉托快时尚产业市场越发低迷。随着华人企业的增多，企业间竞争加剧，盈利减少。据意大利普拉托商会2007年的调查报告显示，2006年普拉托市外国人企业增长了22.2%，而中国人的新增企业最多，占企业增加数的10.8%，而且呈继续增长的趋势。大量同质化华人企业增加导致普拉托的服装生意竞争非常激烈，客户不仅要货比三家，挑最便宜的，还导致华人企业内部恶性竞争，相互降价，甚至允许客户赊账。由于欧洲经济的不景气，各地销售商的进货量与以往年份相比下降了很多，批发商的销售不畅直接导致生产厂家的货源不足，生产商只有削减工人工资、降低成本来维持生计，普拉托快时尚产业的发展陷入恶性循环。

普拉托一直是欧洲纺织服装产品的主要集散地，曾经普拉托的服装批发业基本上掌控在意大利人手中，服装行业的利润丰厚，一件服装从生产到批发最少也有几欧元的利润。意大利人逐渐被华人挤出了服装行业，华人在普拉托服装批发市场独占鳌头，但华人批发商一件服装利润却降到了只有零点几欧元，生产商的加工费更是少得可怜。

为什么在意大利人掌控普拉托服装批发市场时，该行业的利润丰厚，当华人取而代之时，行业利润却少得可怜？这恐怕与华人企业间的无序竞争不无关系。意大利企业经营者一般是墨守成规，经营模式比较老套，而华人正是凭借着灵活经营，在普拉托占领了原本属于意大利人的市场份额，但灵活之中的恶性竞争又把华人企业推向了新的危机。普拉托华侨华人联谊会秘书长陈洪生曾在接受记者采访时说①，

---

① 张妮：《华人感叹普拉托在走下坡路》，《国际品牌观察》2012年第2期。

2011年的生意不太好做，不少华人公司关门。虽然这两三年陆续有华人回国，但今年回国的人更多，还有一些是受到打击的企业家，有的被罚款几十万、上百万欧元。陈洪生还说，经济危机对普拉托影响很大，整个欧洲市场购买力都在下降，订单缩水严重。一位当地华人老板说2011年生意很惨淡，他的销售额比过去一年下降了30%—40%。

这个时期，普拉托的华人企业仍然在增多，但市场出现萎缩，与当地社团的冲突不断，竞争加剧，利润减少，普拉托的温州人快时尚产业企业处于艰难的转型期。

二　普拉托和温州服装集群发展的网络演化解释

下面我们将分别对三个网络在普拉托快时尚产业发展的四个阶段中各自的演化路径进行分析。

1. 诞生阶段：1987—1992年

在快时尚产业集群的诞生阶段，普拉托的温州人利用其复杂和庞大的社会关系网络，成功地吸引了众多温州人源源不断地进入普拉托，使其成为普拉托最多的外国移民群体，并且与当地的意大利企业和社区建立了初步的合作关系。通过遍及意大利和欧洲的温州人社会关系网络初步建立了快时尚的市场关系网络，创新关系网络在这个阶段尚处于萌芽状态。这个阶段主要是建立了温州人内外部的社会关系网络雏形，为市场关系网络的产生构建了平台，为创新关系网络的发展奠定了基础。

社会关系网络。在普拉托快时尚诞生阶段的初期，也就是1990年前后，普拉托的纺织业面临劳动力极度短缺的难题，而当地意大利的年轻人却不愿在当地纺织企业承担繁重的劳动（Gabi，2014）。借助温州人内生、复杂而庞大的社会关系网络，得以源源不断地吸引意大利和欧洲其他地方，甚至远在中国国内的温州人到普拉托来。

当时佛罗伦萨是温州人在意大利甚至欧洲的社会关系网络的中心。

1990 年前后，佛罗伦萨已经逐渐替代巴黎成为欧洲的箱包中心，有 2000 多名温州人①从意大利和欧洲各地来到这个城市，主要从事箱包的加工、零售和批发，而且经佛罗伦萨重新到意大利和欧洲各地开发新的箱包市场的温州人也非常多，由此形成了在欧洲的温州人网络。

温州人到普拉托以后，开始时开设缝纫加工厂。懂意大利语的人，寻找意大利的裁剪公司承揽缝纫车工加工业务；而懂技术的人，主要是来自法国的温州人，大部分人主要在巴黎及周边地区从事服装加工。所以，到了普拉托后他们自然就成为服装加工生产的主要力量。

在集群的诞生阶段，温州人要在普拉托生活和工作，就要将温州人整体的社会关系网络嵌入当地意大利人的社会关系网络。如果把温州人的社会关系网络相对地加以内外区分，他们原来固有的社会关系网络属于内网，而与普拉托当地意大利人的社会关系网络就属于外网。温州人进入普拉托，在内网与外网之间建立了连接。在集群的诞生阶段，内外关系网络是互补的。因为无论是意大利企业主还是意大利的房东，当时对于温州人还是采取了欢迎的态度，因为他们得到了急需的车衣加工的劳动力和比较慷慨的房客。早期温州人甚至在路上就可以随意搭乘意大利人的顺风车，反映了华人移民群体和当地居民社群之间良好的互助合作关系。

市场关系网络。正是通过温州人的社会关系网络，持有合法居留证的成千上万名温州移民踏上了创业征程，而且建立了初步的市场关系网络。最初的市场关系主要是意大利裁剪公司与温州人成衣加工厂之间的关系。作为分包商或转包商，温州商人在这个市场关系网络中是比较弱势的，属于从属的位置。1989 年创立的第一家温州人成衣加工厂，为以后的温州人来普拉托树立了一个非常好的典范，也成为市场关系网络的一个原始节点；1992 年成立了第一家华人服装加工线锭批发和零售商，也反映了温州人的分工协作关系；同年还在普拉托出

---

① 张一力 2014 年 4 月在佛罗伦萨对张姓会长的访谈。

现了第一家华人中国货超市，也是温州人的社会关系网络向市场关系网络拓展的一个案例。

在集群的诞生阶段，集群内部主要是以社会关系网络发展为主，市场关系网络和创新关系网络尚处于萌芽状态。温州人之间原来在中国国内业已存在的"三缘"关系延伸到了普拉托，社会关系网络为普拉托的温州人提供了更多的资源以及更广泛的市场机会，成为以后市场关系网络和创新关系网络发展的基础。

2. 成长阶段：1993—1998 年

在成长阶段，温州人内部的社会关系网络得到深化和发展，出现了各类商会或同乡会，社会关系网络的密度增加；市场关系网络发展加快，出现了第一家华人裁剪公司，也出现了手机店、旅行社等配套服务机构；创新关系网络开始出现，温州人企业从支付意大利人信息费逐渐发展为直接雇用意大利的设计师。

社会关系网络。随着更多的华人移民、主要是温州人的到来，华人与意大利人之间、华人与华人之间，慢慢会出现一些矛盾，已经不能单凭华人的个体力量来处理，因此迫切需要有一个华人组织出面协调和帮助解决各类矛盾。在成长阶段，温州人社会关系网络得到深化的一个最重要的标志是1997年成立的普拉托华商会和普拉托华侨华人联谊会。以普拉托华商会为例，该商会始建于1997年2月，全称"意大利华商总会普拉托华商会"，是普拉托最早成立的以温州人为主的商会，有一百多个会长团成员。商会网站显示，该商会的宗旨为促进中意两国间的经济、贸易和文化交流与发展，促进两国人民的团结和友好往来；互助协作，维护华人华侨合法权益，帮助侨民了解和遵守当地法律法规，鼓励侨胞融入主流社会；为繁荣居住地的经济和文化事业贡献力量。华商会是一个非营利的志愿者社团组织，会员以企业家为主，吸收住所在意大利的华人和意大利人企业及个人为会员，也接纳住所在中国的企业及个人为会员。现有成员中经营的行业包括服装、皮包、皮鞋加工、餐饮、贸易、超市、旅游、建筑、酒业、进出口贸易等。截至 2022 年商会已经产生七届会长①。

从商会宗旨来看，商会的工作主要分为两块，一是促进华人企业与当地企业的合作和融入，即推动温州人内外社会关系网络间开展充分交流；二是华人企业间的协作与维权，主要关注温州人内部社会关系网络的调整与维护。普拉托其他商会或同乡会的宗旨和组织性质差别不大。成立各种商会的作用是更好地为温州人和温州人企业在普拉托的发展提供话语权，促进温州人的社会关系网络从无序到合理有序，再到高级化的演变。

商会成立以后大多围绕上述两个方面去做工作。历届普拉托华商会会长，每年都会参加政府组织的关于移民问题工作会议，代表华人说出心声，代表华人提出要求，使得普拉托市政府和移民局对华人的问题更加重视和务实。同时，商会也给普拉托当地机构提供帮助，如1998 年曾捐款给普拉托医院，帮助购买救护车等；同时商会也会做一些内部调解工作，大力协调会员关系，维护委员权益，如处理会员之间的纠纷，甚至解决会员的家庭矛盾，等等。这些工作，都推进了温州人社会关系网络的深度和广度的发展，强联系与结构洞的确立不仅形成了基于"三缘"关系的高密度的内部社会关系网络，也逐步推进了与当地意大利人及其企业的紧密关系。

市场关系网络。由于产业链进一步分工，特别是温州人开办裁剪公司以后，很多成衣加工厂开始与裁剪公司合作，也出现了成衣加工厂间相互转包等不同的合作形式；并且在 1998 年前后，还出现了一些专门从中国进口布料到普拉托的批发企业。市场关系的扩展和延伸迫切需要对温州人之间交易关系的契约治理予以完善。虽然温州人的社会关系网络，可以帮助建立最早的市场关系，但由于人数众多，在普拉托会出现更多不认识的，或者根本找不到有效联系的温州人。这些

---

① 历届会长：第一届、第二届（1997—2000 年，2001—2003 年）会长：董文扬；第三届、第四届（2004—2006 年，2007—2009 年）会长：何坚；第五届（2009—2011 年）会长：赵维新；第六届（2012—2018 年）会长：赵增理；第七届（2018 年至 2022 年），会长：周荣景。

相互认识或不认识的温州人,都需要在交易市场上以订单、合同等形式,确定契约关系,集群的市场关系网络才能顺利发展。当然,由于温州人的社会关系网络非常发达和紧密,很多早期市场关系的契约并不规范,甚至没有合同等文本,在单据上签字即可,甚至很多是通过口头协议的。随着温州人企业的增多和分工的细化,更多的市场关系得以建立,集群的市场关系网络也慢慢扩展。

创新关系网络。此阶段,创新工作的主要任务还是服装款式的设计问题。很多温州人初到普拉托时,大多给意大利服装公司打工,做一些初级的车衣工作。待他们做老板后,就雇用当地的意大利人提供最新服装款式信息,每月支付2000—5000欧元的信息费,唯一的条件是不得将"情报"同时提供给华商竞争对手,所以几乎每家华人服装商都有自己的信息来源。集群的创新关系网络节点连接到意大利企业原来的创新体系,但还是零散、不系统的弱连接。华人自己的创新工作大多是模仿或者直接复制。

在集群成长阶段,集群网络开始发生变化。温州人在保留已有社会关系网络的基础上加大了网络重构活动,以期与能够获取关键资源的当地社会关系网络形成对接,在注重内部社会关系网络的优化和高级化的同时,市场关系网络通过各种契约形式得到了加强,部分社会关系网络转化为市场关系网络,从信任关系转变为契约关系。创新关系网络仍是利用社会关系网络的外部溢出效应,零散地融入意大利企业原来的创新体系,借助意大利企业的创新关系网络建立起创新资源的传递通道。集群成长阶段中三种网络的互补关系得到了进一步强化。

3. 成熟阶段:1999—2008年

集群的社会关系网络、市场关系网络和创新关系网络在成熟阶段均得到了很快的发展。温州人的外部社会关系网络很好地帮助企业融入了普拉托的经济,而内部社会关系网络则偏重强化网络联系,成立更多、更细、更专业的组织,如温州侨乡各个镇、村的欧洲同乡会;市场关系网络则围绕产业链快速拓展,几乎覆盖了产业链的各个环节,裁剪、车衣、染色、水洗、印花、配饰等生产环节都有温州人企业参与，而且在原材料供应、物流运输、金融、生活服务、租赁、中介等方面也有温州人企业进入。市场关系网络逐渐成为普拉托的温州人最重要的关系网络；创新关系网络也得到发展，温商收购或者创立拥有电脑印花、自动裁剪机、自动印染机等创新设备的企业，出现了华人自己的设计师、会计师、律师等创新节点，使得创新关系网络节点大量增加。另外，意大利的设计师、工程师、会计师等当地创新节点也融入温州人的创新关系网络，并逐渐形成创新关系网络的强联系。

社会关系网络。在成熟阶段，虽然华人数量众多，但他们几乎聚集在华人自己的生活和社交圈中，很少和当地人交流互动。当地居民对华人社区快速膨胀也颇有微词，因为大量移民在较短时间内迅速涌入，使得卫生、医疗、教育、治安等一系列社会负担陡增，小小的普拉托显得有些容量不足。由于华人和当地人生活习惯存在很大差异，温州、福建等地的移民在国内习以为常的生活方式在普拉托人看来却"格格不入"，双方又缺乏有效的沟通渠道，意见和矛盾自然日益突出。在这个阶段，温州人社会关系网络更加注重关系融入的培育，特别是对慈善、文化、体育事业的支持等，努力建立各种与意大利社会关系网络的联系。如普拉托排球俱乐部由于资金困难找到了普拉托华商会，通过会长们的带头作用很快为排球队募集了经费；商会还曾为意大利音乐家患白血病的女儿捐款等。另外，普拉托的温州人还通过举办中国文化活动，邀请当地意大利人参与，以文化为载体将当地居民纳入温州人的社会关系网络，帮助温州人更好融入当地的生活。

市场关系网络。普拉托的温州人企业的经营活动基本独立于当地经济，当地温州人经济圈也越来越自成体系，很多企业几乎不需要和意大利经济构成任何"交集"就能发展下去。几乎所有快时尚产业集群内的生产服务和产业外的生活服务，都有温州商人涉足，而且越来越专业、高级。有更多企业从裁剪公司分化出来转变为各种生产服务的提供商，如布料销售、染色、印花、水洗等，其设备和生产规模也逐渐提升。部分温州人转向生活服务，市场上陆续出现了海鲜店、酒吧、咖啡屋、蛋糕店、理发、婚庆服务、旅馆等新兴行业。这个阶段，普拉托快时尚产业集群绝大多数的商业活动，都可以通过市场关系网络进行。在快时尚产品的采购商中开始出现温州商人的身影，标志着一个重要的市场关系的出现。早期来普拉托的客户，基本上来自意大利国内和欧洲，很少有温州人。2001年以后，意大利境内中国货的二道批发市场大量出现，原来在罗马从事批发业的温州籍经营户，渐渐注意到普拉托快时尚产业的发展优势。普拉托代表了更新的款式、更快的速度、更小的批量、更好的销售，越来越多的温州籍服装经销商、批发商和零售商，来到普拉托。2005年前后，开始有来自欧洲其他国家的温州人到普拉托采购服装，并且逐年增加。集群内的市场关系网络开始延伸到欧洲和其他国际市场。

创新关系网络。在成熟阶段，创新关系网络中的连接程度进一步加强，出现了大量的华人（温州人）设计师、打版师、会计师等。几乎每个服装公司都有自己的设计师，最常见的设计团队包括：1—2个专职或者兼职的意大利设计师，加上华人设计师；由于老板对市场有着敏锐的把控，有时候老板也参与产品的设计和打版。华人打版师对成衣设计进行修改和组合，能够较好地实现服装设计的创新。随着普拉托服装产业集群对产品品质提出更高的要求，温州人在产品工艺上的创新力度逐步加大，相继引入了新的电脑印花机、自动裁剪机、印花和染色机等，但关键的工序控制、设备操作和染色配方等环节还需要意大利的工程师参与解决。在集群的成熟阶段，更多的意大利专业技术人才与温州人企业进行融合，构成了创新关系网络的标志性事件，但这些创新还处于非常初级的阶段。尽管在产品设计创新、工艺创新等方面有所突破，但最关键的管理创新依然裹足不前，几乎还是老板加老板娘的作坊治理模式，大多数的华人企业没有管理制度、管理团队和职业经理。

在成熟阶段，集群内的三种网络，相比过去的两个阶段而言互动更为频繁,温州人在普拉托内部的社会关系网络不断转化为市场关系网络。随着温州人的社会关系网络逐渐延伸到意大利各地和欧洲,中国贸易城逐渐在欧洲流行,温州人则是这些商城的主要经营者和开发商,服装是各地中国贸易城(包括意大利以外欧洲其他地方)最重要的品类,温州人的"三缘"关系自然会将普拉托从事生产批发的温州人与二道批(第二级批发)的温州人联系起来,社会关系网络就会转化为范围更大的市场关系网络。同时,由于市场关系网络的发展,普拉托的温州人社会关系网络也得到加强。除去生意上的关系,在宗教信仰、慈善帮助、社区服务、华人联谊、权益维护等方面,市场关系网络也能够促进温州人的社会关系网络日益紧密,引致更多的华人组织。创新关系网络由于受到社会关系网络和市场关系网络的双重影响,加快了与意大利创新体系的接轨与融入。通过市场关系网络,与更多的高级服装设计师、高性能的技术设备供应商建立网络连接,创新关系网络也得到快速发展。创新关系网络也会带动并促进社会关系网络和市场关系网络的有序演化。更多高素质的意大利设计师成为温州企业主的朋友和合作伙伴,共同推动了企业的良性发展。

4. 冲突和转型阶段:2009—2015 年

在冲突和转型阶段,温州人原来的经营方式在当地社会遇到越来越大的压力,当地社会越来越关注华人聚集、华企"失控"造成的负面效应,甚至连部分当地官员也一直强调华裔族群融入当地社会、华人企业与当地企业融合过程产生的消极影响。温州人和温州人的企业与当地人和当地企业的冲突逐渐升级,社会关系网络越来越多地遭遇网络内外的负面遏制,社会关系网络对市场关系网络以及创新关系网络的引领作用正在消退,无法深度融入普拉托快时尚产业集群,面临艰难的转型进程。

社会关系网络。在集群内的温州人已经基本上形成了人际交往规范,社会关系的内部网络基本稳定。商会内部开展的各种活动进一步加强了会员之间的联系,而其他一些专门以温州人为主体筹建的组织,也有更多普拉托的温州籍居民和其他华人参与。同时，分属于不同商会的温州人群体有了更多的沟通与交流，组织了一系列的合作项目。在与当地人的社会关系网络进行对接时，开始以整体华人形象出现，增加了华人在社会关系网络中的话语权。但与意大利社会关系网络对接时，仍旧处于弱势地位。

从 2009 年年初普拉托新一届政府就职开始，温州人和温州企业的融入环境更加紧张，警方针对华人企业的检查从未间断。在各类检查中，问题集中表现在混居（吃住在工厂）、非法用工、没有合法身份、卫生差等方面，导致当地社会对华人诟病不断，也引发当地人士对华人盈利模式的质疑。为此，普拉托华商会与普拉托手工业协会多次联合举办研讨会，研讨普拉托华人企业的安全问题和黑工问题，得到了当地政府的肯定。为了解决工业区的治安问题，2011 年，普拉托华侨华人联谊会、普拉托华商会、旅意福建华人华侨同乡总会召开联席会议，共同商讨如何解决工业区的社会治安问题。中国驻佛罗伦萨总领事、当地知名侨领、企业界人士共同出席了联席会议。罗马大学教授、著名意大利防控技术专家应邀列席会议，并对加强工业区安保工作提出了具体的建议和意见。普拉托华商会举办的各种与意大利人和意大利机构的对话活动，就是在构建对外的社会关系网络。这些社会关系网络的构建，加深了当地意大利业主与温州企业主的相互理解，也让当地政府看到了华商侨团的作用。虽然温州人企业与本土企业的冲突一直存在，但是社会关系网络的构建一直在持续，不断对受到侵蚀的社会关系进行修复。2014 年 9 月开始的、针对华人企业的"大检查"，是"12·1"火灾后冲突的高峰，同时也说明温州人的社会关系网络在经历 20 多年的磨合后依然未能与意大利人的社会关系网络完全融合。

市场关系网络。2008 年的国际金融危机并没有给普拉托快时尚产业集群造成很大影响，由于集群的定位是中档和低档的服装，因此一直到 2010 年，普拉托服装产业的整体形势依然上扬；在意大利和欧洲其他地方的温州人更愿意到普拉托来进货，且进货量也更大；在产业链的延伸方面，更多的温州企业从事布料进口，既有来自中国的，也有来自土耳其等其他国家的布料；同时在普拉托甚至还出现了温州人的织布企业，更好的印花、染色等配套企业也逐渐出现。市场关系网络的密度日益加强，普拉托内部的市场关系更为密集；网络的边界也日益拓展，早已超出了普拉托的地域范围。但在2011年以后，普拉托市场同意大利的很多中国贸易城一样，生意遭遇了严重下滑。特别是部分企业的拖欠款和企业主跑路，造成了市场的重大恐慌，市场关系网络遭受严重的破坏。

创新关系网络。普拉托华人企业总体特点一般被认为是规模小、个体经营多、生产水平和生产能力处于中下等。目前，普拉托还拥有一些意大利纺织行业的龙头企业，能够提供高质量的纺织原材料；而温州人的服装企业大多依靠中国布料的进口，或者针对市场上已有的布料进行二次开发，但缺乏直接从布（原）料开发的源头创新。尽管普拉托本土企业呈收缩之势，但意大利政府希望普拉托在纺织业的美誉度能够长久保留。如果创新关系网络能够将意大利的创新资源融入，那么就可能使得普拉托纺织服装业继续保持其欧洲快时尚产业中心的地位。但是迄今为止，普拉托服装产业链的源头创新环节还没有温州人切入，服装产业集群网络的突破式创新能力有限。

普拉托政府也逐渐重视创新合作。普拉托前市长琴尼（Roberto Cenni）曾提出谋求与中方合作设立纺织工业技术研发中心，除了体现技术开发本身的优势，更希望通过引入政府资本谋求与中方可持续的长期合作，为普拉托当地传统优势企业开拓新的发展之路。2010年2月2日，Lamberto Gestri 建议同华商代表团举行协商会议，针对产业集团的协调发展问题制定相应条例，期望通过在两个区域间建立对话渠道，在法律合规的条件下，达成合作双方在经济上获得共赢。Gestri 解释到，开通对话渠道是一个战略性的抉择，道路可能很漫长，但却是必需的。改变单方面的高压政策，从之前的竞争对手转变成盟友，共同走出经济危机，这将是普拉托华人企业与当地企业实现双赢的可行方案。

在冲突和产业转型的阶段，集群的社会关系网络继续向外部网络扩展，也得到了当地社会的一些积极反馈，但由于普拉托市长的更迭，延迟了产业转型升级的过程。意大利和欧洲各地的中国商贸城的温州商人已然成为普拉托快时尚行业的主要客户，市场关系网络在社会关系网络的推动下，不断向普拉托以外的地域结网。由于创新关系网络受制于社会关系网络和市场关系网络，不稳定的政治预期使得创新关系网络的发展远远滞后于其他两个网络的演进。

在普拉托快时尚产业集群的演化过程中，温州人构建的社会关系网络、市场关系网络和创新关系网络也随之发生演变。通过与当地网络的对接和融合，温州商人既学习了很多先进的技术、组织方式，同时由于社会关系网络和市场关系网络的相互渗透、货款拖欠、业主恶意更迭等不良的经济关系逐渐在温州人企业之间、温州企业和意大利企业之间、服装公司和代工工厂之间、批发商和经销商之间频繁出现，阻碍了集群网络的有序演化，这也是普拉托服装产业聚集社会关系网络、市场关系网络和创新关系网络发展的副产品。

第四章　温商国内网络的外迁拓展

第一节　温商国内网络扩展的概述

一　温商国内网络扩展的现象概述

温商（温州企业家集群）与其他地方企业家群体存在显著区别。温商群体最明显的特点是不仅仅局限在温州本土发展，而且走出了温州，走向了全国和全世界。除了温州本土企业家之外，还有超过200万名在国内其他城市创业创新的温商，另外还有将近70万名分布在全球各地的海外温商（张一力，2012）。对于户籍人口811万人，常住人口912万人（2015年）的温州而言，国内外温州商人分别占户籍人口的24.7%和8.63%，不管是国内还是国外没有任何一个城市可以与之相提并论。

我们在第一章已经具体分析了温州作为企业家人力资本富裕型城市的现象及原因。温州企业家集群的形成过程实际上就是改革开放后中国经济发展过程的一个缩影，同时也是企业家人力资本不断积累、企业家阶层群体逐渐形成的过程。如果把每个温州企业家作为一个节点，温州企业家集群的演化实际上就是一个网络形成和发展的路线图，即温商网络从点到线、面再到网络的过程。从空间上看，这些节点会离温州越来越远，甚至可以跨越国境。这一章我们将具体解释温商网络如何在国内扩展，后续章节我们会继续讨论温商网络如何向境外扩展，如何在全球形成一个创业移民的商人群体网络，并成为国际移民研究的新热点（赵小建，2016）。

温商网络的国内扩展有两种途径，一是温商如何走出温州、走向全国各地，即通过温州人的外迁将温商网络延伸到全国；二是外地人到温州就业和创业，受温州商人创业文化影响，利用和融入了温州本土商人网络。

温商网络国内扩展的两种基本形式：第一种是温州企业家人力资本的外迁，第二种是非温州籍在温州的创业群体，大部分是所谓的新温州人在温州的创业，是企业家人力资本的内迁。这两种形式对温州商人网络国内扩展产业不同的贡献需要我们认真研究。非温州籍人士进入温州创业时与本土温商网络的关联模式，与温州商人在温州以外的国内外其他地域的创业情形非常类似。

二 国内温商群体数量的估计

国内温商群体研究很重要的一个问题，就是到底有多少温商离开温州到国内其他地方创业生活？

其实这个数据是动态和多变的，是一个非常复杂的问题，而且没有一个专门机构和特定调查系统负责监测。虽然大家知道有很多温州企业家（温州商人）在温州以外的国内其他城市创业生活，但究竟有多少人离开温州，也是众说纷纭。

这个数据目前主要有以下四种来源可供参考。

第一个来源是相关研究论文中的数据，但大多是粗略的估计而且没有按时间进行连续的统计。相关论文只是描述某一个研究时点出外温商的估计数据，如1992年温州外出经商的人达30余万（温州大学浙江省温州人经济研究中心课题组，2016），但这个数据也没有说明出处；2001年，约有150万名温州人在全国各地兴办实业或从事商贸流通等①；2010 年国内除温州以外的温商约 245 万人，他们在 131 个国家或地区投资发展②。

第二个来源是温州市统计局组织的三次在外温州人经济调查所估计的数据。2002 年，外出的国内温州商人总数约为 154 万人，占温州全市户籍人口总数的 20.4%。他们外出主要流向经济发达的大城市，流入人口最多的前 10 个城市共有约 63 万人，占全部外出温州人总数的 41%；2006 年，在全国各地闯市场的温州人有 175 万人，足迹遍及全国，在 170 个城市成立在外温州商会。超过 5 万以上温州人的城市有上海、北京、杭州、武汉、南京、昆明等 13 个，上海最多，有 18 万人。2011 年，全市在外温州人为 233.54 万人（含中国香港和澳门地区，未含中国台湾地区），占温州全市户籍人口总数的 30%。但这些数据并没有说明具体的调查方法和估计的误差，而且数据并不连续，仅提供 2002 年、2006 年和 2011 年 3 年的数据。而且各年的指标意义不尽相同，2002 年和 2006 年的数据是指在国内的温州人，而 2011 年的数据则又包含海外的温州人③。由于统计的口径和方法没有严格确定和区分，这些数据也只能作为一个参考。

第三个来源是利用温州移动电话公司大数据做的估计。2016 年，温州市信息化研究中心与中国移动公司、温州中津研究院等机构联合发布了《基于移动大数据的温州人口分析报告（2016）》。该课题组根据全国移动手机用户与温州人通信行为的特点，建立了预测模型，识别出 191 万名在外温州人（国内），并据此进行统计分析。结果显示，外省的温州人总计约 120 万名，其中约 57 万名分布在广东、江苏、上海、福建等东部沿海省市，还有约 21 万名分布在北京、山东、河南、河北、天津等省市，其余主要分布在中部和西部各省的主要城市。在

---

① 《温州统计年鉴》，中国统计出版社 2001 年版，第 538—546 页；《努力促进温州人经济与温州经济融合》，《政策瞭望》2009 年第 5 期。
② 洪莹：《论在外温州人经济回归对当地经济发展的作用》，《经济师》2011 年第 3 期。
③ 参见洪振宁《温州改革开放 30 年》，浙江人民出版社 2008 年版，第 316—318 页。

全国31个省（自治区、直辖市）中，聚集温州人1万名以上的地区有25个。另据此次统计，省内温州人主要流向杭州、金华、台州、宁波等地。报告显示，省内在外温州人共有71.3万名，超过1/3在杭州集聚（26.7万人），其次是金华（10.1万人）、台州（9.3万人）、宁波（7.6万人）[①]。这个估计数据的主要优点是利用了移动公司的大数据。该报告课题组是采用760万名温州移动用户作为样本，结合其绑定的实名身份证信息，根据遍布全市的4万多个移动基站所采集的用户时空坐标数据，综合统计过去一周工作日内停留时间最长的位置进行判断，采样分析得出结论。当然，这是一个非常好的估计在外温州人数量的思路，但由于在外温州人不一定全部拥有温州手机（实名制注册在温州），而且越来越多的在外温州人可能不回温州过春节，而是邀请父母等到其所在地过年，所以这个方法的数据估计准确度仍存在一定的问题，估计的数据会偏小。

第四个来源是利用人口普查等数据的综合估计。中国分别在1990年、2000年和2010年进行三次大规模的全国人口普查，并有很多的调查数据，能否有效利用全国人口普查数据和历年人口抽样调查数据结合进行估计？这是当时我们一直思考的问题。

全国人口普查有常住人口的数据，历年的人口抽样调查则有户籍人口的数据，一般来说下列等式是成立的：

常住人口 = 户籍人口 + 外来人口 − 外出人口

从这个等式中可以估计出外出人口的数据：

外出人口 = 户籍人口 + 外来人口 − 常住人口

所以，如果普查有上述这些数据，则在普查的年份这个数据会相对准确。如果再结合其他数据的推算，也可以得到在外温州人数比较准确的估计。由于三次全国人口普查，每次间隔十年，所以每次的数据格式不同，收集的数据并不完全一样（表4-1）。通过检索，我们

---

① http://blog.sina.com.cn/s/blog_574dff1c0102w8p5.html.

发现 1990 年、2000 年和 2010 年全国三次人口普查均有常住人口、户籍人口、外来人口和外出人口的统计数据①。普查的时点 1990 年是 7 月 1 日零点，2000 年的第五次全国人口普查的标准时点开始改为 11 月 1 日零时，而户籍人口的数据是当年的年末数据。所以中间会有一些时间上的误差，但基本的数据估计可以接受。1990 年我们计算出来的外出人口数据跟统计局的数据一致，说明统计局调查也没有调查外出人口。而 2000 年和 2010 年我们计算所得结果与人口普查结果的差距，主要源于数据时点的差异。进而我们找到了 2013 年的相关数据，其中外来人口的数据是根据一篇关于温州新居民研究的文章所得，估计的数据是 367.6 万人，所以根据上述等式，我们估计 2013 年的外出人口是 261.54 万人。当然，另外一个问题是这些外出的温州人还包括在海外的温州人，也是需要再估计的。

表 4-1　　三次全国人口普查及 2013 年温州人口相关数据　　单位：万人

时间	1990 年	2000 年	2010 年	2013*
常住人口	633.09	755.76	912.21	913.3
户籍人口	664.18	740.45	785.28	807.24
外来人口	9.74	135.47	315.32	367.6*
外出人口	40.83	117.14	167.86	—
计算的外出人口	40.83	120.16	188.39	261.54

注：*温州市新居民服务局《2013 年新居民服务管理工作总结和 2014 年工作思路》；其他人口普查数据来自《温州统计年鉴 2017》，中国统计出版社 2017 年版，第 446 页。

下面我们尝试利用温州华侨的各种数据予以配合计算。据徐华炳

---

① 在全国人口普查中，外来人口和外出人口，有两个不同的口径。一个是包括温州市（县市区）内的流动，另外一个是来自外省的。但 2000 年的第五次全国人口普查并没有区分，只有一个"外出县（市区）外"，数据为 117.14 万人；2010 年的第六次全国人口普查有区分，"外出县（市区）外"为 173.69 万人，外出市外的为 127.31 万人。但在历次全国人口普查主要指标中，只有一个"外出县（市区）外"，而且 2010 年的数据为 167.86 万人，跟第六次全国人口普查的数据也不一致。我们同时考虑了外来人口数中，也包含了温州市内的流动，所以我们采用自行设计的等式来估算。

的研究①，温州海外移民改革开放之初约为5万人，1987年为20多万人，2005年为42.5万人，2014年为68.8万人。前两个数据不确定，但可以根据2005年和2014年两年的数据，利用直线插值法大致估算1990年、2000年、2010年和2013年分别为22万人、28万人、57万人和65.9万人。所以1990年、2000年、2010年国内的温州人数据，就可以利用我们上述的等式计算得到，分别为20.8万人、89万人和131.4万人；2013年为195.6万人。

根据上述几种文献和估计方法，我们可以得到以下表格的对比（见表4-2）：

表4-2　　　　　不同方法计算的在外温州人数量汇总　　　　单位：万人

年份	人数	数据来源
1990	20.8	第三次全国人口普查
2000	89	第四次全国人口普查
2002	154	温州统计局调查
2006	175	温州统计局调查
2010	131.4	第五次全国人口普查
2011	233.54	温州统计局调查
2013	195.6	数据推算
2016	192	移动大数据

可以看出2002年、2006年和2011年温州市统计局的三次对在外温州人的调查，数据均偏大。一个原因可能是系统的调查误差，因为统计局的调查是通过全国温州异地商会的协助进行的，偏差在所难免。另外一个原因可能是没有排除海外的温州人。最明显的一个例子是，2011年调查所得的在外温州人数为233.54万，明确标明数据是含中国香港和澳门地区，但未含中国台湾地区。

---

① 徐华炳：《温州海外移民家族研究》，《浙江学刊》2015年第4期。

我们采用各类数据的 2013 年估算值与移动公司 2016 年的数据比较接近，如果考虑每年的增量和移动公司数据估计的偏小效应，这两组数据还是比较接近的。

比较准确的应该是利用三次全国人口普查的估算结果，当然人口普查也有属于调查本身的误差问题，如未答题比例、遗漏的调查对象等。但是，由于人口普查是全国性的调查，从上而下地严密组织和动员了全国几十万名的调查员，经过严格培训所收集的数据，质量要求较高，普查数据也相对更为权威。我们根据 1990 年、2000 年和 2010 年的数据，分别计算从 1990—2000 年、2000—2010 年，以及 1990—2010 年，国内在外温州人人数的年均增长速度，见表 4-3。

表 4-3　　　　　　国内在外温州人人数变化率　　　　　　单位：%

时间段	年均增加率
1990—2000 年	15.60
2000—2010 年	3.90
1990—2010 年	9.70

另外，利用我们估计的 2013 年在外温州商人数量（195.6 万人）和移动公司大数据估计 2016 年的数据（192 万人），推算 2010 年后的在外温州人的增加速度，2010—2013 年和 2010—2016 年，两个时间段在外温州人数量的年均增长率分别为 14.2% 和 6.5%，均比用人口普查的数据计算的 2000—2010 年的年均增速 3.9% 要高。说明 2010 年后，温州又有一批企业和个人迁移到温州以外的国内其他城市，而且商人群体的流出速度比 21 世纪的第一个 10 年更快。这样的现象值得我们深思，其中的原因，我们将在下面予以详细分析。

三　国内温商群体区域分布

从温商聚集的一个重要网络节点——在外温州商会的发展情况可以

看出温州商人在全国各地的发展情况。全国第一个在外温州商会——昆明温州商会成立于1995年8月,开始了一个温商在外创业的新时代。统计显示,截至2017年9月,已组建了20个省级温州商会,已建异地地市级温州商会268家,覆盖全国333个地市级城市的80.4%。

当然,从商会分布的视角可以比较清楚地发现温商在全国各地的分布和聚集的情况,但商会以及商会所属城市的温商人数也有不同,所以需要其他信息来补充说明温商在全国各地的分布情况。

2016年移动公司和温州市委政策研究室联合进行的大数据调查显示,国内在外温州人的大部分集中在东部沿海各省市,从多到少,分别为广东、江苏、上海和福建等,大约有57万人;而另有21万人,则分布在北方诸省市,如北京、山东、河南、河北和天津等。具体分布如图4-1所示。

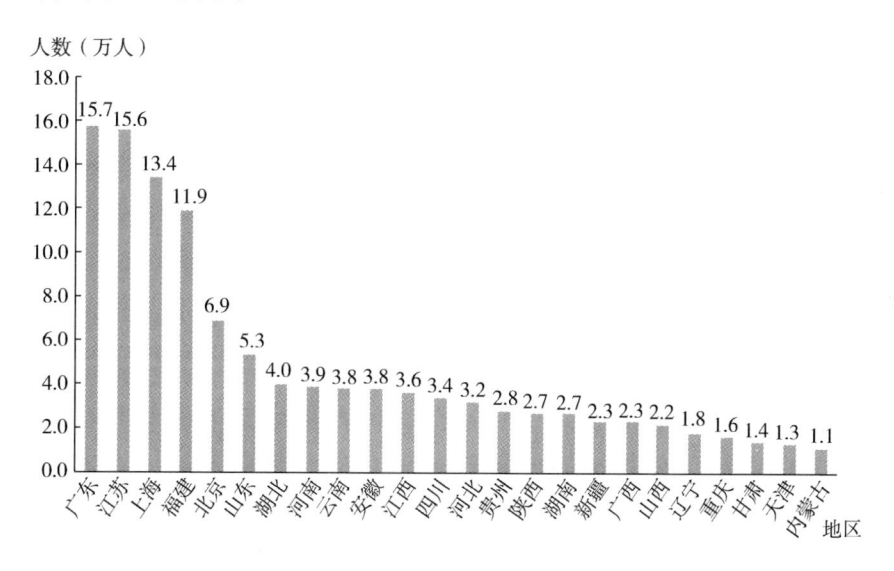

图4-1 2016年温州人在外分布概况

省内的温州人则主要流向了省会城市杭州,比例超过了1/3;其次是义乌小商品市场所在的金华市;再次是临近的台州市和副省级城市宁波。具体的分布见图4-2。

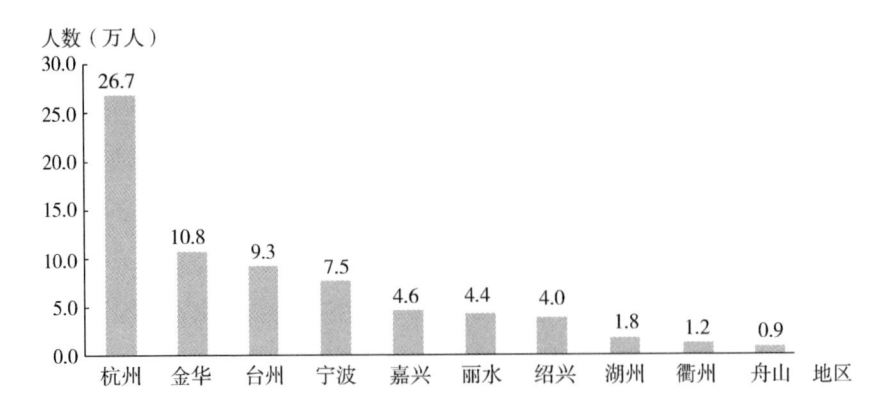

图 4-2　2016 年浙江省内温州人流向分布概况

温州市统计局组织了三次在外温州人经济调查，所估计的数据显示，在全国各地开拓市场的温州人有 175 万人，足迹遍及全国，主要流向大中城市如上海、北京、杭州、武汉、南京、昆明等。根据第五次和第六次全国人口普查的数据，外出人口目的地并没有按外省省份来区分，虽没有办法直接从这两次全国人口普查中得到相关的数据，对比两次普查中各县市区人口分布，可以看出数据的变化情况（表 4-4、表 4-5）。

表 4-4　第 5 次全国人口普查温州各县市区外出人口及比例

地区	户籍人口（万人）	外出人口（万人）	外出人口占户籍人口比例（%）
全市	740.45	117.12	15.8
鹿城区	52.61	1.17	2.2
龙湾区	9.43	0.37	3.9
瓯海区	59.64	3.61	6.1
瑞安市	119.72	17.04	14.2
乐清市	116.5	23.51	20.2
洞头区	12.58	3.38	26.9
永嘉县	90.99	26.25	28.8

续表

地区	户籍人口（万人）	外出人口（万人）	外出人口占户籍人口比例（%）
平阳县	83.07	12.17	14.7
苍南县	122.85	9.89	8.1
文成县	37.29	11.32	30.4
泰顺县	35.77	8.41	23.5

从表中数据可以看出2000年全市外出人口（包括温州县市区内部流动）占了户籍人口的15.8%，其中外出人口最多的三个县市区分别是永嘉、乐清和瑞安，分别有26.25万、23.51万和17.04万人；外出人口占当地户籍人口比例最高的三个县市区分别为文成、永嘉和洞头，分别为30.4%、28.8%和26.9%。其中永嘉呈现双高，外出人口绝对数量排名前三，外出人口占户籍人口也高居第二。文成和洞头的高比例，与当地的人口基数较低而外出人数相对比较多有关。从地域分布上看，温州经济发展相对落后的县市区，其外出人口的绝对数和比例也相对较高。人口外出比例最低的是鹿城，与鹿城作为温州市的行政中心有关，其居民大多为政府机构的公务人员，或者科教文卫的事业单位、国有企业的干部职工，这些体制内的群体收入相对稳定，其子女教育良好，就业也比较顺利，所以外出经商的整体意愿相对较低。

表4-5 2010年第六次全国人口普查温州各县市区外出人口及比例

	户籍人口（万人）	外出县（市区）（万人）	占户籍比例（%）	外出市外人口（万人）	占户籍人口比例（%）	本地流动人口（万人）	占户籍人口比例（%）
全市	785.28	173.69	22.1	127.31	16.2	46.38	5.9
鹿城区	71.24	6.56	9.2	3.09	4.3	3.47	4.9
龙湾区	34.39	4.78	13.9	2.91	8.5	1.87	5.4

续表

	户籍人口（万人）	外出县（市区）（万人）	占户籍比例（%）	外出市外人口（万人）	占户籍人口比例（%）	本地流动人口（万人）	占户籍人口比例（%）
瓯海区	40.68	4.03	9.9	1.66	4.10	2.37	5.8
瑞安市	117.98	21.54	18.3	14.96	12.7	6.58	5.6
乐清市	124.09	31.00	25.0	29.97	24.2	1.03	0.8
洞头区	12.69	4.84	38.1	2.55	20.1	2.29	18.0
永嘉县	93.7	31.94	34.1	23.55	25.1	8.39	9.0
平阳县	86.42	18.09	20.9	13.27	15.4	4.82	5.6
苍南县	131.54	22.71	17.3	18.16	13.8	4.55	3.5
文成县	36.32	15.29	42.1	6.91	19.0	8.38	23.1
泰顺县	36.22	12.91	35.6	10.29	28.4	2.62	7.2

比较了第五、第六次全国人口普查中的外出人口及比例的变化，我们发现2010年温州全市外出人口的比例为22.1%（含温州各县市区内部的流动），比2000年的15.8%高出6.3个百分点；如果仅仅计算大温州市（含11个县市区）以外的外出市外人口比例，高达16.2%，也比2000年的15.8%高。

更为重要的是，我们发现以外出（含县市区）计算，温州所有的11个县市区外出人口的比例均高于2000年，最少的瓯海区也高出3.8个百分点，最高的泰顺县高了12.1个百分点。说明到了21世纪的第一个10年，温州人还是继续保持了大量区域外移民的地域传统。而且第六次全国人口普查所增加的数字，说明大部分外出人口是真正走出了温州，走向了全省、全国甚至全世界。这是温州的一个基本市情，也是需要认真对待和研究的温州基本市情之一。

四 国内温商群体经济规模和主要产业的估计

我们经常说有三个温州经济，温州本土经济、国内其他地方的温州人经济和海外温州人经济，而且有人估计，三个总量基本接近。固然对于国内温州商人群体整体的经济规模有很多的说法和测算，但事实上很难准确估计在外温商群体的经济规模。主要的原因之一就是对于这个群体并没有一个系统完整的统计方法。正如前面所描述的，我们对在外温商群体人数的准确估计都非常困难，更难以准确估计他们的经济规模。

为了了解在外温州商人的发展情况，温州市统计局分别在2002年、2006年和2011年对在外温州商人群体做了抽样调查。其中对于在外温商群体的总体经济规模也有一个基本的测度。

根据三次调查的结果，我们有一个基本的汇总资料[①]：

2002年，国内温州人（根据对50个城市的统计推算）创造了563亿元的国内生产总值，相当于该年温州本土生产总值的60.4%。在外温州人实现了工业总产值超千亿元，累计投资额超千亿元；市场成交额超800亿元，经销温州产品超800亿元；商业贸易额超2400亿元。

2006年，温州人在全国各地累计投资达300亿元，创办工业企业3万余家，其中年产值超亿元的工业企业近500家，在全国各地（地级市以上）创办商品交易市场500余个。各类温州店、温州村、温州街、温州商城等比比皆是。2006年温州人通过营销网络销售产品达6650亿元，其中温州产品近2400亿元，占国内温州人销售总额的35%。

2011年没有在外温州人经济规模的统计。据2011年的调查显示，以温州人参与比重最高的直营方式为例，被调查企业建立了1.9万个直营网络，由温州人直接参与管理或经营的直营网点仅为4734个，占直营网点总数的24.9%；直营网点从业人员8.04万人，其中温州人占46.5%。

[①] 温州大学浙江省温州人经济研究中心课题组：《温州人经济研究》，中国社会科学出版社2016年版，第129页。

根据 2002 年、2006 年和 2011 年温州统计局的调查，温州人国内其他城市企业从事生产经营的行业主要以服装、鞋类、印刷、电器、灯具、汽摩配、眼镜、泵业、家具等为主，与温州本土的产业和行业结构极为相似。而且从在外温州人的主要产业来看，三次调查的基本情况变化不大。只是温州商人对于所在地产业变得更为适应，特别是各种形式的第三产业成为在外温商摆脱主要经营温州本土产品模式后的自然选择。

一个非常有趣的现象是，无论从温州哪一个县市区走出去的温州商人，其所经营的产业，特别是其最早从事的行业，基本上跟其家乡的产业集群高度一致。即从经营者本身来看，极具地域特色。如温州市最大的外出人群——乐清商人群体，主要以电器、服装和灯具为主，跟乐清的这几个行业发展一致。2012 年，在外乐清人在上海创办了 26 家上规模的电气、电缆企业，累计总投资额达 35 亿元，年产值 200 多亿元①。又如在外瑞安人，则以眼镜和汽摩配为主。瑞安马屿片区的批发零售商每年就创造了超过 100 亿元人民币的眼镜销售额，占据全国眼镜销售市场的半壁江山②，与作为中国眼镜之乡瑞安的产业格局完全一致。

永嘉在外商人有 40 万名，主要分布在北京、上海、广州、内蒙古和江苏等地。主要从事的行业有鞋服、泵阀、棉纺织、房地产、百货、矿产、电子、旅游等。其中鞋服行业跟永嘉的报喜鸟、奥康、红蜻蜓等众多知名鞋服企业有关。而在外永嘉商人最具特色的是其国际品牌代理，从事国际品牌代理的永嘉商人主要集中在珠三角，仅在广州、东莞、深圳三市从事国际品牌代理的永嘉商人就有 7000 多名，国际品牌代理企业达 200 多家，代理的国际品牌达 108 个，年销售额超过 300

---

① 温州大学浙江省温州人经济研究中心课题组：《温州人经济研究》，中国社会科学出版社 2016 年版，第 130 页。
② 温州大学浙江省温州人经济研究中心课题组：《温州人经济研究》，中国社会科学出版社 2016 年版，第 130 页。

亿元，网络遍布全国各地。所代理的国际品牌在国内的市场份额，服装占10%，皮鞋占60%—80%，皮具占90%，钟表占60%—70%。①

洞头外出的商人群体主要从事家装电器行业，经营电器开关、铝合金门窗、灯饰、家具、汽配等；文成则以华侨为主，是温州著名的侨乡，国外主要分布在欧洲的意大利和法国等地。国内的文成商人，则主要集中在浙江省内，尤其是义乌、杭州和丽水的贸易商为多。平阳则以汽摩配、井巷和矿山工程的商人居多，特别是深圳的平阳人以掌控全国手机配件行业出名。

泰顺人则以建筑材料的销售起步，逐渐成为建筑材料市场的开发者和运营者。

苍南企业家则以印刷为主，也从事礼品、海产品和滋补品等贸易。

在外鹿城人数不多，涉及贸易、现代服务业和房地产开发等。

龙湾外出者则以不锈钢、泵阀、洁具行业等为主。

瓯海外出者主要以酒店、物流、商贸、鞋服等行业为主。

由于走出去的温州商人所经营的行业跟家乡的产业集群高度一致，所以，有时候我们可以根据某个商人所从事的行业，来判断他来自温州的哪一个县市区。

第二节　温商国内网络外迁扩展的内在机制分析

一　温商演化的社会关系网络、市场关系网络和创新关系网络

企业家的成长过程就是企业家网络与发展环境不断动态匹配的过程。如果现有的企业家网络不能为其继续发展提供所需资源，其发展进程就会迟缓或中止。为了保持全生命周期的可持续发展，企

---

① 《风云桥头》编纂委员会编：《1978—2008：桥头镇改革开放纪事》，东方财富出版社2008年版。

业家就需要通过不断地优化其网络演化路径，获得持续更新的各类资源。

一旦开始创业就意味着其有足够的企业家精神去适应环境以促进发展。因此，遭遇发展困境时，企业家必须做出改变，主动对其企业家网络演化路径进行调整，让新的企业家网络适应发展变化的需求。因为企业家网络包含了社会关系网络、市场关系网络和创新关系网络三种不同子网络。一旦出现了企业家网络和发展所需资源不相匹配的情形，我们就需要分析如何改变三种子网络以优化企业家网络演化路径。

企业家发展所需资源与其现有网络不匹配的形式有多种表现。一种是网络的数量特性不够发达，如节点数量偏少、连通性偏低等；另外一种是网络的质量特性不够发达，网络的结构不足以提供更深和更强的支持，如中心度和网络密度的不匹配问题。第一种情形表现为目前企业家网络中的各个子网络，即其现有的社会关系网络、市场关系网络和创新关系网络等网络规模已经不能提供数量足够多和质量足够好的资源。此时，现有的企业家网络需要拓展，如增加更多的企业家网络节点，改善节点与节点之间的联系，增加网络的密度和连通性等。第二种情形则表现为现有的社会关系网络、市场关系网络和创新关系网络的结构和分布不够合理，不能提供足够促进企业发展的资源。需要根据网络目前的情况，通过改变中心点的位置分布，来改变和升级网络节点连接的方式，从而改善企业家网络的整体架构和子网络的内部结构。

变化的第一种具体形式，是企业家网络的整体变迁，需要重构企业家网络，包括三个子网络的重新构建。例如企业家举办企业地点的迁移，或者企业家异地创办新的企业等。变化的第二种形式，是三种子网络的局部调整和改善，企业家网络的总体架构没有发生变化，但社会关系网络、市场关系网络和创新关系网络中的一个或者几个发生了一些改变。第一种形式是企业家网络的重新建立，是颠覆性的质变；

而第二种形式则是循序渐进地从量变到质变。第一种变化比较少见，一般发生在企业家异地移民，也包括移民到一个几乎没有任何亲戚、朋友等的城市甚至是一个陌生的国度，其现在所有的社会关系网络、市场关系网络和创新关系网络均被物理割裂，都需要重新构建。但第二种变化，企业家网络的三种子网络不能一一匹配，网络演化路径发生改变，这是我们主要研究的内容。

我们可以先提炼社会关系网络、市场关系网络和创新关系网络三种子网络不匹配的各种类型，再研究相应的影响机制和企业家可能的对策选择。

简单回顾社会关系网络、市场关系网络和创新关系网络三种子网络的含义。社会关系网络基于信任，是个人固有的社会联系的总和。与个人所在家族的规模大小、社会地位、历史长短、变化迁移等有关，而企业家个人的求学、就业、从军等不同经历对于企业家的社会关系网络形成和发展也有很大影响。市场关系网络是基于契约，涵盖产业链上下游关系和市场的横向联系。市场关系网络与企业家所属的行业、产品类别、细分市场属性有关。创新是基于联盟，是以企业家自有的创新能力与其他同样具有创新能力的机构和个人进行的交流与合作。

企业家的健康成长和企业的健康发展与企业家网络的演化路径息息相关，而且其社会关系网络、市场关系网络和创新关系网络三个子网络均需要保持动态平衡，当其中某一子网络的演化不能与整体网络演进的方向、速度保持一致的时候，不同子网络的强弱对比就发生了变化，进而导致发展失衡。子网络的不平衡会导致不同的问题，需要及时调整子网络的演化路径，以便从迭代后的网络中获得更多、更好的资源，维系企业家健康成长和企业的顺利发展。

理论上，社会关系网络、市场关系网络和创新关系网络三种子网络共有八种组合方式。分别是：

（1）社会关系网络弱，市场关系网络弱，创新关系网络弱；

（2）社会关系网络强，市场关系网络弱，创新关系网络弱；

（3）社会关系网络弱，市场关系网络强，创新关系网络弱；

（4）社会关系网络强，市场关系网络强，创新关系网络弱；

（5）社会关系网络弱，市场关系网络强，创新关系网络强；

（6）社会关系网络强，市场关系网络弱，创新关系网络强；

（7）社会关系网络弱，市场关系网络弱，创新关系网络强；

（8）社会关系网络强，市场关系网络强，创新关系网络强。

温州商人是一个具有强社会关系网络的企业家集群，地域文化和历史发展使他们天然具有强的社会关系网络，因此，我们可以将社会关系网络弱的四种组合形式予以排除。

这样在具有强的社会关系网络的背景下，温商的企业家集群网络就可以归结为以下四种：

（1）市场关系网络弱，创新关系网络弱；

（2）市场关系网络强，创新关系网络弱；

（3）市场关系网络弱，创新关系网络强；

（4）市场关系网络强，创新关系网络强。

其中，第一种是温商发展过程中企业家网络的起步阶段，第四种是网络最终的演化阶段；第二种和第三种分别是从第一种形式到第四形式的中间过渡阶段。这两个过渡阶段的演化路径具有典型意义，非常值得研究。

虽然在理论上，温州企业家网络具有八种可能的形式，但并不是每一个温商网络的发展一定会完整经历八种不同的组合。温商在其企业家网络演化过程中，所能够做出的选择就是适时改善一个相对较弱子网络的演化以适应其发展。而这个改变的过程是动态的，子网络之间的动态平衡由于发展而不断被打破，又不断由于改变而趋向新的平衡。温州企业家就在企业家子网络的动态平衡过程中不断发展和成长。

温商最早立足温州本土发展，初始状态是社会关系网络强，而市场关系网络和创新关系网络弱。正如我们在第一章所述,由于地域文化和历史传承,温商所处环境的社会关系网络一直是发达的强网络,但同样由于地域的关系,温商的市场关系网络和创新关系网络就相对偏弱,实际上这就是温商个体网络的初始状态。随着部分温商陆续外出经商,他们逐渐在温州之外的全国其他城市创建了庞大的市场关系网络,而且随着这些城市集合的不断扩展,温商也慢慢遍及了全国各地并且建立了相当完备的市场关系网络。改革开放以来,温商所经历的最大变化就是借助强大的温商社会关系网络,其企业家人力资本从温州源源不断地溢出进入弱市场关系网络地区,而随着某个地区某个行业温商进入数量的增多和相对占比的提高,温商在该地区该行业的市场关系网络也就逐渐变强。这个动态变迁过程在全国各地循环往复,温商也由此不断向外迁徙和定居创业。从 1978 年开始直到现在,这个循环已经形成了一个以 268 个地级市在外温州商会为核心节点,以超过 200 万名在外温商为终端节点的巨大的在外温商的集群网络。

在不断扩大温商集群市场关系网络的同时,创新关系网络的相对偏弱一直是温商企业家网络的软肋,使得创新关系网络与一直强大的温商社会关系网络和逐渐变得强大的温商市场关系网络之间不能保持平衡。但由于温州本土是一个企业家人力资本富裕而专业人力资本欠缺的人力资本结构偏态城市(张一力,2005),因此温州城市本身的创新资源相对缺乏,温州本土没有足够的创新资源可以支撑其创新关系网络的协调和平衡发展。所以,温商一定要通过改变创新关系网络才能保持与各自社会关系网络和市场关系网络的相对平衡。其中可能的一个改变途径就是利用原有的强社会关系网络,如直接将创新关系网络嵌入既有的社会关系网络,或者利用社会关系网络间接拓展创新关系网络。但温商与创新关系网络的联系一直非常稀疏。虽然国内在外的温州商人确实有很多创新节点,但在温商发展初级阶段的 1990 年前后,在外温州籍人士即使处于创新关系网络之中,但大多仅连接于基础创新的节点,例如当时各高校有很多温州籍数学家和文学家就可以构建一个庞大的创新关系网络，① 但他们所从事的基础创新与温商当时低端制造业之间基本没有很好的连接方式和有效的转换效率。所以，在发展初期试图利用强大的温州人社会关系网络直接接触创新关系网络并获得创新资源并不可行，而进入原来并不与温州人社会关系网络所关联的创新关系网络更难。所以，另外一个可选的途径是借助不断发达的市场关系网络，借由市场关系网络节点的中介作用去连接和开拓创新关系网络。

二　温商企业家网络演化的典型路径

综上所述，温商对外扩展其企业家网络有两条基本路径，一条是借助强大的社会关系网络，进入弱的市场关系网络；另一条是借助不断扩展的市场关系网络，进入新的创新关系网络。下面我们分别具体介绍这两条温商企业家网络演化的典型路径。

（一）依靠强社会关系网络，进入弱市场关系网络

此演化路径关键是温商利用其所固有的强大社会关系网络，帮助温商逐渐实现从较弱市场关系网络向较强市场关系网络的转变。

囿于温州悠久的历史和传统文化，改革开放初期的温州广大农村和城镇仍延续着历史上一直存在的强社会关系网络（陈安金，2008）。但这种较强社会联系并不能带来直接的经济收益，因此需要改变网络的演化路径。最直接、最典型的路径就是通过较强社会关系网络连接到新市场去经商创业。一旦一个温州人在某个地方发现了新的商机，他连接到了一个新的市场关系网络节点以后，其固有而强大的社会关

---

① 信息来自温州数学名人馆。温州数学名人馆依托温州市级文物保护单位谷宅布展而成，谷宅系著名数学家谷超豪祖居，谷超豪少年时曾生活于此。近百年来，温州数学家辈出。据不完全统计，海内外温州籍数学家至少有 200 人，其中曾担任著名大学数学系主任或数学研究所所长职务的就达 30 余人。其中杰出的代表人物有姜立夫、苏步青、谷超豪等。这些数学英才的基础教育阶段都在温州完成，温州亦被誉为"数学家摇篮"。

系网络就会帮助他建立更大的市场关系网络。因为，一旦这个市场节点稳定以后，他远在温州家乡的亲戚、朋友、同学和乡邻等，就因为跟其具有较强的社会关系而很快获得与新的市场节点相关的市场信息。如果这些信息具有较大的市场价值，其社会关系网络上相关的温州人就会设法迁移到这个温商所在的城市经商，并进入当地市场关系网络，成为一个新的节点。而作为新节点的温商们同样又利用其强社会关系网络，复制上述过程，产生了更多的市场关系网络新节点，逐渐加强了第一个温州商人所开拓的新的市场关系网络。这个循环过程帮助温商从较强社会关系网络和较弱市场关系网络的温州，走向了具有较强市场关系网络的创业城市，实现了企业家网络演化的转变。

理论上看，这个循环过程其实是一种帕累托式的变革，也是温州商人所推崇的抱团经商机制。在提及温州商人创业成功的模式时，抱团经商机制通常被认为是最重要的一个原因。但什么是抱团，它是如何运作的，回答也莫衷一是。其实，从社会关系网络和市场关系网络关系的角度很容易解释。

最早进入新市场关系网络的温州人，为什么会愿意介绍其他温州人也进入这个市场？难道不怕增加竞争者吗？一方面当然是因为其作为一个温州人的本土文化的熏陶和地域社会属性使然，但更重要的还是受到经济利益机制的驱动。当第一个温商在一个新兴市场发现了某种商机之后，作为一个先发的个体，也许可以从中获得一些经济利益，但很容易受到当地众多竞争者的排挤。个体温商创业初期，经营规模小，产出的体量不够，也就没有什么话语权，很容易失败。而其凭借社会关系网络源源不断地增加新的温州商人，连接不同的市场节点，获得过往所未知的市场信息，他就有更多温州人资源与当地竞争者对抗，并最后获取比其独自经营时更多的经济利益。因此，即使是被邀请者盘剥了介绍费或者相关的其他费用，从整体收益上看，新来者也还是合算的。而且一旦新人自己立足后，他可以通过其个人的社会关系网络，把自己在家乡的亲戚、朋友等通过相同的方法，带进这个网络；同时，让他们成为市场中的一个个新的节点，也从市场关系网络中受益。这个循环可以一直发展下去，直到再介绍新的温商进入现有的市场关系网络不能产生这样的帕累托改进为止。最后，温商就形成了在某个地域某个行业的抱团发展。这种形式在各地循环往复，逐渐形成了各地温州商人的网络集群和集群式发展，也就是各地所谓温州人抱团发展的内在机制。

（二）依靠强市场关系网络，进入弱创新关系网络

温州商人在演化过程中，最缺乏创新类资源，特别是科技类创新资源。由于温州本土高校以及研究机构的严重缺乏，单单依靠温州本土的社会关系网络，进入一个全新的创新关系网络比较困难，更好的选择是将原本比较弱小的温商创新关系网络与在外的丰富创新关系网络资源链接，将温商的创新子网络嵌入区域外的创新大网络之中。

具体路径是利用温商强社会关系网络来连接在外温商所在的创新关系网络。在外温商与温州区域外的创新关系网络有较多的连接，如他们与各所在地的科研机构、高校、政府管理部门等的密切关系。虽然在外温州籍人士身处各类创新关系网络之中，但在外温州人数毕竟有限，其社会关系网络的规模也有限制，直接通过温州人的社会关系网络连接并不能直接满足温商对于创新资源越来越多的需求；而与此同时，温商的市场关系网络节点却逐渐遍及全国各地。从不断开业的各地的温州商城，到各地陆续成立的温州商会等，温州人的市场关系网络蔓延到全国各地，也为温州商人创新关系网络的嵌入和构建提供了新的连接方式和可能。

温商最早通过社会关系网络连接在外的创新关系网络获得创新资源、寻找和认识某个行业的外地专家。一旦获得了相关的信息，温商会不辞辛苦，坚持不懈去请教他们，甚至可以"三顾茅庐"，进而高薪聘请他们利用休息时间去温州开发产品，提升工艺，甚至有些技术人员最后成为温商企业的创新骨干。流传最广的故事，是正泰电器董事长南存辉多次寻觅上海的电器专家。

20世纪80年代，正泰前身"乐清求精开关厂"创办之初，正是温州低压电器"假冒伪劣"盛行之时。很多企业偷工减料、以次充好，许多劣质产品流入市场后事故频发，给消费者带来了巨大的伤害，也给整个行业带来了毁灭性的打击。南存辉的求精开关厂决心逆势而行，以"精益求精"为宗旨，以质量求生存。可在当时的情况下，资金不足，技术人才极缺，怎么抓质量？考虑再三，南存辉决定到上海寻求支援。有人向他推荐了刚从上海人民电器厂退休的宋佩良、王中江、蒋基兴三位工程师。当时温州不通火车，不通飞机，公路也是七弯八拐，坑坑洼洼，被人戏称"汽车跳，温州到"，条件艰苦可想而知。几位工程师本想待在上海，和家人共享天伦之乐。最初，他们对南存辉的盛情邀请婉言谢绝。但南存辉不肯放弃，一次次登门拜访，很多时候就在宋工程师家里打地铺休息。南存辉"三顾茅庐"的诚心打动了这几位老人，最终答应"出山"，前往地处温州"乡下"的乐清柳市镇，帮助南存辉建立热继电器实验室，构建企业技术开发体系。而为了提高工作效率，他们吃住都在厂里。白天的工作台，到了晚上，就地一铺又成了卧室。为给公司省钱，许多工装设备、模具等，都由他们自制。正是在他们的帮助下，正泰走上了科技创牌、质量兴业之路，并逐渐成为低压电器行业的名牌企业[①]。

这个故事除了可以表达南存辉本人对科技和质量的重视之外，更可以反映当时的温州商人能够接触的创新资源跟当时的正泰一样非常有限，甚至远不如正泰。只有借助不断扩展的温商市场关系网络，才能真正切实融入更多、更大的创新关系网络。迅速成长的市场关系网络可以更高效和快速地帮助温商连接到他们过去很少有机会接触的创新关系网络各个节点，进而将温商网络对接并镶嵌到相应的创新关系网络中。

温商有一个为世人所津津乐道的优秀品性就是非常愿意与各类人

---

① 摘自《正泰报》2011年第15期。

群合作。温州商人非常清楚自己的创新关系网络不够强大，一旦他们有机会去连接新的创新节点，尤其是具有强创新功能的关键节点，他们很愿意在早期就投入较多资源去维护和保护这种专属连接，哪怕最后只有不到百分之十的资源得到了应用，他们也会投入百分之百的精力去维护这些节点的紧密关系。

实现了从偶得网络到目标网络的改变，温州商人依托朴素的实践突破了创新理论的瓶颈。事实上，每当温商通过不断开拓进入一个又一个新的市场，他们就会与市场上下游各个节点建立起紧密的商业联系。由于网络节点的多重特性，每个市场关系网络的节点，都可能又是其他网络，如创新关系网络的一个节点或者与创新关系网络具有某种连接关系。所以，一旦温商进入一个新的市场，他们不但建立了一个更加完善的市场关系网络，也增加了与所在城市创新关系网络进行连接的更多可能性。温州是一个专业人力资本缺乏的城市，温商对于自己所缺少的创新资源非常敏感，他们非常注意利用不断壮大的市场关系网络，去拓展新的创新关系网络。

所以温商原来所欠缺的创新关系网络及资源，也就随着其市场关系网络的扩张而不断延伸。乐清柳市是中国电器之都①，温州乐清的低压电气全国闻名，但高压电气作为更为领先的技术在温州本土并没有得到相应的快速发展，其原因并非本土温商不想发展高压电气部分，关键是温州本土严重缺少这方面的专业技术人才，导致在高压电气的技术创新不够丰富。本土温商企业与高压电气相关的创新关系网络的连接不够紧密，其创新关系网络不足以支撑低压电气产业向高、中压电气产业的转型。而早期迁入上海的几家乐清的低压电气厂商，却令人吃惊地成为低压电气制造业界中率先实现从低压电气向中、高压电气转型的代表，其最关键原因是它们充分利用了上海的地理和人才优

---

① 2001 年，中国机械工业联合会授予乐清柳市为"中国电器之都"。涉及具体产品门类，使用"电器"表述，如电力电器、建筑电器，而涉及行业则用"电气"表述，如电气产业。

势，构建了一个非常强大的高压电气产业创新关系网络，将上海乃至全国的相关高校、研究机构、检测机构、生产厂家以及国外机构代表等尽数纳入其中。他们将低压电气等生产和销售迁入上海之时，就通过比温州更广阔的市场关系网络接触了更多的创新节点，加以长时间悉心建设和精心维护，最终建立了属于自己的创新关系网络，聚集了创新资源，实现了从低压电气到高压电气的华丽转身。而有些成立时间更早的电气厂商，甚至当初更有实力的温州企业，却没能实现当地政府和行业一直梦想的目标：实现从低压电气到中高压电气的转型和升级。

所以，借助不断扩展的市场关系网络，部分温商尤其是外迁的温商可以更快地进入更好的创新关系网络。长期发展的结果，也造就了更多的在外温商企业成为上市公司，更快地实现了产业转型发展。而本土企业相对落后，进入新的行业也相对较少，最根本的原因就是温州本土创新关系网络相对落后，很难为本土企业提供足够的创新资源。

第三节　温商国内网络扩展的实证研究

为了研究温商国内网络的扩展情况，我们需要对温商离开温州到外地的原因和背景进行研究。因此，我们选择了对在外温商进行研究，来实证温商国内网络的扩展主要是为了改进他们的社会关系网络、市场关系网络和创新关系网络三个企业家集群子网络。

一　实证研究的概况

2011年6月到10月，我们在温州市工商联的支持下，对来自苏州、广州、上海、兰州、深圳、天津、义乌、北京等地的138位温州企业家进行了问卷调查。其中有效问卷111份，有效率达80.4%。当时的调查目的是关注他们为什么会选择离开温州以及温州与外地环境的比较。

这些企业家最早在 1981 年就到外地定居，当时离开温州已经将近 30 年；最迟是在 2009 年才出去的，离开温州 2 年；调查时平均在外定居 13.5 年。他们从事的行业遍及机械、电气、泵阀、鞋服、不锈钢等制造业，也有从事贸易、房地产、矿产等，企业的规模（产值或者销售额）也各有不同，可以基本反映在外温商的分布情况。而且他们对所在地和温州的情况都比较熟悉，因此，可以代表在外温商的基本判断。

为了更进一步了解在外温商对于温州和所在地经济发展环境的比较，从 2011 年年初开始，我们分两个阶段对 12 位在外温商进行了深度访谈。第一阶段是问卷设计之前的探索性访问，共 4 位；第二阶段是随问卷调查进行，共 8 位。8 位企业家访谈是在他们回到温州的时间进行的。为了本次调查，课题组成员还专程去上海、深圳等地进行调查访问。同时，还利用在贵州参加全国在外温州商会年会（第四届）的时机访问了一些温商。

问卷设计说明。本调查的问卷量表针对在外温商所关注的各种经济发展环境，共设置 20 个题目，对温州和在外温商所在地的环境进行比较。为了更明确进行两地环境的比较，我们在设计问卷时，进行了定额总分的问卷调查。即每一个题目均要求被调查者根据温州和外地的实际情况予以判断打分，调查者要分别就各个项目赋予两地适当的分数，其中每一个题目的两地总分都为 10 分。如果各为 5 分，意味着两个城市某个环境基本相同，如果将 6 分给予一个城市，那么另外一个城市只能得 4 分。意味着在这个项目方面，某个城市经济发展环境的某个方面比另外一个城市有着稍好的表现，其他以此类推。分数越高意味着环境越好，所有 20 个选项的两个城市的合计分数都是 10 分。

问卷的 20 个题目，分为三组。第一组是关于经济发展总体环境，共 7 个问题，分别是总体经济发展环境、科技支撑程度、义务教育资源丰富程度、外来人员接受程度、社会治安状况、产业配套程度、基础设施供给程度；第二组是关于对政府官员的评价，共6个问题，分别涉及官员对企业家的重视程度、官员的廉政程度、官员的勤政程度以及官员的专业化程度、税收政策的宽松程度以及工商行政管理的执行程度；第三组是关于生产要素的供应和价格问题，共7个问题，分别涉及能源供应程度、原材料供应程度、劳动力成本、人才供给、土地供应程度、土地价格、生活成本。

温商对于经济发展环境的评价，其实就是对于企业发展的各种网络环境的判断，根据上述经济发展环境的评价指标，我们把20个指标分别归类为我们所研究的三种网络：社会关系网络、市场关系网络和创新关系网络。

相应的社会关系网络指标有7个，分别是外来人员接受程度、社会治安状况、官员对企业家的重视程度、官员的廉政程度、官员的勤政程度、税收政策的宽松程度、工商行政管理的执行程度（见表4-6）。

表4-6　　　　　在外温商对于两地社会关系网络的比较

外地与温州的成对比较差 （外地—温州）	均值差	p值
外来人员接受程度	1.52	0
官员对企业家的重视程度	1.54	0
官员的廉政程度	1.20	0
官员的勤政程度	0.98	0
税收政策的宽松程度	1.16	0
工商行政管理的执行程度	1.11	0
社会治安状况	2.06	0

相应的市场关系网络指标有8个，分别是产业配套程度、基础设施供给程度、能源供应程度、原材料供应程度、土地供应程度、土地价格、劳动力成本和生活成本（见表4-7）。

表4-7　　　　在外温商对于两地市场关系网络的比较

外地与温州的成对比较差 （外地—温州）	均值差	p值
产业配套程度	0.73	0.01
基础设施供给程度	1.60	0.01
能源供应程度	1.76	0
土地供应程度	2.40	0
土地价格	2.60	0
劳动力成本	0.20	0.488
原材料供应程度	0.48	0.081
生活成本	0.01	0.974

相应的创新关系网络指标有5个，分别是总体经济发展环境、科技支撑程度、义务教育资源丰富程度、官员的专业化程度、人才供给（见表4-8）。

表4-8　　　　在外温商对于两地创新关系网络的比较

外地与温州的成对比较差 （外地—温州）	均值差	p值
总体经济发展环境	1.94	0
科技支撑程度	1.14	0
义务教育资源丰富程度	1.20	0
官员的专业化程度	1.17	0
人才供给	1.24	0

另外，问卷还设计了两个开放类的题目，一个是在外温商所在城市最能吸引投资者的有关投资环境的政策，另一个是在外温商对于温州最差的投资环境方面的判断。希望通过这两个问题，一方面获得在外温商发展的网络环境和温州本土发展网络环境的比对；另一方面了解在外温商对于家乡经济发展网络环境的真实评价。

二 实证研究结果分析

1. 问卷结果分析

(1) 总体投资环境

被调查的在外温商对于两个城市总体投资环境的判断表明，温州的总体投资环境比起外地要落后很多。

问卷分析表明，如果投资环境加起来为 10 分，被调查的在外温商对所在地的投资环境的 7 个评价指标平均为 5.97 分；温州总体经济发展环境的得分为 4.03 分，外地平均分比温州高 1.94；科技支撑程度，外地平均分为 5.57 分，温州为 4.43 分，两者相差 1.14 分；社会治安状况，外地为 6.03 分，温州为 3.97 分，外地比温州高 2.06 分；外来人员接受程度，外地为 5.76 分，温州为 4.24 分，温州落后 1.52 分；义务教育资源丰富程度外地为 5.60 分，温州为 4.40 分，外地高出 1.20 分；产业配套程度，外地为 5.33 分，温州为 4.60 分，两者相差 0.73 分；基础设施供给程度，外地为 5.80 分，温州 4.20 分，温州落后 1.60 分。所有的指标，平均值外地的分数均高于温州。

进一步的统计检验表明两地总体投资环境的差别统计上是显著的（p 值均接近 0）。同时，我们运用成组的对比均值检验，7 个指标差值均显著不等于零，温州与这些城市之间的差距均显著存在。温州投资环境的各个方面明显落后于外地，其中相差最大的是社会治安状况，相差达到 2.06 分，最少的是产业配套程度，相差为 0.73 分。

7 个指标中，最综合和最重要的一个指标是总体经济发展环境评价，外地平均比温州高 1.94 分；如果按照等比例计算，外地平均比温州高出将近一半。差距之大，表明调查时点在外温商对于当时温州投资环境的失望和对于在外经营环境的肯定和认可。7 个指标中，在外温商认为温州的社会治安状况最为落后，其他依次为基础设施供给程度、外来人员接受程度、义务教育资源丰富程度、科技支撑程度以及产业配套程度，分数差距分别为 2.06、1.60、1.52、1.20、1.14、0.73，反映出他们对于温州社会目前的发展环境各个方面的评价。

当然，不是所有的被调查者都认为温州的环境比外地差。但是，调查表明，在产业配套程度、科技支撑程度、基础设施供给程度、义务教育资源丰富程度、总体经济发展环境、外来人员接受程度以及社会治安状况，分别有 27%、19.8%、17.3%、16.2%、11.8%、7.2%、7.2% 的被调查者认为，温州的情况好于外地（外地得分 4 分及以下，温州得分 6 分及以上）。可以看出，产业配套程度相对较好是温州的一个优势。反映出温州过去所形成的产业集群，还具有一些相对优势，部分产业还是比较倚重温州区域内的产业配套。

（2）对政府官员的评价

在外温商在这些问题上的评价基本反映出两地政府官员服务企业的态度、官员的廉政程度以及对于税收、工商管理等部门官员的能动作用的差别。这 6 个方面是反映经济发展软环境情况的重要指标。

首先，我们可以看到如第一组总体环境的评价一样，关于政府官员评价的 6 个指标，也是外地的评价高一些，温州的低一些。反映出温州官员对于企业家的重视程度不如外地，其廉政程度、勤政态度、专业化程度等给人的印象也不如外地的官员。其次，对于企业十分敏感的两个指标，税收政策的宽松程度和工商行政管理的执行程度，温州企业家对于温州官员也颇有微词，官员在处理政策方面的能动作用不明显，从企业和企业家的角度换位思考不如外地。结合企业家的访谈，他们总体感觉服务不如外地好，税收政策没有优惠，工商管理查处的案件过多，打击面比较大。

数据表明，6 个指标中，官员对企业家的重视程度的差值达到最大，两地指标的差值分数为 1.54 分。对外地官员评价的最高分达到 9 分，最低分为 3 分；但温州官员最高仅为 7 分，最低只有 1 分。从分布上看，对外地官员的评价，6 分及以上的占 57.3%；相应的对温州官员评价在 4 分及以下的占 57.3%。数据说明，由于本地企业家众多，需要借助政府运作各种资源的需求就大，所以相对而言温州官员对于企业家的重视程度远不如外地，特别是和企业家资源比较稀缺的地区对比尤其明显。访谈中，企业家表示内地多个城市给予在外温商很好的待遇，另外也给予企业家诸多的政治待遇。而这些在温州本地只能给予主导行业和比较著名的企业。对于一些温州中小企业，如果规模没有大到被各级政府所重视，那么相同的规模，他们在外地就可能享受到更多的政府支持和政策优惠。

对两地官员的廉政程度、勤政程度和专业化程度的评价，温州官员均属落后。其中，廉政程度落后最多，两地的平均分数差达到1.20分，专业化程度评价两地的分值差1.17分，但是两地勤政程度的分值相差0.98分，相对较小。访谈中，企业家们认为在外温商和温州本土的企业家有很多联系，各种信息反馈也很多，他们对于温州本土官员的了解和对于所在地官员的了解几乎一样清楚，所以他们的评价相对比较准确。

最后两项，关于税收政策的宽松程度和工商行政管理的执行程度，在在外温商的眼中，温州比外地更加严格。说明在外温商在外经营时，会享受到比温州本地更为优惠的政策，或者即使两地政策是一样的，那么他们在其中所接受的服务也是不同的。外地的税务和工商行政管理的有关官员，会为在外温商提供较为合理的税务安排和工商行政管理的咨询意见。据受访谈的企业家介绍，温州这方面的做法比较简单、草率，大多直接按书面政策和文件处理，很容易造成温州本土的税务成本相对较高、工商行政管理偏于严格等情况。曾经有一段时间，每年温州工商部门处理的案件总数，在省内各个地方的比较中相对偏多。一方面，反映了温州本土企业违法事件较多，另一方面，反映了工商行政管理没有将这些案件消灭在萌芽期，引导工作没有做到位，工作重心没有前移。由此，一些企业可能会因此迁离温州。访谈中，多位企业家表示，温州发展中出现过因为税收服务和工商行政管理服务的原因，部分温州企业搬迁到义乌等地的事件。永嘉桥头的纽扣、鹿城的灯具等传统行业就有部分企业，迁移到税收服务和工商行政管理服务更好的义乌和广东东莞等地。他们认为，相关部门可以将相应的服务做得更好，可以让温州的企业和企业家更为舒心，并争取与其他地区一样的待遇。

对两地官员评价指标差值的统计检验，表明6个指标都是显著的，也就是对外地与温州政府官员的评价，均存在显著的差异。

（3）对生产要素资源供应和价格的评估

关于生产要素的供应和价格问题，共涉及7个问题，分别是能源供应程度、原材料供应程度、劳动力成本、人才供给、土地供应程度、土地价格、生活成本。

①土地供应程度和土地价格

温州由于人多地少，土地供应不足，所以土地价格一直较高，温州企业往往很难在温州获得满意的土地使用指标。

在外温商对于土地这个生产要素的评价，在两地之间形成很大的差异，而且对土地供应和土地价格的评价基本一致。从调查数据来看，土地价格外地评价分数是6.30分，温州仅为3.70分，相差2.60分，几乎占到温州评分值的70%。土地供应程度方面，外地评估是6.20分，温州仅为3.80分，相差2.40分。在外温商对于温州土地的供应和价格的不满意程度之高，外地与温州差距之大，已经非常明显。

另外，为了检验各地土地价格是否相差过大，我们按地区不同进行方差（ANOVA）分析。结果表明，各地的土地价格和供应存在不同。苏州、义乌相对低一些，企业家们认为这些地方土地供应环境相对较好，而上海、北京等地价格会稍高一些。根据部分访谈的反馈，上海、苏州等地的土地价格每亩在20万元左右，温州2011年就已经超过150万元。在土地的价格方面，与大部分的外地城市的差距比较大。

当然，由于问卷设计的原因，我们并没有直接询问关于城市房价的问题，所以只能表明土地供应与土地价格是温州发展的一个主要问题，而且与其他城市相差特别大。从企业家的访谈来看，很多企业正是因为在温州无法获得土地供给,或者土地的价格太高而不能在温州继续发展,而选择了离开温州。从调查的情况来看,在外温商显然对于温州的土地供应和土地价格有很大的意见。调查发现竟然有企业家在问卷中把10分全部给了外地,温州是0分,其中肯定包含着温商对温州高地价的极端无奈。

②其他生产要素

另外,在其他生产要素供给情况的对比方面,统计分析表明,温州在生活成本、劳动力成本以及原材料供应程度3个方面,与其他城市并没有统计上的显著差异。而在能源供应程度和人才供给等生产要素方面,温州与外地城市存在统计上的显著差异。

能源供应程度、人才供给,作为两个生产要素,其供应问题一直是企业所注重的。调查表明,温州在能源供应程度和人才供给方面,与外地比较处于不利地位。不但温州得分值平均低于外地,而且存在统计上的显著差异。

温州由于没有足够的能源保障,大量依靠外地调入,经常出现拉闸限电等情况,所以温州人对于能源的供应心存疑虑。调查时,由于受全国范围节能减排的影响,温州很多中小企业受到的制约非常严重,部分企业仅有一半左右的开工率,所以本地企业有很多的抱怨,他们的遭遇有可能影响在外温商对温州能源供应程度的评估。

人才问题一直是温州的软肋。由于投资不足,温州本土的高等教育和科技机构不多,结构不合理,层次不高。本土的人才培养不足以支撑温州产业转型升级,同时又由于温州的高房价,限制了大量外地优秀大学生到温州工作。因此,温州所聚集的人才,无论是所占人口的比例还是绝对数量,与温州经济总量是很不相称的。所以,在外温商对于温州人才现状的评价也是非常到位和中肯的,反映了温州人才供给不足的基本情况。

(4)企业离开温州原因的分析

为了了解在外温商为什么会选择离开温州到外地发展,我们在问卷中特意设计了一个相关问题。要求被调查者选择离开温州的原因，包括温州缺少土地资源、温州缺少人才资源、温州没有市场、温州成本高、温州经营环境不好和其他6项选择，而且设定为多选题。

统计分析表明，有超过55%的被调查者选择了两个及以上的原因。就各个单项选择来看，选择温州缺少土地资源作为离开原因的最多，达到45%；其次是温州没有市场，有33%；再次是温州经营环境不好，达29.7%；然后分别为温州缺少人才资源和温州成本高，分别为28%和25%。

结合问卷中的各个方面的评分，我们发现企业选择离开温州的原因与对温州经济发展环境的评估是相符合的。温州得分差的方面，即土地、人才、经营环境等，就是企业家离开的主要原因。

2. 企业家深访结果的分析

综合评价12位企业家的深访结果，大多提及以下四个问题。

(1) 总体环境堪忧，企业家压力大

对于企业家的重视和尊重不够。相对在外地较为简单的经营环境，企业家们认为，无论是长三角还是珠三角，对于企业家而言，企业只要自身做好了，政府官员一般不会轻易打扰，职业经理人就可以解决大部分问题。但温州的职业经理人，却不能被部分官员所认可，很多事情需要企业主自己出面。在外温商表示，他们回到温州的时间越来越少，在温州的事业也逐渐减少，他们似乎更适应在外地的经营和生活。在接受调查时他们认为，无论是温州的城市建设还是交通管理，或者企业的具体经营环境，温州都可以用一个"乱"字总结。秩序不好，没有明确的制度约束，这是温州与外地的差别所在，也是企业家的苦恼所在。

(2) 优质要素资源缺乏，发展后劲缺乏

企业进入快速发展阶段之后，需要大量的优质资源，如土地、人力资源、能源、物流、资金等。温州的资源，目前大多仍停留在20世纪90年代产业集群的低端配套上。温州与其他城市相比较，生产要素的聚集方面，确实落后，而且差距较大。不仅与上海、北京、深圳、苏州等经济发达地区有较大的距离，就是对比武汉、西安，甚至西部的一些地区，温州所能够提供的资源也非常有限。因此企业的发展后劲受到了严重的制约。

(3) 温州产业基础尚存，但转型升级较难

调查时正值中央关于"十二五"规划的基本思路出台，未来的经济发展将确定走依靠改变发展方式，实现包容性增长的道路。因此，无论是温州本地的企业家还是在外温商，均会考虑如何跟上国家经济发展的步伐，加速向战略性新兴产业转型，加速现代服务业发展。温州当时的长处是原有传统产业的产业链配套，但这个优势很难直接转化为转型升级的优势。离开温州反而有很多机会，一是国家对重点区域的支持力度加大，二是政府推出很多优质项目，对在外温商具有很强的吸引力。

(4) 在外经营有一定优势，回乡不易

综合考虑在外的优势，以及对于温州经济发展环境的比较，大部分受访企业家坦言，如果没有非常合适的项目和比较有可操作性的投资机会，他们一般不会回来。而且，他们的子女教育、社会关系，以及产业与其现在所在地的经济联系越来越紧密，与温州的联系反而越来越少。如果温州没有太多的改变，他们回乡投资的机会少，但回家乡做慈善、做公益的机会会增加。

三 基于社会、市场和创新三个子网络的分析

我们将2011年所做的调查，按照上述三种网络重新分类。其中社会关系网络指标为7个，分别为外来人员接受程度、官员对企业家的重视程度、官员的廉政程度、官员的勤政程度、税收政策的宽松程度、工商行政管理的执行程度和社会治安状况。在外温商对两地社会关系网络的比较如表4-6所示。

所有社会关系网络指标的分值，温州之外的城市的得分都大于温

州，说明经过多年的在外拼搏，在外温商已经在温州之外的城市建立了新的社会关系网络，他们已经慢慢融入当地社会。7个有关社会关系网络的指标，外地与温州的差值均大于0，而且统计检验均为显著，反映出温商在外已经编织了属于自己的社会关系网络，而不像他们刚刚到达某一个城市仅仅依靠亲朋好友的社会关系。7个指标均值差，最大为社会治安状况，达2.06，最小为对官员勤政程度差异的评价，为0.98。在这几个数据中，尤其引起我们注意的是在外温商所在地对外来人口的接受程度比温州对于外来人口的接受程度要高很多，相差1.52。在外温商对于所在地而言是外来人口，他们在异地创业发展最能够感受当地对外来人口的接受程度，而且大部分的在外温商均有在温州本土创业的经验，所以他们对于温州对外地人口的接受程度当然也是非常了解。所以这两个评价均值的差异较大，足以反映对在外温商而言，曾经最为熟悉的、最为通畅的社会关系网络也从温州转到了现在的创业地点。其他的有关社会关系网络指标如对企业家的重视程度、税收和工商行政管理的执行程度等，也都可以反映出为什么温商会外迁到其他城市寻求更好的发展。

与市场关系网络指标相关的指标有8个，分别是产业配套程度、基础设施供给程度、能源供应程度、原材料供应程度、土地供应程度、土地价格、劳动力成本和生活成本。这8个指标中最大值为土地价格，相差2.60（见表4-7）。在中国经济尚处于以外延式扩张为主的快速增长时代，土地资源最为稀缺和重要，因此为获得更好的市场关系网络资源，低价土地无疑是温商一个最实际的迁移地选择标准。自然，其他相关市场关系网络建设的指标，如能源供给程度和能源价格等也是如此。对于在外温商而言，温州的生活成本、原材料供应程度和劳动力成本虽然均值要比他们所在地高，但统计上并不显著，几乎与他们所在地没有什么差别。调查时所获得的数据表明，温州是一个市场成本高又缺乏资源的城市，处于高速成长的温商企业，出于对成本和网络建设的考虑，温商外迁就成为这个状况下企业优化资源和改善网络架构的不二选择。

创新关系网络指标包含总体经济发展环境、科技支撑程度、义务教育资源丰富程度、官员的专业化程度、人才供给5个指标。总体环境的均值相差，达到了1.94，非常高，影响了创新要素在温州的聚集，温州的科技支撑程度和义务教育资源丰富程度也都远远落后，同时官员的专业化程度相对落后（见表4-8）。苏州早在2000年前后就以每年50名左右博士的数量，招收专业人士进入公务员队伍，广东众多开发区的招商官员也是行业的专家能手，温州地方官员的教育水平则相对落后。人才供应也一直是温州的短板，张一力（2005）就指出了温州属于企业家人力资本富裕型地区，但专业人力资本欠缺。通过对改革开放初期两地相关数据的估算，发现苏州劳动人口的人均在校教育年限比温州的高1.385年（张一力，2005）；而且很长一段时间温州的R&D占GDP的比重不到2%，一直低于浙江全省11个地区的平均水平，也可以从另外一个方面说明温州的创新能力的匮乏，远远不能匹配其全省第三的经济地位。

创新关系网络的落后直接导致温州本土企业上市的数量和结构，甚至不及浙江的平均水平。到2017年8月，在外温商控股的国内上市企业有37家，其中总部在上海的有14家，占37.8%。原因是一方面温州人有上海情结，另一方面，选择在上海上市是上海有丰富的上市服务机构。相比而言，温州本土专业投资服务机构不足，证券交易所、证券公司、会计师事务所、律师事务所等上市服务机构大多集中在上海、深圳等地，导致温州不少符合条件的企业，不得不到外地做上市辅导，或者寻找外地金融机构提供各种专业服务，这必然会加大企业的上市成本。例如，以加西亚为代表的一批乐清企业自决定上市起，就经常去北京和上海进行培训交流，仅差旅费、合同、服务费等就需花销几百万元。此外，本地上市企业、"新三板"企业和中介服务机构之间缺乏交流，企业对上市缺乏了解和兴趣，无法形成浓厚的上市氛围。

基于上述社会关系网络、市场关系网络和创新关系网络的分析，我们发现在三个网络中，创新关系网络的指标温州本土与外地相差最大，为1.46；其次是社会关系网络，为1.25；最小为市场关系网络，为1.17，具体如图4-3所示。

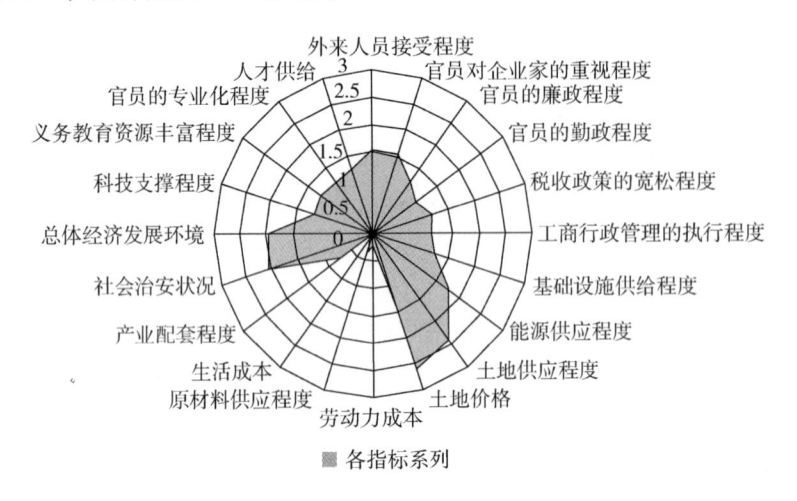

图4-3 三个网络指标的比较雷达图

基于这种情况的判断，我们认为个体的温商企业外迁是理性和有益的，但长此以往整体上一定会影响温州本土的经济发展。但这些外迁的温商企业，在外地获得了大大多于温州的社会资源、市场资源和创新资源，他们也取得了明显快于温州本土企业的发展速度，同时将温商网络扩展到全国各地和世界各地，尤其是市场关系网络和创新关系网络，为以后的温商回归打下了基础，其网络的反馈作用最终得到体现。

第四节 温商国内网络扩展与可持续创业的趋势

2008年国际金融危机之后，温州企业除了要承受国外市场萎缩带来的订单减少导致的部分企业歇业或开工不足的困境之外，原有的经济增长模式累积之下也出现了一些问题，如企业的利润率降低、招工困难、产业升级困难、研发力量严重缺乏等。

上述问题集中反映在温州本土上市公司的数量上。温州作为中国民营经济的发祥地，经济活跃，4万余家中小企业为温州经济快速发展奠定了基础，但无论是上市公司数量还是增量，温州企业上市进展明显落后。从存量来看，截至2016年年底，杭州上市135家，宁波上市56家，而温州以20家的数量排在全省上市企业的第8位，与临近的台州相比，温州上市企业数量不足其一半。与温州全省经济总量第三的地位严重不符。从增量来看，截至2017年7月22日，浙江当年新增境内A股上市公司54家，同期温州上市公司仅为2家，占比不足浙江省的4%。此外，同期IPO排队上市企业浙江有100多家，温州仅4家。企业上市后劲不足，积极性不高，这与温州的经济实力、经济地位极不相称。从上市企业的地域分布来看，主城区内上市企业明显偏少。到2017年8月，21家温州本土上市企业中，有14家在主城三区之外，乐清和永嘉共有10家上市企业，占了温州上市企业的半壁江山，地域分布相对比较分散，加上企业总部周边的配套设施跟不上，难以产生聚集效应。①

从行业分布看，纺织服装和机械制造企业共13家，占比62%，而且上市企业多为制造业，高新技术企业相对较少，而传统产业在资本市场的估值相对较低，这在一定程度上削弱了上市企业的融资能力，限制了上市企业的转型升级。

2001年以来，特别是2008年的国际金融危机之后，温州商人出现了一些新的变化，他们开始更加热衷学习和提升自我素质；注重产业内升级和跨产业转型；出现更多的跨区域投资，甚至海外投资的现象；有了行业内和跨行业的企业重组和兼并；企业家们希望从制造业向服务业转型，资本经营升温，更多企业开始寻求IPO公开上市；企

---

① 《温州企业上市研究报告》，温州市决策咨询委员会，2017年。

业家的第二代陆续实际接班。

温商在本土的社会关系网络、市场关系网络和创新关系网络都遭遇了比外地落后的现实困境，而中国经济整体仍在快速发展，因此温商通常会选择通过改善他们的网络状态而获得更为充足的资源。具体说，他们可以通过改善单一网络或者同时改善多个网络，通过温商网络的国内不断扩展而保持可持续的创业趋势。包括以下几条路径。

1. 改善社会关系网络

改善社会关系网络，主要的途径就是离开原来社会关系网络形成的区域，迁移到一个新的地点。这个地点可以是离开温商原来居住和创业的家乡，到达一个尚未建立社会关系的地方。从地点的变迁观察温商社会关系网络新的扩展，我们发现他们会从离开自己的出生地开始，逐渐向外扩展。如从温州11个县市区的某个农村或者山区开始，到同一个地方的城镇和城区，再到浙江的省城或省内其他城市，后到北上广等一线城市，也可能直接出国。各个不同的地点变化就是温商社会关系网络的不同节点。每到一个新的地方，就是将自己社会关系网络节点延伸从而扩展温商的社会关系网络。

最明显的变化是温商经商或者企业创办地点的变化，最简单的就是企业外迁。由于温州人多地少，又缺乏本土的专业人力资本，科技教育相对落后，所以很多温州企业家会考虑企业外迁寻求更多的资源，如一些知名企业的总部或者研发基地已经不在温州。温州电气行业中的天正集团，其集团总部已经在2009年前搬到上海浦东，德力西也在上海和北京各有分总部，上海和杭州也成为许多温商上市公司的总部所在地。目前在全国各地已经有268个异地温州商会（地级市及以上城市），说明对外的跨区域投资已经成为温州企业家的一个理性选择。

除了国内投资、利用国际金融危机带来的机会，在国外设立企业、建立市场也成为温州企业家的选择。如温州哈杉鞋业，2009年在美国有近2000个店铺，其针对拉丁裔和黑人种族后裔两个品牌的皮鞋销售名列前茅。哈杉的老板王建平还在非洲尼日利亚的拉各斯创建工厂和建设工业园等。另外，一些温州企业家还在柬埔寨、老挝等国家开发森林和水电等资源。

企业家的二代接班逐渐成为普遍现象也意味着温商社会关系网络的更新。二代企业家大多有国外留学经历，也经过各种不同职位的锻炼，准备传承上一代企业家的事业。但由于文化熏陶、教育程度以及社会环境的变化，使得他们与上一代企业家在经营理念、产业选择、经营地点等方面，有较大的差异。在父辈的期望和社会压力之中，温州"企二代"正努力让自己走向成熟。调查显示 2011 年温州 2/3 的"企二代"还是在承接父辈的家族企业，只有 1/3 从事资本等其他行业，其中也不乏成功接班的案例。但在实体经济不景气、投资回报率低的情况下，一些"企二代"对资本的追逐，更胜于管理家族企业。

2. 改善市场关系网络

改善市场关系网络，就是通过增加市场关系网络的节点而达到扩张网络的目的，如温商的跨产业升级就是其市场关系网络扩张的结果。

2009 年 5 月 25 日，正泰投资近 20 亿元的首条 20 兆第二代薄膜电池生产线投入试生产，大约能供 1300 户家庭一年所需的电量，这标志着中国太阳能电池生产迈入了"薄膜时代"；华仪电器于 2002 年开始从低压电气到风电设备的转型，已经在风电设备方面有超过 15 年的投资史；温州几乎比较大一点的制造业企业或者直接开发房地产，或者参股于房地产；另外对于股票、期货等金融投资，温州企业家也有更多的投入。

2007 年，温州的兴乐集团、佑利集团、民扬集团、环宇集团等八家民企和一位自然人共同成立了浙江首家有限合伙企业——东海创业投资有限公司。但因 LP（有限合伙人）和 GP（普通合伙人）间的矛盾，2008 年年中宣布清盘。其中主要的原因就是，职业经理人与投资者在创投企业的相关投资概念理解上存在差异。转型和升级期，许多温州企业家的观念还需要转变。如温州企业家要完成从创业型投资家到真正的金融类投资家的转变，自己做有限合伙人可能会更合适。因为创投风险投资（创业投资）本身就是专业性很强的工作，所以应该交给专业的投资机构、聘请职业经理人管理，自己作为投资顾问委员参与决策即可。

国际金融危机后，温州企业家比较流行的是从事资本经营，新增了大量的投资公司，仅在温州财富大厦就有创业投资公司16家。另外，为中小企业服务的温州民间资本服务中心等中介机构纷纷成立。如2010年6月成立的温州民间资本服务中心主要是为资本找项目、为项目找资本，开办半年后就已经登记100多个项目，并且吸引了韩亚证券等韩国机构，帮助温州企业在韩国上市。

随着国家宏观调控政策的影响，特别是2011年温州发生区域借贷危机后，温商对于金融类的投资变得更加谨慎。

3. 改善创新关系网络

温州企业家在国际金融危机之后，更加重视学习，各种MBA、EMBA、总裁班等成为热点，比较多的培训课程集中在资本运营、资产管理、国学知识和健康教育等方面。他们认为这些学习有助于提升素质，能更好适应经济发展的变化。2012年中国人民大学在温州开设多期金融学习班，第一期80人报名；第二期120人报名。这些说明了温州企业家对于金融相关知识的关注程度，也体现了他们极强的学习积极性。主要的原因就是企业家们在市场疲软的情况下，更加关注创新，关注其创新关系网络的扩展。虽然他们可能不会直接表达这样的想法，但这些做法就是扩展其创新关系网络的具体举措。

企业家追求产业内升级。由于温州的产业一直是以电气、泵阀、鞋服、汽摩配、合成革、打火机等劳动力密集型产业为主，基本上处于全球价值链的低端，而在产业内升级是温州企业家一种新的动向。目前，电气产业，正泰、德力西、人民等企业均已向中高压电气进军；合成革产业，也大量使用新的环保设备，极大地减少了空气污染；汽摩配产业，开始从配件向整车制造迈进，"中欧"的房车已经在苏州制造；泵阀行业，开始出现了核电阀门等高技术阀门的研究和开发等。

温商从制造业升级到服务业，温州服装发展大厦就是一个典型。温州全市80%的中小服装企业，分散在各处，而70%的中小服装企业在制造业的低端挣扎。2009年8月，温州腾旭服饰有限公司利用现有的生产厂房，联合温州市服装商会共同发起打造集"温州中小服装企业发展服务平台"和"温州中小服装企业出口服务平台"于一身的"温州服装发展大厦"。该大厦定位为集研发、展示、培训、信息、检测、商贸等及航空、运输、金融、餐饮、住宿配套等服务于一体，开展各种无形资产保护和申报、提供信用担保服务、提供进出口服务、争取优惠政策等方面的业务。为企业提供包括品牌推广、参展参会、新产品发布、广告推介等推广服务；建立与"环球资源网""阿里巴巴"等国际知名电子商务平台的合作，搭建与上下游采购商之间的便捷接洽平台；整合研发力量，成立服装研发中心，提供服装技术、技术专利、创意设计、打版打样、信息咨询等服务，力争成为国家级服装技术中心。率先将原来属于单一服装制造的第二产业转变为服装研发和营销等生产服务中心，试图实现从第二产业向第三产业的转型。

4. 同时改善多种网络

由于温商社会关系网络、市场关系网络和创新关系网络会混杂在一起，经常是三种网络两两交叉，或者三种网络同时改变。比如跨地区、跨行业的重组。从社会关系网络上看就是增加了网络的节点，从市场关系网络看就是延伸了供应链上下游的价值链，而从创新关系网络看就是聚集了更多的创新资源。

可从两个温商重组的典型案例加以说明。

案例一是温州服装界的多个企业家创立"优衣派"品牌。"优衣派"由法派集团联合奥奔妮服饰、伸迪服饰、婉甸服饰、泰马鞋业、泰力实业、金丝帛企业、贞达企业等8家跨行业的核心企业和10名投资人于 2009 年共同投资组建。同时,"优衣派"吸纳服装、鞋革、皮具、眼镜等行业的 150 多家温州本地生产制造企业作为产品联盟协作企业,携手打造"优衣派"品牌。"优衣派"选择的是一条"生产+虚拟"的联合之路,它依托温州特色优势产业,以品牌为纽带,以渠道为保证,统一进行产品设计、形象包装、品牌营销,由联盟协作企业为"优衣派"贴牌生产。所有生产商可以在订单保证、银行信用贷款等方面享受联盟政策,形成以产销为纽带的共同利益链。产品以时尚服装为主,主要针对 25 岁至 40 岁的消费群。产品销售模式借鉴全球排名第三的西班牙零售商 ZARA,并采取实体店与网店并重营销,既进行实体店的大范围铺设,又进行邮购、网购等数字化、立体化的营销。

在全国范围内强势推出全新的数字营销+实体店的销售模式。以款式更新速度快、紧跟国际流行趋势,产品质量过硬,融合男装女装、鞋、皮具、眼镜等配饰多样化的服饰产品于一体的一站式购物平台,实现数字化网络购物与实体化旗舰店的对接。

"优衣派"产品以时尚服装为主,包括正装、休闲装、女装、童装,同时兼顾鞋革、箱包、眼镜、打火机、饰品等轻工业产品。而这些产品,将基本上交由温州生产企业贴牌生产。优衣派将温州本地优秀生产制造企业作为产品联盟协作企业,采取"强强联合,以大带小"的方式,充分发挥产业集群优势,加强自主创新、自主创牌、国际品牌合作,全面出击国内外市场。

优衣派发展计划。2009 年实行 1+2 计划,以浙江市场带动四川、河南市场。2010 年进入 10 个省份市场,2011 年铺开全国销售网络。

案例二是阀门行业内企业的重组。阀门行业的凯喜姆科技集团股份有限公司暨凯喜姆核能阀门技术研究院于 2010 年 5 月 20 日在温州正式挂牌成立,公司注册资金 5168 万元。该公司以凯喜姆阀门有限公司为龙头,将凯喜姆温州贸易、擒工冶金阀门、美科阀门、正兴·元一阀门、温州良钢阀门、华海密封件、永德信流体设备等 19 家公司进行优化重组而成。这是自 2009 年 1 月《浙江省公司股权登记试行办法》出台以来，温州市首家以股权出资成立的企业。业内人士认为，该公司的成立预示着温州阀门企业跳出同行业的无序竞争，依靠重组联盟寻求更大发展。

第五章　温商创业学习、工匠精神与网络能力转型：一个探索式的案例研究

变幻莫测的外部环境，"新常态"的经济发展诉求和日益开放的网络资源对企业家的创业学习和网络行为提出了更高的要求。创业是一个不断学习的过程，即便企业家借助社会关系网络获取了创业知识，依然面临机会识别和创业资源获取的双重挑战；即便借助适当的创业知识获取了创业资源并识别了商业机会，依然有大量企业家由于网络能力欠缺而逐渐退出创业舞台。持续创业的企业家必须快速实现由创业知识学习向网络能力提升的转变。资源基础观认为，对有价值的、稀缺的、独特的资源的掌控决定了企业家的核心能力。只有少量企业家能够借助创业实践与经验累积成功地实施创业和再创业；或者是退出先前事业、随后建立或者获得后续事业，并成为网络的核心节点。上述持续创业活动需要创业者借助创业学习以维系创业机会与网络资源开发间的平衡关系，又需要不断打破既有平衡以创造新的技术优势和新的关系纽带。利益指引下创业者对机会开发和资源支配的态度、对各种异质化信息的取舍和运用，决定了创业学习是否能够获得竞争优势以及推动企业持续健康成长，而这种价值导向与"工匠精神"所倡导的求精、创新等内涵不谋而合。当前，"工匠精神"被认为是"中国制造2025"实现的关键所在。作为重要的思想资源和精神动力，"工匠精神"为企业家在动态网络环境下的有效学习提供了策略参照。为了契合现阶段我

国经济和社会发展的现实需要，企业家作为敏锐的学习者、实践的思考者和战略的制定者，需要具备怎样的心智模式才能在动态网络环境下实现从创业学习者到网络主宰者的转变？上述问题的解决不仅有益于揭示从创业学习到网络能力发展的路径黑箱，还有益于解读企业家持续创业的发展过程，因而具有极强的理论与实践意义。

第一节 工匠精神、创业学习和网络能力的相关文献回顾

一 创业学习

创业学习是创业领域和组织学习领域衍生的重要概念，被认为是持续创业的动力来源，也是网络演化的核心力量，因而成为近期的学术热点。既有研究多针对创业学习的内涵、产生过程及输出结果展开，由于研究视角和研究方法上存在差异，尽管成果众多，但是结论迥异。创业学习的概念最早源于经济学，此后，学者们从认知、经验、网络等视角不断充实创业学习的理论体系，但其概念界定至今没有得到统一。创业学习是一个贯穿于新企业创建、成长和成熟等各个阶段的动态过程，创业者通过实践、经验、试错、参与、模仿等手段进行社会互动并获得创业知识；通过与其他个体进行合作与博弈，在网络互动中把握创业机会。因此，不断积累经验（管理经验、创业经验和行业从业经验），观察模仿其他创业者的行为并且通过自身的实践来获取知识被认为是创业知识的基本维度。由于网络提供了创业者获取创业知识的平台，越来越多的学者开始关注创业者在社会关系网络中的位置及网络关系构建对于知识开发和价值创造的多重影响。有效的创业学习能够引发创业者的思维逻辑、行为模式和信仰体系产生质的转变，有益于新创企业的持续发展。正如 Pittaway 和 Thorpe（2012）强调的，高水平的创业学习具备明显的个体特征，能够提高企业家的自我效能

感，并形成创业能力的优势。可见，创业学习过程中需要克服传统的认知障碍并借助关键经验对新创企业实施有效管理，但是这种所谓的关键经验及其外在表现却缺乏有效提炼，因而也无法解释大量创业学习的实践者无法适应网络化时代带来的巨大变革，无法步入持续创业良性轨道这一实际问题。为了明确回答创业者如何学习，需要对学习参与者特质予以足够的关注，洞悉其与正式及非正式网络互动的规律，揭示创业学习的内部作用机制。

二 网络能力

自 Hakansson（1987）提出企业网络能力的概念以来，学者们对其内涵持续进行了深化，网络能力的核心维度也从网络资源获取、网络机会识别延伸到网络结构优化和网络关系管理。上述研究大多从企业和组织层面展开分析，直至 Guo 和 Miller（2010）将其扩展到微观的个体层面。任胜钢等（2014）认为创业者网络能力是创业者通过识别他们自身的关系网络价值，开发、维护和利用网络关系来获取信息和资源的动态能力，涵盖从意识到行动的一系列有计划行为，通常被分为网络愿景、网络构建和网络管理三个维度；特别是对于中国企业家而言，政府关系和社会关系管理能力是其能力的重要组成部分。

社会关系网络的动态特征使得嵌入其中的创业者必须及时对信息感知、搜寻以及资源的开发利用进行调整，网络能力的动态性意味着企业家需要在发展既有关系和开拓新关系之间进行合理规划，特别是在创新孵化、创新推进和商业化等不同阶段，需要实施动态的资源配置和网络行为，以推动持续创业。然而，如何在持续创业过程中建立动态的网络能力，则鲜有文献加以诠释。此外，创业学习作为一种基于经验、知识和实践的互动过程，其输出绩效直接与创业者对网络关系的驾驭能力有关。由于企业发展受限于网络发展所需要的持续资源投入，网络关系的构建存在"排挤效应"，只有具备较强掌控能力的创业者才能够善用网络资源，实现由学习行为到能力提升的有效转换。因此，针对创业学习和网络能力的互动研究具有较强的实践价值。

三 工匠企业家与工匠精神

Smith（1967）最早通过对制造型企业主的深度访谈界定了两种企业家类型：工匠型和投机型。前者是典型的自治导向，具备较高的技术技能，强调自由而不是财富和身份的获取，管理技能的缺乏致使其创办的企业制度更为刻板僵化。后者是典型的利益和身份导向，具备更高的社会参与意识，具有更为宽泛的教育和培训经历，对自身的决策能力更加自信，能够更好地适应环境并更具发展潜质。在 Smith（1967）的二分法基础上，Filley 和 Aldag（1978）拓展了另一种类型：管理型企业家，兼顾专业性和情感性、具备专业背景的管理者。自此形成了"工匠—管理者—机会主义者"的分类，并得到学者们的认同。近期的研究则将企业家的技能与动机相结合以实现对企业家类型的有效区分。Agarwal 和 Chatterjee（2014）通过对印度软件行业的深度调研，从类型学视角提炼出五种企业家类型：投机者、推动型企业家、管理型企业家、新工匠、完美的机会主义者；研究结论拓展了工匠型企业家的理论内涵，认为新工匠型企业家具备很高的技术技能、热衷于商业活动，渴望创新并开发新产品或服务，渴望工作自治，寻求工作中足够的自主权，具备较高的团队领导技能和市场知识。随着行业进入壁垒的下降，行业知识和参与式管理的逐渐普及，工匠型企业家逐渐展现出较高的团队管理技能，具备良好的专业背景、行业体验和市场知识，热衷于获得专业上的自由与满足，而非财务回报。创业动机与创业能力之间存在匹配关系，具备快速成长的商业动机以及具备自治独立动机的企业家具有更高的创业能力，有益于实现新创企业的持续发展（van der Laan et al., 2010）。由于企业家具备特定教育背景、经验、创业技能和关系网络，拥有自信、坚韧、领导力、适应性、崇尚风险以及自我承诺，对安全性、地位、自我实现和权力有着明确的要求，上述特质引发了工匠精神的内涵转变。

工匠精神是一个极具文化诉求的概念。在德国，工匠精神体现出对技术工艺宗教般的狂热追求，远远超越了对利润的角逐；在日本，工匠精神不仅指对产品的精雕细琢和对工艺的精益求精，更需要借助一定的技术技能在精神上和物质上来履行对民众公共福利给予的责任；在中国文化中则体现为"尚巧、求精、道技合一"。但是时至今日，国内学者尚未对当代工匠精神的内涵进行客观的描述，相关研究极为稀缺，对新工匠型企业家的创业动机、价值体系需要进一步提炼。

四 文献述评

企业的成功转型依托于企业家对创业知识的经验积累、认知更迭和创新实践。基于社会关系网络的观点认为，创业学习使得创业者不断根据创业情景调整与网络成员的合作层次、信任程度。基于能力视角的研究则认为，有效的创业学习能够帮助创业者洞察与掌控网络资源，并最终改变其行为。上述两种观点将问题的焦点均指向了创业者的网络能力。尽管创业学习能够帮助创业者获取创业知识，但大量善于进行创业学习的企业家依然未能借助提升网络能力实现成功转型，并实施再创业。因此，获取创业知识与增强网络能力并不等同，两者间的转化机理依然未能揭示。此外，我国正面临工业大国向工业强国的转变，对这种集情怀、信仰、动机于一体的"工匠精神"的有效提炼迫在眉睫。

综上，研究中国情景下创业学习过程中企业家的行动策略和心智模式，探讨"工匠精神"在创业学习与网络能力乃至最后转型之间的作用机理，能够拓展创业领域的研究框架，具有极强的理论和现实意义。

第二节 探索性案例分析的研究设计

一 研究方法

案例研究方法通常用于解释"为什么""是什么""如何"之类的问题，是探索研究变量之间的关系并构建理论的重要方法。本章主要研究企业家在持续创业过程中，如何在创业学习与网络能力之间建立积极的关联，这种关联是否能够借助"工匠精神"来诠释。上述问题需要选取具有代表性的启示性案例进行纵向比较并进行揭示。本章将采用单案例研究方法，选取典型个案，对企业家在持续创业不同阶段中表现出的创业学习行为、工匠精神和网络能力进行梳理，提炼转型背景下工匠精神的时代内涵，挖掘变量间的内在关联并构建理论框架。

二 案例选择

案例研究遵循理论抽样的原则，单案例研究则更强调案例的典型性和适配性，因而对案例选择具有很高的要求。本章依照以下标准进行案例选择：第一，由于创业过程最终表现为创建新企业或在既有企业内部开创新事业，即"初次创业"和"再创业"，研究对象需要经历多个阶段的创业和再创业过程，为了开拓商机而进入新的业务领域，每次转型都取得了较高的创业绩效，实现了持续增长；第二，研究对象需要具备持续的创业学习经历，具备新工匠型企业家的特征以增强案例的代表性，即初次创业学历较低，在后期再创业过程中坚持学习，逐渐掌握精湛的专业技能并显现出自信、坚韧、追求卓越等特质；第三，与研究对象建立高度的信任关系，能够较为便利地获取企业家在近30年的创业历程中有关创业学习和网络建构的实施细节与详细资料。遵从以上标准，本章选择了温州籍企业家QSR，其基本情况如下。1965年8月出生，初中毕业后参加工作。第一次创业始于1986年，从经营家庭作坊起步，1989年以集体企业的形式创办制鞋厂，1992年创办中外合资企业，并拥有了进出口权，开始从事进出口贸易，直至2001年拥有三家鞋类生产工厂。第二次创业旨在向民办教育转型，2002年在江苏成功创办民办高校，2005年在广西创办了第二家民办高校。第三次创业发生于2012年，成立了葡萄酒商城，用集团化、规模化的运营方式，实施进销存、物流配送一站式服务。本书将对案例对象在三个不同创业阶段的创业行为、网络构建和工匠精神以及三者之间的逻辑关联分别进行阐述，试图揭示工匠精神在企业家创业学习行为与网络能力提升之间的助推作用，并提出命题（图5-1）。

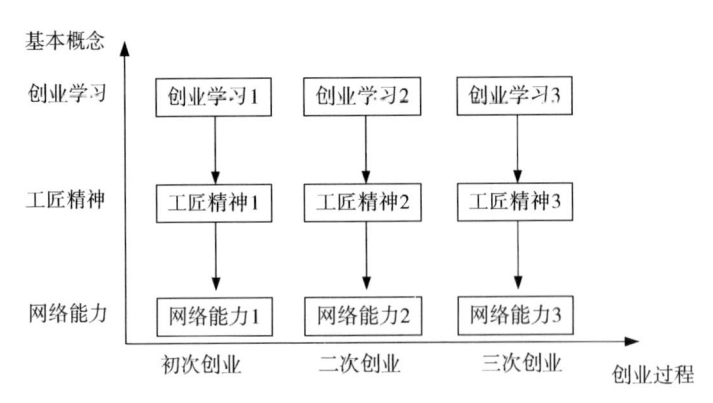

图5-1 本节研究框架

三 数据收集

本章的访谈对象为企业创始人、企业高管及资深员工，围绕企业家创业经历设计访谈大纲，并结合被访对象特质对访谈问题的具体内容进行调整。每次访谈至少有三名研究人员参与，分别负责进行弹性提问、记录及补充性提问，每次采访时间不少于3小时。除了正式访谈，本章还采用一些非正式的交谈形式作为获取更多信息和见解的渠道，如实地采访、参加企业会议、参观生产车间和样品室等。每次访谈结束后的24小时之内完成访谈记录的录入和抄撰工作，并进行资料编码。同时，通过其他渠道（公司官网、新闻报道、公司年报等）收集与企业发展相关的背景资料、政策文件与学术文献，用以调整访谈提纲。在获取原始资料之后，先根据企业家的创业经历将资料划分为三个阶段，研究者分别独立进行开放式编码和主轴式编码，在此基础上对有异议的题项反复讨论直至达成一致，再与既有文献进行比对和修正。理论与实践的充分对话、多元化的被访对象、不同背景研究者的参与、多重证据来源的三角验证以及证据链的构建能够确保案例研究的理论构建效度与信度[①]。

四 数据分析

本书使用质性研究软件 NVIVO11.0 来辅助完成数据的储存、编码、查询和备忘录撰写等工作，提升质性数据处理过程的有效性和系统化。研究团队采用双盲方式对资料进行编码，借助编码将质性资料归纳为概念，并将概念归类且纳入相应的范畴。在正式编码开始之前，先由参与编码的团队成员进行预编码，并对编码结果（概念内涵及维度）进行比对。同一来源的相似语义表达视作一个条目。如果编码结果的一致率超过90%，则开始正式编码。双盲编码完成后，两组编码成员共同核对编码结果，并对不一致的条目进行双向辩护，最终保留达成一致的编码结果，以保证分析的信度和效度。

依照开放式编码—主轴式编码—选择性编码的流程，对质性数据

---

① Yin, R. K., *Case Study Research*: *Design and Methods*, Sage Publications, 2013.

进行分解、比较、重整和提炼。在开放式建模阶段,本书借助贴标签的形式,共形成了237个本土概念;通过进一步对标签进行比较归纳,共形成11个主范畴26个副范畴。范畴的确定除了源于既有理论,还需要结合内容分析来发现并补充新的范畴。通过不同创业阶段的对比分析,建立主范畴之间的因果关系,提高案例分析的内部效度。由于本书聚焦于新工匠型企业家的持续创业过程,需要追踪创业学习、网络能力、创新绩效之间的因果故事线,在拓展创业学习、网络能力的概念内涵的同时,进一步探索"工匠精神"涵盖的构面;在历经多次理论与现实的对话之后,最终通过精确定义核心范畴以建构理论,并提出新命题。"工匠精神"开放式编码示例如表5-1所示。

表5-1　　　　"工匠精神"开放式编码示例

典型引用	初始范畴
那时候我都领先在前面,包括产品开发,包括质量上跟别人做的不一样,特别是女鞋这一块	保持产品研发和质量领先
我跟台湾商人搞了一个真正的中外合资企业,首先规范的是财务,当时在那个行业中没有人做规范财务,我就把财务规范了,比如说每年的产值、税收、利润、纳税,企业那时候就开始向正规化运作	规范财务制度
我记得我可能是最早把真正的流水线放置到现代化的工厂来生产的人	创建现代化工厂
我在师傅那里学了半年就去做鞋、带徒弟了,那时候很多人在家里都是没事情干,都是从农民转为工人,机会比较好,带了一批徒弟,可以接更多订单	培养学徒以降低创业成本
1999年,温州工厂有3000多名工人,一天要出这么多的货,这么多应收应付,招人也开始难招了,想到鞋厂不是我未来的事业,在2001年生意很好的时候把这个厂房卖了	控制运营风险
应该说我的手很巧,看看就会了,我算是一个做鞋的师傅,在温州像我这样有技术的人员也是不多的	制鞋技艺出类拔萃

在主轴式编码阶段根据"条件—行为—结果"的范式来探索上述

一级编码阶段得到的初始范畴间的因果关系。利用 NVIVO11.0 将初始范畴进一步归纳合并为多个主范畴和副范畴，即将一级编码重新依据子类别和类别将它们放在一起并寻找相互之间的因果关系。例如：随着竞争日益激烈，产品更难得到顾客的认可（条件），因而需要重视研发，提高产品质量，建立现代化的工厂，建立完善的财务制度，严格规范企业各项制度；一旦规模扩大，要及时控制运营成本，严格控制风险（行为），从而实现规范化运营（结果）。因此，产品精益求精、企业运作规范和追求长期发展三个副范畴被重新整合并纳入一个主范畴"规范化"。在选择性编码过程中，结合既有经典理论和内容分析的结果，确定了创业学习、工匠精神、网络能力和持续创业四个核心范畴，并进一步构建创业学习与网络能力之间的因果链。表 5-2 为三级编码的最终结果，括号内数字为编码频次。

表 5-2　　　　　　　　　　三级编码结果

副范畴	主范畴	核心范畴
观察分析外界环境（9）	认知学习	创业学习
强烈的学习动机（6）		
多元化的信息获取通道（10）	经验学习	
有效转化行业经验（10）		
善于反思（26）		
在实践中获得感悟（11）	实践学习	
持续进行创业学习（7）		
产品精益求精（7）	规范化	工匠精神
企业运作规范（11）		
追求长期发展（5）		
成本控制（17）	控制力	
风险控制（5）		
认可自身学习能力（3）	创业自我效能感	
认可自身专业技能（7）		
敏锐的创业直觉（4）		

续表

副范畴	主范畴	核心范畴
网络感知（16）	网络愿景	网络能力
网络识别（12）		
家族网络构建（12）	网络构建	
产业网络构建（36）		
技术网络构建（5）		
率先引入自动化生产线（2）	制鞋行业的领军企业	持续创业
率先尝试对外贸易（2）		
率先出巨资投入民办教育（1）	办教育的标杆	
办学成效显著（1）		
本地销量最大（2）	红酒行业的领军企业	
获得国家授权（3）		

第三节　探索性案例分析

一　初次创业（制鞋）：1986—2001 年

企业家 QSR 在初次企业时不顾父亲反对，拜师学艺，创办企业并坚持参加夜校学习；而独到的反思能力使其在观察和模仿的同时，创造性地进行实践尝试；不论是国外的市场开拓、引入自动化生产线还是创立大西洋外贸公司，均能够成功地为企业寻找价值增值点。同时，企业家对产品品质的重视、对企业契约精神的追求以及持续发展的运营理念，帮助其逐渐成为产业网络的核心；独到的风险控制和成本控制能力使其能未雨绸缪，关闭盈利势头良好的鞋企，重新调配资源，及时转型；较高的创业自我效能感进一步激发了创业学习的热情，提升了对创业机遇的辨识度，促使企业家不断构建产业网络并从中获取创新知识，创造了鞋企二十多年持续高速发展的奇迹（表 5-3）。

表 5-3　　　　　　　　　　初次创业阶段编码过程举例

典型引用语	副范畴	主范畴	核心范畴
看师傅做过的鞋子我马上就会做了。我的师傅不会做市场，所以他一直成长不起来。看看台湾的女鞋品牌，做贸易来的钱比我做品牌来得快。 我就跟我父亲说我不要当农民，我要去学门手艺，跟我父亲抗争了很长时间，才让我去学这个手艺	善于观察 强烈的创业动机	认知学习	创业学习
我就是初中文化，做鞋了以后就读了很多年的书。那时候就是觉得会做大企业，企业大了我要充电。那时候充电的（人）很少，但是我再忙也要去。 税负太重，温州的鞋企大量倒闭，我的鞋厂在 2001 年就关掉了；这个行业是没有标准的行业，所以我就不做了	参加正规培训 进行创业反思	经验学习	
我最早跑广州、香港和意大利市场，那时候大家都不知道这个鞋是哪里来的，我直接从意大利买鞋样，都比人家要提早。 1997 年开始做进出口贸易，当时人家都不知道的。我自己出口，帮助人家出口鞋子，我的外贸公司就这样诞生了，赚了很多钱	不断开拓市场 尝试新的贸易模式	实践学习	
不仅把自己的装备搞好，还要把自己的产品开发好；很多人就觉得机械化生产的鞋子质量好，全国各地的客户就蜂拥到我们工厂订货了。 比如说我每年的产值、税收、利润、纳税，那时候就把整体企业规范了	提高产品品质 规范财务制度	规范化	工匠精神
2000 年起销售就很难，成本加大，当时这个企业还是我们区产值税收最高最大的，过了年就把它整体关掉了	成本控制 风险控制	控制力	
那是一个偶然的机会，从做皮鞋设计的时候就开始创业。 学了五六个月就开始创业，当时算是行业当中的一个师傅了，科班出身的。 我觉得我的技术跟我老师差不多。皮鞋定做其实这个行业是高技术的，我在那里学了这个定制鞋以后，定制什么鞋都能做	敏锐的创业直觉 学习能力强 制鞋技艺出类拔萃	创业自我效能感	
我带了二十来个徒弟，没几年也成为数一数二的皮鞋企业，过了一年多建了一个机械制鞋厂，可以接更多的订单。从意大利商人、匈牙利华侨那里获得信息，当时他们都想不到。 洛杉矶是美国最大的港口，我当初不选择欧洲，我直接选择美国，一个人去美国找销路。欧洲有一个市场做进去，其他的市场都会做进去	前瞻性地进行网络规划 识别有价值的商业网络	网络愿景	网络能力

续表

典型引用语	副范畴	主范畴	核心范畴
温州的女鞋其实是我们做出来的，我们是亲戚。亲戚朋友告诉我鞋子在湖南的市场比较好，我就跑到湖南去。 1993年的时候我认识了一个台湾的朋友，跟他合作办了一个中外合资企业。借助匈牙利华侨提供的信息，我曾经有一款鞋子，发了十几个柜的航空，飞机飞过去卖的，那时候十几个柜很厉害的。夜校的同学很多成了社会上的合作伙伴。 以前用的很多是意大利设备，我意大利的朋友跟我讲，最时髦的鞋子在意大利。我向他们买鞋版、用料，学到很多新的东西才回来。后来我搞了一个中外合资企业，开始学习管理规范化	借助亲戚、朋友、同学关系拓展市场 结识新的合作伙伴以拓展市场 从合作伙伴处学习技术诀窍	网络构建	网络能力
1993我就有了机械化生产的流水线，算温州市最早的一个机械化制造企业。1997年获得进出口权，成为温州最早拥有进出口权的企业之一。从家庭作坊开始，每年成倍地增长，成倍增长了二十几次，企业才到了这么大的规模	不断改进设备 拓展业务模式 持续高速成长	制鞋行业的领军企业	持续创业

二 第二次创业（民办高校）：2002—2011年

企业家QSR向民办高校的成功转型主要源于对产业发展的正确判断以及成功移植过去的鞋业经验，在实践中摸索出的"名校·名师·名城"的决策标准，帮助民办高校成功创建。凭借着经验积累和观察学习，企业家建立起对自身创业能力的充分认同，增强了创业预期，即便初期遇到家族成员的极力反对，也坚定地实施战略转型。在运营过程中实施严格的教学管理制度、人事聘用制度、招生制度，灵活的激励制度，严格执行生均成本控制，都体现出企业家超强的管理控制能力和创建名校的决心。第二次创业成功的关键在于契约式管理，通过制度、规程来约束各种关系，激发了师生的创造热情，在网络中树立起声望，提高了企业家在产业网络中的影响力，成为民办高校的标杆（表5-4）。

表 5 – 4　　　　　　　　第二次创业阶段编码过程举例

典型引用语	副范畴	主范畴	核心范畴
浙江教育是很落后的，你去投资不让你投资的，浙江除了杭州可以做，温州是不可以做的。江苏的教育政策是全国最好的一个省份	对比两地的教育政策	认知学习	创业学习
鞋子按每双成本来算，你把学生当成鞋子了。其实这个有区别吗？算这个东西只不过是数据的问题，名称怎么讲的问题，所以我就这样做起来了。对学校的初期管理就很深入。美国一个教授跟我说，中国教育产业化了，还在这里卖鞋子？就为这句话到中国来办大学。现在政策导向变了，做教育的话很难	成功移植成本管理的经验 不断对创业行为进行反思	经验学习	
做教育需要名校、名师、名城，需要具备这三个条件才可以做起来。 那时候有信息的，在行业当中有信息，大家会介绍，比如哪个学校想找合作者	总结高校运作经验	实践学习	
学校有22个综合性专业，建立了严格的教学标准，在我的学校图书馆里找座位是找不到。学校招生拥有很大的决策权，分数很高。教师编制是我定的，老师第一学历要重点大学，211重点大学，这个就卡死了，母体学校很多的子弟就进不来，所以我们的学校质量很高	严格的教学、聘用和招生制度	规范化	工匠精神
控制生均成本，就控制了很多猫腻。按生均成本来管理我们的学生，招生费用也控制了。大学的新任书记到我这里来看我，他大吃一惊，说民办学校每年分了五六千万元，怎么还剩下来这么多钱？你怎么管理得这么好？然后他就说我财务管得太厉害了。 每年的招生江苏省录取分数照样高，但是每年的费用控制在这里，这就是水平	严格控制生均成本	控制力	
我当初办教育的时候，家人就说我神经病。其实我做教育的时候，是为了孩子。 办学校是需要成本的，中国办学校成本没一个人比我内行，可以这么讲，因为我经营两所大学，经历过基建，从头到尾的建设	力排众议办教育，超强的成本控制能力	创业自我效能感	

续表

典型引用语	副范畴	主范畴	核心范畴
在美国我就接触了那个民办教育，那时候就开始动脑筋，回来办大学。现在一定要从事新的行业，做教育的话，对我们整个家庭都会发生改变	改变家族的命运	网络愿景	网络能力
我去办大学的时候，加了10次以上的工资。必须要刺激教授，考上几个研究生，我给教授多少奖励。 书记当场打电话把他们财务处长叫过来，让他向我学习，所以说我以后在学校的威信就高了，书记对我就很好	激发教师潜力 树立网络权威	网络构建	
2001年我拿了2亿元现金出来，当时温州没有人能够出这么多钱。 我们学院每年全国的比赛，包括南大、东大、南理工，我们学院排第二名，每年拿第一的全部是我们学校。我们的品牌就建立起来了	把握教育产业发展契机 人才培养质量高	民办教育的标杆	持续创业

三 第三次创业（葡萄酒商城）：2012年以来

　　企业家QSR涉足进口葡萄酒行业主要是出于自身对葡萄酒的爱好和无意中参与的一次红酒进口贸易；借助已经搭建的社会关系网络展开长期市场调研，对红酒行业的经营风险和市场空间做出了准确的判断；依靠过去积累的管控能力和对契约的遵守，凭借优良的产品品质和出色的成本控制能力得到业界认同。在与国内其他机构建立合作关系的同时，利用海外供应商和华侨网络不断拓展海外市场，很快在进口红酒行业成为温州市乃至全国的领军企业。随着自身实力持续增强，企业家逐渐成为产业的网络核心，网络地位不断增强，甚至决定了葡萄酒行业的发展走向（表5-5）。

表 5-5　　　　　　　第三次创业阶段编码过程举例

典型引用语	副范畴	主范畴	核心范畴
2013 年中国的红酒消费人均 1.04 升,东南亚市场和日本、中国台湾、韩国人均大概在 7 升。中国现在在崛起,如果说中国人均达到 2 升的话,那欧洲的酒全部要光了。我 2009 年开始认真研究,才决定做这个。中国很多的红酒一是它没有国外的酿造技术,二是也没有国外酿造的工具和设备,全部靠进口,成本就很高	长期市场调研	认知学习	创业学习
红酒这个行业,我觉得跟别的不一样,做食品就很难。我有保税仓,红酒存放时间也长。因为我出国早,我很早就喝红酒,就懂得。过去一双鞋子有枚钉子在里面,赔了十万欧元,现在我对他们也这样管理	熟悉红酒特性 进口贸易的经验	经验学习	
买了三个柜自己喝,多的拿去卖,卖了不到两个月,三个柜全卖掉了。我发现这个还是挺好赚钱的,自己又能喝好酒,赚钱利润还是很高的,三个柜卖掉赚了一百多万元。每年大概增长 5% 的价格,把酒放在仓库都增值。这个行业也算是一个比较特殊的大众商品,所以我开始做红酒	无意中涉足即获得可观回报	实践学习	
红酒是一个标准行业,有明确的标准,比如说 AOC、VDF、HP。按照合同,我每一瓶酒都要认真地去看,哪怕标签有个英文字搞错,我就退回去,让他们返工,按欧元来赔偿	严格依据合同开展进口贸易	规范化	工匠精神
2013 年,我让 40 个人卖红酒,成了温州市行业的第一。我采购 2 欧元酒会比别人便宜 3 块钱人民币,没有人能够胜过我的	拥有价格优势 善于成本控制	控制力	
温州以前有两千家红酒进口商都被我打败了,很多行业,就要做领头羊,就要做好	对个人能力充满自信	创业自我效能感	
想办法做到上市,2015 年 8 月上海的第一家店在自贸区里开出来。在 2016 年年底之前,郑州的第一家店在自贸区开出来,还有重庆一家,还有义乌,将来拥有 5 家自己的店,其他的都放给别人来加盟。 我现在准备当跨境电商的会长,这个会有很多的人脉,我要联络欧洲华侨来一起做。现在是跟温州的保险公司、浙江省邮政合作	整合海内外网络 跨界合作	网络愿景	网络能力

续表

典型引用语	副范畴	主范畴	核心范畴
重新寻找红酒合作伙伴,我以前是生产商,现在变成销售商,到任何地方都欢迎。 我去欧洲见供应商,他们接待我的都是最高礼节。 当时温州已经有人做红酒保税仓,因为我一年做30多亿元,以这个由头,加上朋友帮忙去做保税仓	扩张销售网络 个人影响力帮助构建网络	网络构建	网络能力
2013年获得国家授权,进口额占中国红酒的1.6%。 在一年当中,又成了温州市红酒行业的第一	国家龙头企业 温州市红酒行业的老大	红酒行业的领军企业	持续创业

第四节 案例讨论

一 创业学习与企业发展

创业学习是知识、技能和洞察力的发展过程,受个体社会背景、学习情境、企业发展等多种要素的影响。为了及时获得行业信息并构建社会关系网络,需要整合经验学习、认知学习和实践学习三种学习方式,这与蔡莉等(2012)学者的研究结论相一致。尽管 Lumpking 和 Lichtenstein(2005)认为认知学习、经验学习和实践学习必须结合,但仅限于组织层面的创业机会识别阶段;本书则针对企业家持续创业不同阶段中创业学习形式、内容的动态调整规律进行揭示。

企业家进行创业学习的动力源自对经济利益的不断追求。企业家 QSR 出身贫困,初中辍学,通过报纸、观察获得制鞋商机,不惜与父亲对抗以获得拜师学艺的机会;拜师5个月后,又毅然不顾师傅的反对,回家自己收徒开厂。随着企业逐渐发展,他坚定"企业做大,我要充电"的信念,执着地开始了夜校学习。丰富的知识储备和持续的学习让企业家提升了对商机的敏感度和开发能力,帮助创业者在市场定价中掌握一定的主动权。正规教育及培训能够帮助企业家掌握科学的管理方法，获取结构性的管理知识，是创业学习的重要手段。初创阶段的创业学习主要集中于以搜索外界信息、观察模仿、教育培训为核心内容的认知学习，借助他人有价值的信息进行认知加工。第二次创业尽管在初期并不被家族成员看好，但是企业家坚信管理鞋厂和管理学校的诀窍是相通的，多渠道的信息获取帮助企业家对初次创业经历、管理经验进行反思、继承与发展，依靠自我经验的转化迅速融会贯通，经验学习成为创业学习的核心内容。第三次创业源于偶然的商机，并且建立在对自身优劣势、兴趣爱好的深刻理解之上，依托于"干中学"，借助先前掌握的知识和积累的离散而模糊的经验直接应用于创业实践，并迅速成为红酒行业的龙头企业，经验学习起了主导作用。

知识的累积和创造一方面依赖于对外部知识的探索和获取，另一方面依赖于对现有知识的挖掘和提炼。创业过程源于在经验、知识和行动互动过程中企业家与环境的持续反馈，这就使企业家在持续创业过程中，创业学习的核心内容也随时间有所侧重。企业的知识库需要通过学习不断地进行补充和及时更新，这是创业者决策能力和创新能力提升的重要保障。基于此，我们提出以下命题：

命题1：动态环境下企业家需要整合三种创业学习方式以实现成功创业，创业学习的形式将随着创业历程的推进而发生调整，由初次创业的认知学习为主逐渐过渡到再创业阶段的以经验学习和实践学习为主。

二 网络能力与持续创业

网络能力是推动企业家持续创业的一系列知识、技能、态度的集合，并非天生具备，却能够后天习得，创业学习是获取网络能力的重要前因变量。企业家QSR的三次创业经历涉足完全不同的行业，通过追踪其持续创业历程，归纳出两类典型的网络能力：网络愿景能力与网络构建能力。创业初期大量招收学徒，正确识别外地消费需求、准确选择国外市场及合作伙伴；第二次创业，力排众议投资民办教育，以期改变整个家族的命运；第三次创业，精心选择国外供应商、协同规划多种经营模式（国内五家自贸区设点、加盟店和自营店）、担任跨境电商商会的会长并连接整个欧洲华侨网络。三次创业企业家均能够前瞻性地进行网络规划，设置网络愿景以积极主动构建和利用网络关系。同时，企业家借助人际互动、利用关系技巧拓展潜在合作关系的能力也不断加强。初次创业借力家族网络、组建同学网络、与朋友创办合资企业、借助海外华侨资源顺利开拓国际市场；第二次创业中不断提高教师待遇、赢得学校领导的尊重、获得网络权力；第三次创业中与保险公司以及浙江邮政的合作、与欧洲供应商的博弈，均依托企业家在所结成的关系网络中的互动。网络能力帮助企业家与相关利益群体保持合作关系以获得关键资源，推动企业家持续创业。

企业家 QSR 的三次创业过程，涉及不同的产业和技术领域，需要不同类型的资源沉淀，需要借助特定的知识和社会技能来创建、使用和维护关系。技术的不连续往往反映出企业网络能力的提升，特别是网络管理能力的提升。企业家对网络关系的构建能力相对有限，排挤效应的存在意味着企业与某一合作伙伴建立联系则需要放弃与另一合作伙伴建立联系的机会。在企业家考虑涉足民办高校之前，对制鞋行业及产业网络的发展前景进行了深刻思考，"这个行业是没有标准的行业，1986 年开始，全世界的制鞋工业在中国台湾迅猛发展，后来转移到中国大陆，但国内现存的台湾品牌只剩下达芙妮"；"美国一个教授跟我说，美国民办教育这么成功，中国教育产业化了，还在这里卖鞋子？"；"我说我要办教育，七个兄弟姐妹，几乎所有的人都反对"。当时，整个家族都从事鞋业，与外界建立了稳定的合作关系，企业盈利逐年上升。这种渐进式创新不仅风险低，而且回报稳定，但这种合作关系无法提供支撑企业持续发展所需要的、基于新技术和新关系投资所产生的多样化知识,因而果断地与这一"舒适地带"隔离。关闭鞋厂以调整网络中的社会关系,重新进行网络资源分配并建立全新的伙伴关系。基于此,我们提出以下命题:

命题2:创业者在持续创业过程中结合行业特征调整网络愿景,在积极创建新的社会关系的同时主动放弃成熟的社会关系,开创新的社会关系网络,网络能力(网络愿景和网络构建)的提升是实现持续创业的重要保障。

三 工匠精神

国外学者对工匠精神的理解主要侧重于自主钻研、创造、掌握和使用技术、对卓越产品的推崇以及强烈的社会责任感。企业家QSR在初次创业时历经周折,拜师半年之后力排众议招徒创业。先行者优势使其在制鞋领域维持了二十多年的高速增长,为后续再次创业提供了资源保障。第二次创业和第三次创业均发生在前期创业成功之后,源自其对持续创业的内在价值诉求。这一发展轨迹与Thomas(1996)发现的工匠型企业家的发展轨迹完全一致,即曲折的开始、光滑的扩张、曲折的触顶再回落式的发展,这也意味着对企业家QSR创业历程的分析具有典型性和代表性。

首先,创业学习发生在个体与各种网络成员的互动过程中,企业家身处错综复杂的社会关系中,需要不断地与成员共同决策、合作及谈判,不断地接受、甄别外界知识,需要在互动过程形成互信、有效的合作氛围,降低网络构建成本。在初次创业过程中,企业家对产品研发、质量、自动化生产设备都极为重视;对企业各项制度,尤其是财务制度,进行规范化管理。在第二次创业过程中,敢于挑战国内高等教育的制度体系,建立严格的教学标准、聘用制度和招生政策,迅速打响学校品牌。在第三次创业过程中,葡萄酒行业属于标准化行业,在实施时依然严格依据合同开展进口贸易,杜绝任何瑕疵以保证产品品质。规范化成为企业家在持续创业过程中遵从的基本行为准则，也是当代工匠精神的第一个核心维度。

其次，有效的创业学习立足于对动态环境的适应性改变，企业家不仅需要有意识地识别学习机会、刻意观察、不断实践以获得所需的知识和技能，更需要有明确学习范围，前瞻性地制定创业目标，进行长期发展与短期效益的取舍并做出有效反馈。在初次创业过程中，尽管鞋企连续二十多年高速发展，但是出于未来成本控制和行业竞争力的考虑，依然将鞋企在盈利的高峰期关闭。在第二次创业过程中，不仅控制了教学成本，还有效激励了教学积极性，人才培养得到社会认同，成为业界标杆。在第三次创业过程中，虽然先期已有人建立葡萄酒保税仓，但是由于控制采购成本和推广成本，一年之内就成为温州市的行业第一。创业学习过程是一种选择的智慧，是对企业家控制力的考验，这种建立在个体理性决策和创造性思维基础之上的控制力，成为当代工匠精神的第二个核心维度。

再次，创业自我效能感是个体感知到的自身能够成功完成创业任务所具备的能力程度，被证明是创业绩效的有效预测变量，能够解释创业者的内在认知结构以及创业行动背后的深层次信念因素。企业家 QSR 在第一次创业中对自身制鞋技艺的高度认可，在第二次创业中对学校成本控制的自我肯定，在第三次创业中对完成创业任务的绝对自信，较高的创业自我效能感促使企业家能够对自身与所处网络的知识缺口进行准确评估，能够容忍对自我期望的模糊判断，乐于探索不同的学习风格和方式，极大地推动了企业家对自身网络能力的认同感，增强了网络资源识别和控制的积极预期。创业自我效能感作为一种深层次的信念因素，被认为是工匠精神的第三个核心维度。

在转型和再创业过程中，企业家通过建立异构网络来选择性地获取异构知识（市场、供应商、技术）是实现持续创业的基本路径。网络资源的调整需要保持足够的专注，需要传承既有的关键经验，无论是放弃已经建立的网络联系还是组建新的合作伙伴关系，都需要借助对市场的规范性预期和自身的管理控制能力，对创新资源投入做出理性决策。一是，规范化运营强化了组织间的信任，在增加违背契约的机会成本的同时，降低了企业的网络构建成本，使得企业家的产业网络和技术网络迅速扩张，能够前瞻性、低成本地获得关键技术和核心资源。二是，对成本和风险的控制帮助企业家优化网络资源配置，未雨绸缪，不断调整业务范围和网络边界，审时度势，谋划转型。三是，创业自我效能感成为"时间窗"约束下获得创业学习反馈、强化创新动机的源泉，推动企业家不断获取网络资源、整合网络行为、推进网络学习和巩固自身的网络地位。因此，尽管企业家通过创业学习来协调创业情景与创业内容的匹配程度，但对创业内容的专注、对创业情景的控制、对创业动机的激发以及三者的动态协调，将成为创业学习向网络能力转化的重要影响因素。本书认为这种集情怀、信仰、动机于一体，涵盖规范化、控制力和创业自我效能感的"工匠精神"是对企业家关键经验及资源调整态度的综合呈现，能够解释创业学习向网络能力转化、实现持续创业的路径黑箱。基于此，我们提出以下命题：

命题3：工匠精神包含规范化、控制力和创业自我效能感三个基本维度，是以经济利益为基础的对创业内容的专注、对创业情景的控制和对创业动机的激发，是实现创业学习向网络能力转化的重要推动力量。

第五节 研究结论与展望

一 研究结论

本章以工匠精神为切入点，以温商近三十年的创业历程为背景，对创业学习、网络能力和持续创业之间的作用机理进行了揭示。创业的磨砺不仅仅体现为创业知识的积累，还体现为精神的沉淀、价值观的凝练和网络能力的培养，最终表现出卓越的创业绩效。创业是多种随机因素交互博弈的综合体现，创业学习并非一定能够推动创业能力和创业绩效的提升，某些长期的、潜移默化的因素将成为打破"随机博弈"的主导力量。企业家作为敏锐的学习者、实践的思考者和战略的制定者，需要从规范化、控制力与创业自我效能感三方面进行心智模式的塑造，以实现动态网络环境下从创业学习者到网络主宰者的转变。

首先，创业学习嵌入特定的社会、文化和经济环境，有效的创业学习需要因地制宜、动态整合三种创业学习方式以实现成功创业。从初次创业的认知学习为主逐渐过渡到再创业阶段的以经验学习和实践学习为主，创业学习的形式将随着创业历程的推进而发生调整，网络化学习是未来创业学习的主要形式。随着国家创新驱动战略的推进，技术创业转型成为推动温商创新发展的内生驱动力，创业学习将不断被赋予新的内涵。其次，网络能力是创新能力的核心内容，网络能力的提升是实现持续创业的前提条件。除了主动构建社会关系，企业家还需要根据环境的改变前瞻性地规划网络布局，主动调整网络结构，通过关系强度的调整来实施有效的网络管理。网络的创建与网络的再造将伴随持续创业的各个阶段。最后，当代的工匠精神早已突破了仅仅对"品质"的关注，包含规范化、控制力和创业自我效能感三个核心维度。当代的工匠精神并非忽视经济利益，而是在经济利益主导的情形下还能够坚持对契约的尊重，在企业转型的过程中坚持对创造的专注。具备工匠精神的企业家更有益于实现从创业学习到网络能力的转换，工匠精神成为实现持续创业的重要保障。

二 研究展望

通过对温商工匠精神的研究，揭示了企业家创业学习与网络能力之间的转换机制，能够帮助创业学习的实践者顺利适应网络化时代带来的巨大变革并实现持续发展；在此基础上构建了一个更具包容性的多元化理论框架，对中国管理情景下的创业理论进行了拓展。由于学习是基于知识、技能和态度获取的行为改变过程,我们的研究侧重于分析创业学习对创业知识、网络能力和创新绩效的影响,并未考虑情感网络、信任网络的构建对学习互动的反馈,有可能忽视某些重要的影响因素。此外,本书采用的典型个案研究虽然符合理论抽样的逻辑,但需要多案例研究和大样本实证研究加以检验,特别是对在制造业精耕细作的企业家行为进行动态追踪,以期对工匠精神不同维度的作用规律进行更为有效的揭示,这也是后续温商研究的方向之一。

第六章 温商的全球化及海外创业模式的演变

第一节 温商全球化的概念

作为中国市场经济改革发源地之一的温州，也是中国民营企业和企业家集群发展的先发区域之一。温州商人因为其独特的经商理念和所获得的商业成就，被称为"中国的犹太人"。2015年温州户籍人口近813万人，其中有约160万名温商（温州籍企业家）在全国各地经商、创业，近69万名温商在世界各地经商。本土温商、国内在外温商、海外温商构成了温州商人群体的三支队伍，他们的形成是由点及面，进而发展成为温州商人群体网络。温州商人群体的形成是中国市场经济发展的必然结果，而温商的全球化也是这个群体的一个特征，可以作为中国企业和企业家群体全球化的一个先发典型和缩影，通过对温商全球化的探索，可以了解中国企业和企业家全球化进程中的问题和经验，进而对中国企业和企业家群体的全球化发展提供借鉴和政策支持。

一 温商的起源和概况

由于没有足够的土地来支撑庞大的人口，很多温州人没有办法在计划经济体制下生存，只好选择迁离温州，到外地从事低端手工业，他们成为温州最早的"企业家"或"商人"。每一个选择离开温州的商人，都会形成一个与温州保持联系的新节点。一旦发现了机会，而且确定这个产品具有较大的市场，他们就会从事生产，如永嘉桥头纽扣产业的发展就是从利用外地国有企业的边角废料起步的。一个新的产业启动以后，企业家精神或企业家人力资本便不断生长蔓延，最后造就了企业家集群，大量相关的企业家聚集在相近的行业，产业集群逐渐形成。产业集群又聚集了大量的企业家，如此形成良性循环。这些出去的企业家所获得的收益，对温州本土的农民、工人甚至干部产生冲击，继而带动具有血缘、亲缘和乡缘的温州人尝试经商。这些出去的企业家，开始由近及远、从高收益城市到低收益城市，逐步生成企业家群体网络上的各个节点。当一个地方所聚集的温州企业家增加到一定的数量，所从事行业的利润率越来越低的时候，企业家们又开始分化：一部分企业家开始迁徙到具有更高收益的城市；另一部分企业家则转型到相关行业，如市场建设、房地产开发，甚至国际贸易、餐饮娱乐、资本经营等。当一个城市的温州企业家形成相当的经济规模和实力，如形成温州街、温州村的时候，他们对当地经济的影响越来越大。同时出于对共同利益的追求，成立了温州商会。成立温州商会之后，意味着这个城市的温州企业家之间建立了密切的联系。网络上的节点所带来的聚集效应就得到放大，节点的作用更为突出。

而当温州商人逐步迁移时，国内资源也得到了进一步的稀释，竞争日趋激烈，而中国实施对外开放政策后与国外的联系日渐增多，到国外经商不仅变得更为便利，而且当时的利润率也远高于温州和国内其他城市，加上温州具有华侨移民的天然优势，因此部分温州商人跨越国界，逐步形成海外温州企业家集群。

根据2014年的基本侨情调查，温州是浙江省海外华侨、华人最多的城市，共有68.89万人，占全省的34.1%，即在海外的浙江华侨、华人中，每3人中就有1个温州人，分布在131个国家和地区，占全省华侨分布范围（180个国家或地区）的73%；以温州人为主的华侨社团有400多个，华文媒体40余家，华校60多家，他们以工商业经营者为主，构成了全球化的温商。

二 温商全球化创业谋生的历史基因

温州人外出谋生创业的历史悠久。一千多年前，就有温州人周伫随商船到高丽经商并定居。20世纪初，温州外出谋生的人逐渐增加。第一次世界大战后，一批温州人定居法国。1929年，温州发生特大自然灾害，风虫为虐，水旱并至，颗粒无收，"十家九室断炊烟"，大批温州人移民海外。1978年改革开放以来，更多的温州人纷纷走出国门，形成了温州历史上的又一次移民潮①。1984年，温州成为沿海开放港口城市之一，对外开放进一步推动温州人走向世界。众多的温州人在世界各地经商办企业，编织了覆盖全球的营销网、资金网、信息网、人际网，这是温州加快推进城市国际化的独特资源和优势。

温州对外开放历史渊源可以追溯到宋元时期，当时被朝廷辟为对外贸易口岸，设置了管理海外贸易的机构——市舶司，是全国7个市舶司之一。1876年《中英烟台条约》签订后，温州被辟为通商口岸。1877年，瓯海关成立，英国在温州设领事馆。1878年，上海至温州往来客运航线开通，又开通了温州至宁波、厦门等航线。1896年，温州邮政局设立。20世纪初，温州已初步呈现"瓯为海国，市半洋行"的局面。

三 温商全球化的界定

温商全球化可分为走出去和走进来。走出去就是温商走出国门，

---

① 徐华炳：《温州海外移民家族研究》，《浙江学刊》2015年第4期。

走向世界，具体包括移民定居国外，在国外的投资和并购等；而走进来，就是温商在国内与来自世界其他地方的企业、机构等的合作，如外商投资等。

由于温州具有悠久的移民历史，在海外有着良好的网络节点；而且改革开放后，温州商人和温州企业成为最早一批走出去的代表。温州接受的外商投资规模、档次在浙江省内都属于相对落后，温州的外贸出口也只占浙江省很小的份额，温商全球化更偏重于"走出去"。我们将一方面聚焦温州人全球化轨迹的演化，包括全球化的时间、空间和产业的变化；另一方面聚焦本土温商在对外并购、开办海外工业园区、开设境外中国商城和国际技术研发合作方面的变化和趋势。

温商的全球化就是温商全球化网络的逐步演化。温州具有悠久的全球化的历史，全球化的基因一直内生于温商和温州企业。早期的海外移民是改革开放后逐渐形成的全球化网络原始节点，改革开放后的移民，只是激活了这些节点，促进了海内外温州人节点的连接；随着移民的扩大，海外温商网络也逐渐扩大，从主要以西欧的法国、意大利的传统家庭团聚的移民为主，逐步扩展到东欧、北欧等以创业为主的流动；由于温商的经济实力得到进一步提升，温商的语言能力等个人素质也得到加强。由于欧洲遭遇多次经济危机的影响，在欧洲的温商出现了"二次移民"现象，北美、南美和非洲等地成为温商全球网络新的节点。国内的温商也借助在外温商的全球化网络，从温州产品的侨贸开始，到以后的温州商城，再到海外并购和科技研发，以及温州人在海外开设工业园区，都离不开海外温商的帮助。国内温商和海外温商的各自发展和互动，促进了温商全球化网络的扩展和质量的提升，也使得温州成为中国走出去最早和最成规模的地区。

因此，我们将以国外温商的创业与发展和国内温商走出去作为温商全球化的两条主要线索对其全球化的时间、空间和创业模式演化进行分析。因为温州商人的全球化主要集中在改革开放以后，本着略古重今的原则，我们将简单回顾温州人全球化的历史基因，重点介绍改革开放后的情况。

第二节 海外温州人：全球化网络的原点

一 "走出去"全球化轨迹的演化

温州人走出去是继承了早期移民的基因，而且改革开放之后，温州移民数量不断增加。温州区别于广东、福建等传统移民区域，成为中国经济移民，即新侨最多的地区之一。从移民总量上看，据估计从改革开放之初的约5万人，发展到1987年的20多万人，再从2005年的42.5万人增加至2014年的68.8万人（徐华炳，2015）。

从历史的时间节点看，一般认为20世纪后，温州人走出去成为国际移民可划分为三个阶段。

第一阶段：20世纪20年代—20世纪40年代。温州"出国潮"出现，开始在海外形成了温州移民的集聚。徐华炳（2015）考证认为瓯海的潘岩法、杨德法、林恒吉等家族是20世纪二三十年代赴日本谋生的第一代华侨；而在1929—1939年的温州第二波"出国潮"中，温州人的出洋地转向欧洲为主。

第二阶段：1949—1978年。主要是个别温州人的海外亲属团聚。这部分人由于长期在国内生活和工作，具有很广泛的社会关系网络，也非常了解中国社会、经济的发展情况，因此成为第三阶段经济移民网络的初始节点。

第三阶段：1979—2000年，改革开放后经济移民涌现。先是温州人常规的直系亲属团聚移民，随后移民网络逐渐扩张到亲属之外。徐华炳（2015）认为温州人移民海外的最高潮发生在中国改革开放以后，而那时又恰巧全球化在世界范围兴起，为"能利用、敢利用和会利用的海外亲缘关系"的温州人提供了机会和广阔的发展空间。中国政府和有关国家同时采取了开放的移民政策并修订了相应的法律法规，有力地推进了国际移民的有序发展，也极大地促进了大批温州民众以团聚、探亲、继承家产等合法途径涌向海外。

移民浪潮推动了温州人全球化的进程。这个过程在2000年左右逐渐消退，温州海外移民也锐减，个别地方出现了移民的回归（见表6-1、表6-2）。

表6-1　　2014年温州市各县（市、区）海外人口数量①

县（市、区）	人数（万人）	县（市、区）	人数（万人）
鹿城区	12.0760	苍南县	0.8336
龙湾区	1.1092	文成县	16.8598
瓯海区	11.9757	泰顺县	0.0576
洞头县	0.0903	瑞安市	15.9964
永嘉县	6.5808	乐清市	2.5890
平阳县	0.6767		

资料来源：徐华炳：《温州海外移民家族研究》，《浙江学刊》2015年第4期。

表6-2　　2009年温州海外移民在世界各国或地区的分布

国家或地区	人数（万人）	国家或地区	人数（万人）
意大利	14.1731	俄罗斯	0.5128
法国	9.1003	奥地利	0.3987
荷兰	4.1006	葡萄牙	0.2880
美国	3.9151	巴西等南美国家	0.4289
西班牙	2.8886	比利时	0.2192
新加坡	1.3417	北欧	0.0694
德国	1.0043	其他地区	4.6137

资料来源：徐华炳：《温州海外移民家族研究》，《浙江学刊》2015年第4期。

---

① 这里的温州籍海外人口系根据2014年温州侨情普查的定义为海外温州籍的华侨、华人。下同。

二 "走出去"创业的演化

(一) 第一、第二阶段的温商创业概述

在20世纪二三十年代,原本就因"穷山恶水"而身处窘境的温州百姓又遭遇资本主义经济的挤压,致使陷入绝境的文成、瑞安、瓯海等山区的无地或失地农民只得走出山林,远赴异国他乡,或出卖劳力,或开矿、做木器、种橡胶、种菜、养猪以及从事小贩、行商为生,由此出现了温州历史上的第一、二次移民高潮(徐华炳,2015)。第二次世界大战前谋生海外的温州移民所从事的主要经济活动是拎卖摆摊为特征的流动小商贩生意(也叫"摆卖"),其经济水平无疑是低下的,生活的艰苦可想而知。老一代海外移民的经济收入和生活环境极不稳定,难以携带妻室儿女出国,仅有极小部分移民与当地女子结婚成家。1945年以后,经过老一代移民的苦心经营和长期积累,尤其是伴随着20世纪60年代欧洲经济的复苏与发展,温州海外移民的产业经历了一次重大提升。一方面是"走出了独自打拼、孤立经营的滞后状态",另一方面是"开始基本上摒弃了拎卖方式的小商贩经营,开始了中餐、皮革、服装等服务业。少数积累了资本的旅欧浙南移民,则率先与他人合股或独资创办了小商店、小餐馆、小公司或小工场等实业"。转向了多人分工、流水作业的经营模式,海外的温州商人因此需要增加大量新的劳动力。这个阶段的创业活动,既为改革开放后的大规模移民提供了大量的工作机会,也为以后向制造业、国际贸易、房地产等转型打下了基础。

(二) 第三阶段温商创业的演化

第三阶段温商海外创业的企业规模一般从小到大、企业组织从个体到合作,创业产业从传统到新兴,创业周期也长短不一,创业资源大部分与温州相关,小部分直接运用海外当地资源。上述特征反映出海外温商的创业是一种动态变化的模式。

结合多年对海外温商的调研和访谈，一个典型海外温商的创业历程可以描述如下。由于国内没有好的就业或创业渠道，他（她）们到欧洲或者美洲等地开始创业。第一阶段，创业者会在一家熟悉的温州人餐馆或箱包生产商处打工，用有限的工资支付高额的出国费用，并积攒余钱。需要3年至4年的时间，创业者才会有机会独立创业。大多数情况下，其第一个创业行业一般为其海外最初的就业行业，很可能就是餐饮、鞋服、箱包等温州人的传统行业。第二阶段，创业者再经过2年至4年努力，其企业规模逐渐扩大并可能会跨行业扩张和并购。第三阶段，创业者会发掘机会并从事贸易、房地产等更高层次的产业。第四阶段，在积累了大量财富的基础上，创业者会积极利用国内各种优势资源，将大量、低成本的国内商品销售到所在国及周边市场，并筹备建设中国产品批发市场，从而转型成为商业地产开发商。最后，海外温商可能会将部分甚至大部分资本转到国内，开始在国内投资实业和房地产等。

当然，并不是所有的创业者都按顺序经过创业的几个阶段，个人情况不同，创业历程会有很大差异。早在1978年及以前出国的温州人，群体数量少且多属于亲属团聚类型。投亲靠友，或者可能去继承

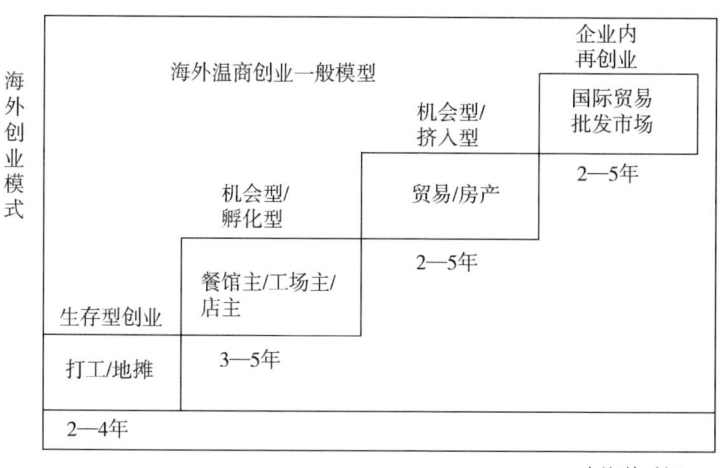

图 6-1　海外温商创业模式演化

已有家族事业，因此具备一些创业基础。但同期及稍后出国的绝大部分温州人，是因为国内条件差而且缺乏致富机会而出国，由于缺乏原始资本和没有海外的亲属支持，一般需要自己从零开始完成各个阶段的创业过程。另外不同时段出国的温州人，创业历程也不尽相同。早期出国的温州人需要逐渐积累经验和资本，然后等待创业机会。但20世纪90年代及以后出国的温州人，就可以凭借他们在国内改革开放初期所积累的原始资本，直接从第二或第三阶段切入，开始他们的海外创业生涯。而对于已经具备更高创业基础的温商，很可能直接进入更高端的海外创业产业，如投资建设中国商品销售市场或者收购海外企业等。

第三节 国内温商的全球化：全球化网络的扩散

如前所述，温州人走出去早，具有全球化的先发优势。目前，温州人的经济网络几乎遍及全球各地。海外温州华侨，主要是商人，在世界各地的成功创业，使他们成为温商全球化网络的重要节点。通过这些节点建立了比较完备的社会关系网络、商务网络和智力网络等。借助这些特殊的节点以及中国经济的快速发展，国内温商的全球化也呈现出温商走出去的先发优势。本部分所有案例均来自与企业家的访谈，通过焦点群体访谈搜集典型案例，涉及温商海外并购、海外中国商城的开发建设、海外工业园区的创建、海外研发的发展等，也体现了温商全球化的特点。

一 温商海外并购的演化

哈杉收购意大利制鞋公司。2004年年初温商企业哈杉收购意大利威尔逊制鞋公司90%的股份；同年，温州飞雕电器以550万美元收购意大利米兰具有50多年历史的墙壁开关企业ELIOS。

王伟胜收购迪拜电视台。温州人王伟胜于2005年年末，在国内总公司和合作单位的大力支持下，其迪拜中资公司华星集团斥资买下了阿拉迪尔卫星电视台，并于 2006 年年初重新登记，更名为"阿拉伯阿里巴巴商务卫视"。目前，商务卫视由温商、曾任迪拜温州商会副会长的王伟胜出任董事长，并在广州成立了广州海湾文化传播有限公司，全权负责商务卫视在中国地区的代理业务。

叶茂西收购英国电视台。2009 年 7 月 11 日，正在葡萄牙参加一个重要经贸洽谈会的温州人叶茂西证实，英国本土一家卫星电视台——Propeller（译为螺旋桨）电视台已被他旗下的西京集团有限公司全资收购。Propeller 是欧洲第一个 100% 放映全新的原创节目的数字卫星电视频道，通过英国天空广播公司的卫星平台传送，由英国格林斯比研究所附属公司图像频道有限公司于 2006 年 2 月创办，它最早在英国约克郡播放，后来在欧洲数十个国家落地。2008 年 11 月，该电视台在意大利威尼斯获得"全欧洲最佳卫视电影频道"奖项。叶茂西是平阳人，曾任北京温州商会会长、中国丝网印刷协会理事长、西京集团有限公司董事长等职。

刘建国收购日本高尔夫品牌。2010 年 5 月，温商刘建国以 1 亿美元的价格成功收购日本本间（HONMA）公司 51% 的股份，成为这一具有 52 年历史的高尔夫球杆品牌掌门人，随后其运营总部入驻上海陆家嘴环球金融中心 63 层。

孙小飞等温商收购皮尔·卡丹部分业务。2009 年 4 月，孙小飞带领其他 3 位温州商人赴法国与皮尔·卡丹公司掌门人——皮尔·卡丹先生洽谈并购事宜并达成初步意向，签订了《商标转让意向书》。2009 年 9 月 11 日，诚隆股份有限公司（以下简称诚隆股份——孙小飞等温州商人为收购皮尔·卡丹而专门成立的公司）在法国正式同皮尔·卡丹先生签订《商标转让协议》。在协议签订之前，诚隆股份已经将双方达成的 3700 万欧元的转让价格用现款付清，而孙小飞得到的是皮尔·卡丹大中国区皮具、针织服装、皮鞋等部分商标的使用权。2010 年 1 月 8 日下午，诚隆股份在法国巴黎的办事处收到了由皮尔·卡丹先生亲笔签署的声明，皮尔·卡丹已经与温州诚隆公司签署协议，3700万欧元（约3.7亿元人民币）收购款也已经收到。

这些海外资产和品牌的跨国并购案例中，对于收购方的国内温商和被收购方的海外资产，均有海外温商穿针引线的中介作用。温商全球化网络不断实现温州本土与海外节点的链接和扩散。

二　温商海外中国商城的演化

发挥海外华侨资源众多的优势，以具有竞争力的轻工产品为依托，近年来，大批温州商人在"走出去"的过程中促使一座座境外"中国商城"拔地而起。不仅带动了中国商品的出口，还为培养境外投资管理人才搭建了平台。

1998年，温州建立了第一个境外中国商城——巴西圣保罗中国商城，后来由于投资主体不堪建设风险和经营风险，运行6年后被注销。

虽然第一个境外商品城开办失败，但却成了温州人向外开拓创新的一个标志性事件。这次失败不但没有阻止温州企业前进的步伐，反而让"走出去"的脚步更加有力。十年间，温州境外中国商品城以平均每年1—2家的速度，在世界各地开花。温州企业先后在喀麦隆、俄罗斯、荷兰、阿联酋、美国、蒙古国、英国、智利、芬兰等国家建立了几十个商品城，共有400多家温州企业进场经营。随着温州经济水平的提升，境外中国商城也在悄悄变化。这些商城的投资规模逐步扩大，投资主体趋向多元化，从发展中国家到发达国家，从占领低端市场到涉足中高档产品，呈现出新的跨越式发展。

三　温商海外工业园区发展的演化

温州是中国民营企业的发祥地和市场经济的标杆地区，康龙农业开发公司1991年8月在美国的投资，就被国家商务部称为"走出去"的"温州模式"。进入21世纪以来，温州民营企业对外直接投资的领域日趋多元化，投资方式更趋多样化。

2004年，在浙江省外经贸厅、温州市外经贸局的协助下，康奈集团最终选定俄罗斯乌苏里斯克市作为对外直接投资的启动点。投资合作区计划的启动，不仅成功推动了康奈集团由"中国制造"变为"海外制造"，而且通过整合国际资源，大幅提升了康奈集团的制造能力。合作区是2006年经国家商务部批准建设的八个境外经济贸易合作区之一，位于俄罗斯乌苏里斯克市麦莱奥区。合作区占地面积228万平方米，规划建筑面积163万平方米，设有生产加工区、物流仓储区、商务区和生活服务区，计划总投资20亿元人民币、引进60家国内企业。合作区于2006年9月28日开工，至2011年年底，合作区已入驻企业24家，其中浙江企业8家；带动国内出口3亿美元，上缴当地税收2000万美元。经过三年多的努力，合作区建设进展顺利，并取得阶段性成效。2010年制鞋总量达3000万双，销售额超2.5亿美元；合作区成为中国优势产业在俄罗斯远东地区重要的产、供、销聚集中心，为俄方提供就业、创造税收、优化产业结构，为中国中小民营企业走出去拓展市场、创立品牌搭建了平台。合作区实现中俄两国优势生产要素的有效结合，拓展和增强国内产品在海外市场上的竞争力；通过产业链向国外延伸，使中国企业实现了从"中国制造"到"海外制造"、从"产品输出"到"资本输出"的跨越，建立了中国企业全球价值链的雏形。合作区有重点地选择处于行业龙头的企业率先入区，精心培育了一批立足全球市场、资源全球配置的中国跨国公司。比如康奈集团、温州奥尔特鞋业、华润公司等，通过合作区的平台，在俄罗斯建立了研发中心、销售网络和生产基地，增强了国际化经营能力和竞争力。

温州一直是浙江省对外设立工业园区和经贸合作区最多的城市。俄罗斯乌苏里斯克经贸合作区、越南龙江工业园、乌兹别克斯坦鹏盛工业园、塞尔维亚贝尔麦克商贸物流园、印度尼西亚青山工业园等均是温商或以温商为主的海外投资项目。温商投资的"一带一路"沿线国家（地区）境外园区数量也居全国地级市首位。

冠盛汽摩配在美国建立了生产园区等。2003 年，冠盛第一家海外子公司，美国 ADI 汽车零部件公司在美国亚特兰大成立；2005 年，冠盛在收购美国一家汽车配件厂的基础上，建立了 GSP 北美有限责任公司（GSP North America Co., Inc.），占地面积 30 亩。2005 年年底成立时，是美国南卡罗来纳州雇员人数第二多的中资企业（仅次于海尔美国南卡公司），为美国当地人就业做出了贡献。

森马部分收购韩国电商品牌。2015 年 4 月，森马服饰发布公告称与韩国 ISE Commerce Company Limited 签订投资协议，公司以每股 4435 韩元的价格认购 ISE 新发行股份 451 万股，合计约 200 亿韩元，约合人民币 1.15 亿元。森马服饰透露，下一步将与 ISE 合作整合资源，在中国构建移动互联平台，开展相关业务。

四　温商海外研发的演化

1999 年温州奥康集团在意大利的制鞋主要地区马尔凯大区设立了办事处和产品研发中心，直接聘任国外的设计师为奥康提供新产品的开发。

2002 年德力西集团收购了德国波恩一家电器生产企业，并建立了产品研发中心，利用德国的先进技术和设计理念，开发新产品，并创立了"德兰"品牌。

正泰在美国硅谷设立了研发中心，冠盛也在美国、欧洲设立了研发中心。不同于过去的温企在外设立贸易公司、代办处等，开展海外并购已成为新趋势。2016 年前两个月新批的 5 个项目中，以并购形式实现的有 2 个，并购额 1223.5 万美元。其中瓯海企业温州振泰旅游开发有限公司投资 1200 万美元，计划在荷兰开设一家"方兴酒店"。继 2015 年在印度尼西亚投资 7.72 亿美元设立印度尼西亚青山不锈钢有限公司后，2016 年又斥资 4.47 亿美元，设立印度尼西亚瑞浦镍铬合金有限公司。在我国实施供给侧结构性改革大背景下，进一步探索国内产能优势与境外优质矿产资源深度融合的可行路径。目前，温商的海外并购所涉及的行业日渐多元，由原来传统的制造业逐步向服务业领域延伸。温州市部分企业抓住国际经济下行之机并购境外研发设计机构，以此驱动境内产业的转型升级。还有一些企业则从全球化战略布局或扩大销售渠道等需求出发，将设在海外的办事处、销售点等升格为分公司、子公司。

第四节　海外温商创业模式的演变

一　相关文献综述

1. 关于温商创业模式的研究

温商作为改革开放后的一个典型的创业群体受到世人关注，但关于温商创业模式的学术研究相对稀缺[①]，更缺乏对海外温商的专门研究。海外温商创业的具体过程和形式，则经常以创业故事的形式大量出现在各类报道中。钟辛（2008）通过若干海外温商创业故事，总结出"能吃苦，当老板又能睡地板；喜抱团，团结一心占市场；存梦想，白手起家当老板"等海外温商创业风格。在 2003 年第一届世界温州人大会之后，《浙江日报》记者徐园、苏靖（2003）就认为勤奋、团结和智慧是海外温州人创业的基本要素，20 世纪 30 年代走出去的温州人大多以皮鞋、服装和餐饮等为主业，但目前随着温州人进入各行各业，企业规模越来越大，一些年轻人，短短几年就可以创出上一代需要十几年才能实现的事业。中国特色发展之路课题组对每一个具

---

① 2010 年 4 月 10 日，以"温商创业模式"为查询内容进行全网查询的结果表明，在中国期刊网学术期刊数据库中，尚未找到相应的论文。

有典型意义的城市进行了分析，认为温州人的创造力使温州的发展拥有最深厚的活力源泉。温州发展靠的是温州人和温州精神，温州商人群体是温州人和温州精神最完美的结合（中国特色发展之路课题组，2008）。另外，在一些关于温州企业家的传记中，或多或少出现了对温州商人创业模式的描述，如《温州之子叶康松》就介绍了叶康松在美国的创业历程（沈绍真，2005），但基本上属于创业故事的叙述，没有从创业学的角度对各种模式进行分类，更没有研究形成这些模式的机制。

2. 关于创业和创业模式的研究

关于创业和创业模式，国内外学术界已有不少研究。国际上的研究，包括创业概念的界定和各类创业模型的建立，以及创业者、创业资源、创业过程、创业业绩分析和国际创业等诸多问题。随着创业实践的快速发展，近年国内创业研究出现逐渐增多的趋势，但对于海外温商群体的创业研究目前还比较缺乏。

（1）国外关于创业和创业模式的研究

Low（1988）认为，学术界至今尚未对"创业"的概念边界进行非常清晰的界定，Shane（2002）指出现在还没有发展出真正意义上的创业理论体系。但创业研究中，目前已发展出多个创业模型。如 Timmons（1999）关于创业机会、团队、资源三者动态平衡的模型，Gartner（1985）关于个人、组织、环境和过程的创业模型，Wickham（1998）基于学习过程的战略创业模型，Christian（2000）关于创业者与新事业互动的模型，Sahlman（1999）关于人与资源、机会、交易行为和环境四个创业要素相互协调、相互促进的过程模型，以及 Zahra 和 George（2002）关于国际创业的一个综合模型等。创业研究更多出现了诸如先期经验对于创业的作用（Westhead 和 Wright，2009），创业团队的关联、承诺与创业绩效（Beckman，2007）等有关创业过程具体问题的实证分析。

目前创业模式大多根据创业发生的多种属性来进行分类（Sahlman，

1999)。Sharma 和 Chrisman（1999）认为组织内创业，即公司创业系由一家已经相对成熟的公司创建一家附属的新企业，可分为 3 种类型，即公司投资、战略变革、创新；根据是否盈利，Cannon（2000）将创业分成以下 5 种类型，即社会目的的创业、共同财富的创业、慈善事业的创业、社会企业创业和公民创业；Spencer 和 Gomez（2004）根据创业复杂程度将其划分为 3 种类型，分别是自我雇佣、小企业、本地股票市场的新上市公司。Behide（1999）则将创业分为自我雇佣型创业、冒险型创业以及大公司的内部创业三类；根据创业类型，Christian（2000）将创业模式分为：复制型创业、模仿型创业、演进型创业和创新型创业 4 种。2001 年的 GEM[①] 报告在总结推动型和拉动型两种创业类型的基础上，从创业动机的角度提出和深化了生存型创业和机会型创业的概念，报告主要撰写人 Reynolds（2002）又进一步指出生存型创业就是那些由于没有其他就业选择或对其他就业选择不满意而从事的创业活动；机会创业则是为了追求一个现有或潜在商业机会而从事的创业活动。

（2）国内关于创业模式的研究

目前国内理论界对于创业模式尚未形成统一的观点与研究的边界。创业模式的研究，经历了简单分类、多种定义和完整论证等不同阶段。首先高建等（2005）认为创业模式是目前创业研究的重点之一，创业模式理论研究主要是从不同维度对创业模式进行划分，从而表明创业模式不同角度的特点；房路生（2009）则进一步深化了创业模式的概念，认为就是在既定的外部发展条件和行业基础上，通过企业家的能力将内部与外部的一系列资源重新整合，企业家依赖某一种特色资源为基础而创建企业，通过这种特有资源辐射和带动企业的新组织、新关系，并最终反映出一种特色资源的利用方式；

[①] GEM 全称是 Globe Entrepreneurship Monitor，全球创业观察的英文简称。GEM 是由国际著名的英国伦敦商学院和在创业教育上全美排名第一的美国百森学院共同发起成立的国际创业研究项目，每年发布一个全球各地创业报告。

李时椿（2006）指出创业不是无系统的凭空设想，而是一个需要一种模式去引导的过程，也有学者指出创业模式理论还涉及创业者的动机、创业者对机会的识别和挖掘、创业形式的选择等（杨冰兰等，2007）。

关于创业模式的分类。房路生（2009）认为正如理论界对"创业"和"模式"本身的内涵认知不一致，对创业模式的研究与看法也同样存在很大偏颇。如杨冰兰等（2007）从创业推动力量角度，把发达国家创业模式划分为政府推动模式、民间驱动模式、科技创业模式和普通创业模式；高建等（2005）认为基于创业模式文献的学术梳理，可从创业赢利性质、组织类型、创业者角色、创意来源等角度划分6种不同的创业模式；胡怀敏和肖建忠（2007）通过对拉动型创业模式和推动型创业模式的比较，认为由于社会资本和人力资本相对较少，生存驱动型是中国女性创业的主导模式；肖功为和李四聪（2008）则通过对湖南省民营企业创业模式进行实证分析，把民营企业创业模式概括为"零资源""由商而工""伴生共荣""反哺""高地"五种；刘健均（2003）通过对企业内在机制进行分析，归纳出基于制度创新的三种不同创业模式：基于产品创新的创业、基于市场营销模式创新的创业模式和基于企业组织管理体系创新的创业模式。

二 海外温商创业的理论模型

为了对海外温商创业模式进行理论研究，我们需要回顾几个经典的创业模型。首先必须提及 Wickham（1998）提出的基于学习过程创业模型。该模型认为，创业活动包括创业者、机会、组织和资源四个要素，这四要素互相联系。创业者任务的本质就是有效处理机会、资源和组织之间的关系，实现要素间的动态协调和匹配；创业过程是一个不断学习的过程，而创业型组织是一个学习型组织。通过学习，不断变换要素间的关系，实现动态性平衡，成功完成创业。Wickham（1998）创业模型的特点主要是，将创业者作为调节各个要素关系的重心，经过对机会的确认，他们管理资源并带领团队实施创业活动。在这个过程中组织不断加强学习，使创业者能够根据机会来集中所需资源，使组织适应机会的变化，进而实现创业成功。

但我们认为，创业模式成功除了上述条件之外，更重要的是注意环境的变化。不同的环境之下，机会、组织和资源等创业要素之间的关系是不一样的，不同创业者与这些创业资源的互动机制不同，所形成的创业模式也就不同。另外一个经典创业模型为克里斯蒂安创业模型，此模型注意了创业环境的影响，包括如何创立新事业、随时间变化的创业流程管理和影响创业活动的外部环境网络三个（核心）议题，强调创业者与新事业的互动关系。我们认为应该将两个模型有机融合在一起，以创业者为中心，围绕发现机会、协调资源、构建组织和团队，根据不同环境的具体情况，互动整合形成自己的创业模式，然后再动态调整创业模式，以适应环境新的变化。这样的创业机制能针对环境的变化，创业者根据自身条件和创业资源的优劣，最终确立个人的创业模式。

所以，我们认为所谓的创业模式，就是创业者在不同的创业环境下，对创业机会、资源、组织等创业要素采取的不同组合方式。创业环境包含一般创业环境和创业支持环境。前者指一般的历史、文化、政治、经济和社会制度等宏观环境；后者主要指与创业活动相关的各种支持条件，如融资环境、专业技术环境、商业环境和基础设施等（张玉利等，2004）。创业一般环境是创业者不能改变的，是必须适应的，创业支持环境是创业者以不同方式加以有效利用的。海外温商由于创业环境与国内存在巨大差别，如不同国家的经济发展水平、创业文化、创业理念等一般创业环境均存在差异；同时，创业支持环境，如各国的生活水平、金融政策、科技发展水平等也是千变万化的，所以，为了适应不同国家的创业环境，世界各地的海外温商形成了各不相同的创业模式，成为海外温商的亮点。

创业模式形成机制在于创业者与创业要素的互动机制。不同的时间、地点，创业的一般环境和创业支持环境会相差很大，创业者应当主动把握创业要素的相对优势，尽最大可能利用创业环境。不同的创业者即使对于同样的创业环境，如果选择的创业模式不同也很可能导致创业过程和结果的显著差异。不同创业者，对相同创业环境下的各种创业要素相对优势会有不同考虑，对创业者自身优势与创业环境的互动机制也会有不同的取舍和整合，自然会形成不同的创业模式。海外温商创业模式的形成机制如图6-2所示。

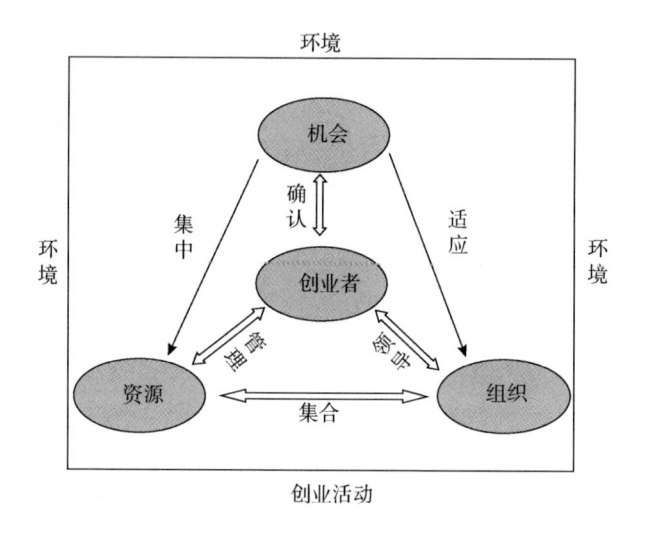

图6-2 海外温商创业模式形成机制

资料来源：参考葛宝山、王立志等《经典创业模型比较研究》，（《管理现代化》2008年第10期）相关内容绘制。

三 海外温商创业模式的分类

（一）调查概况

从2008年年底开始，我们在温州市政协、市侨办、市侨联等有关部门和机构的帮助和支持下,利用温州丰富的海外经商企业家资源,通过面谈和电话访问等形式,在温州调查了回温探亲、开会的海外温商代表,陆续收集了 32 个海外温商创业案例。32 个案例中,创业者年龄最大的是 1943 年出生,最小的为 1971 年出生;其中男性 29 位,女性 3 位;最早出国时间为 1974 年,最晚出国时间为 2001 年;涉及美国、意大利、日本、巴西、贝宁、埃及等 13 个国家;创业者既有来自文成、丽岙、七都等温州传统侨乡的,也有来自温州其他县市区的;大部分创业者为中学甚至小学毕业,只有 3 位是大学毕业;创业者出国前有的是公务员、医生等,但更多的是农民、工人等;部分创业者有过创业经验,也有出国后才开始创业的;创业行业几乎涵盖了餐饮、服装、鞋类、箱包等海外温州传统行业,也涉及运输、房地产、商贸市场开发等新兴服务业,个别的还进入了高频发射器、光伏太阳能等高新技术产业;创业年限,最长的为 35 年,最短的也有 9 年。综上所述,本次调查的海外温商创业人群,基本上符合温商群体创业来源多、创业分布面广等基本特点。

结合调查访问的情况,根据上述改进的 Wickham、Christian 的创业模型对这 32 个案例进行创业模式的分类。按创业动机、创业经历、创业资源与温州关联程度、创业组织形式和创业过程,共分为 10 种创业模式。具体见表 6-3。

表 6-3　　　　　　　　海外温商创业模式分类

分类标准	创业模式
创业动机	生存型创业、机会型创业
创业经历	一次创业、二次创业
创业资源与温州关联程度	内联式创业、海外独立创业
创业组织形式	个体创业、合作创业
创业过程	挤入型创业、开创型创业

资料来源:根据笔者调查样本情况编制。

(二) 海外温商创业模式的分类

1. 按创业动机分为生存型和机会型创业

按创业者的创业动机，可以分为生存型创业和机会型创业。生存型创业是指海外温商为了生存又找不到就业机会时的创业，类似于国内自主决策和经营的个体户。生存型创业分三种典型形式：摆地摊、沿街叫卖和自办地下作坊。在32个案例中，有三个生存型创业案例。如20世纪80年代初到意大利的一个温州文成农民，缺乏技术没有找到工作，只好采用沿街叫卖的形式。这是一种早期非常普遍的生存型创业，20世纪的70—80年代被海外温州人经常采用。当时许多刚到巴黎的温州人为了能够在巴黎生活并偿付巨额出国费用，往往会身挎一个像公文包的皮包，装满诸如打火机、梳子、圆珠笔等小商品。他们的销售方式类似于现在保险推销员的"扫街营销"，就是到沿街的各咖啡店销售。每到一家，就开包给顾客展示所带商品，问是否需要，然后到下一家，循环往复直至天黑才结束。而且很多温州老乡从事同样的工作，往往出现前脚刚走，后面又来一个温州人的尴尬局面。这种生存型创业比较艰苦，工作时间长，利润低，但能维持基本生活，也可为以后创业打下基础。这样的原始积累，一般需要两三年的时间，更长的则要5年。本次调查中的另外两个生存型创业案例，其中一个是在国内有过创业经验的小老板，在积蓄用完之后，为了继续留在巴黎，只好自己开设非法的地下工厂，为温州老乡加工服装。夫妻两人就这样开始海外创业历程；还有一个是在巴西创业的温州人，利用温州出产的电烤鸡设备，通过在集市摆摊卖电烤鸡谋生并创业。

机会型创业是指海外温商因偶然获得或特别发现的商业机会而进行创业。在32个案例中，就有这样的创业案例。如一个奥地利的温商，创业前在一家餐馆工作，偶然的原因，原业主要转让该餐馆，平常表现出来的敬业精神和聪明能干的品质，使该温州人成为转让的第一选择，原业主还给了很多的优惠，帮助他创业。最后，他抓住机会并创业成功。发现特别的市场是机会型创业的一个典型表现。如1990

年前后，较多温商从欧洲辗转到巴西创业。其中一个重要原因就是巴西本身所拥有的广阔市场和可以辐射南美大片市场腹地。在本书32个案例中就有4个海外温州人发现并开拓了巴西巨大的商品市场，从而将鞋服、汽摩配和节能灯等温州优势产品引入并占领了市场。甚至还有原本在意大利做餐饮的温州老板，因为看好巴西市场，而转行到巴西专门做节能灯销售的成功案例。

2. 按创业经历分为一次创业和二次创业

一次创业是指过去没有创业经历，到了海外才开始的创业。而在国内已经进行过一次创业，到了海外再次创业的，称为二次创业；或者虽然海外已经有了一次创业，但从事的行业、经营地点或企业组织形式等发生了重大变化，也可称为二次或多次创业。一次创业，大多发生在改革开放初期或以前就出去的早期海外温商。如在1980年前后，由于当时国内尚未形成主流的工商业主阶层，出去的人几乎均属于一次创业。但1985年开始又有大批温州人出去，这时就已经有多人在温州或中国其他地方拥有事业，他们的海外创业属于二次创业。从32个样本的情况来看，越晚出国的就越可能是二次创业。1985年前出去的6人，均属于一次创业；1985年后出去的有超过一半的人属于二次创业。越来越多的温州商人是作为投资移民而出国的，而且出去越晚，他个人的财产就越多。2000年后，很多温商新移民出国后第一个事情就是购买豪宅、好车，而不是创业，令不少老华侨为之咋舌。另外，案例研究也表明，长时间在海外的温商，几乎均有多次再创业机会，同时企业规模会逐渐变大，其经营的行业也日趋多元化。

3. 按创业资源与温州关联程度分为内联式创业和海外独立创业

内联式创业指温商所利用的创业资源与温州相关。有直接和间接两种形式，一是直接利用温州的经济资源，如销售温州的产品、利用温州的原材料和设备等。在创业初期就从事商品贸易的温商，往往从销售温州产品起步，或者以温州的产品为主，以后逐渐转到义乌或者广东等地。一些温州特色的饭店也直接与温州相关，因为要顾及温州人独特的口味，会特意从温州直接采购鱼干、咸菜等土特产，甚至还包括新鲜的杨梅和海鲜。在32个样本中，有17个创业样本，其创业资源与温州直接相关。

内联式创业的另一种形式是间接利用温州的经济资源。实际上是与广义的温州人经济网络有关，即利用温州商人之间的亲缘、血缘、地缘等关系进行的创业。调查样本中，10个海外温商的创业活动就是利用了广义的温州人经济网络。其中出现最多的就是温商之间合伙经营，关系较近者直接合伙，关系较远者或会选择入股的形式，关系更远的可能通过第三者担保人进行简单的借贷。这样就会形成一个温商合作的经济网络。随着海外新温商的大量增加，更多地产生了专门为海外温商服务的创业企业，如房地产经纪、旅游服务、医疗、法律咨询等机构。

海外独立创业，是指海外温商创业时基本上没有直接或间接利用与温州人和温州经济有关的资源。在本次调查中，只有5个样本创业时是与温州经济没有任何关系的。分别从事当地的运输服务、房地产中介、贸易、服装设计和高技术开发生产，创业者利用的只是当地资源。海外独立创业，在世界各地大量海外温商的创业实践中并不多见。另据观察，在调查样本之外，也有一些温商从事国外品牌代理、买断国外矿产等直接利用所在国资源的海外独立创业活动。

4. 按创业的组织形式分为个体创业和合作创业

温州商人一般喜欢个体创业，但一旦需要资源整合，也很容易结成合作关系。在所调查的样本中，13个属于个体创业，其中9个是餐饮企业，属于合作创业的有19个样本。而且通过访谈发现，早期的小餐馆、小作坊、小摊位一般属于独立创业，创业者既当工人又做老板，即所谓的白天当老板，晚上睡地板。但一旦涉及批量国际贸易等需要大量资金的投资行为，或者运作环节繁多的投资行为，温商往往会采取合作的方式。具体的合作方式是多样的，可以是股份制，也可以是合伙制，也有简单的借贷。我们的调查还发现，随着海外温商创业事业的发展，在进行第二次、第三次创业时，温商更多地喜欢采取合作方式。缘何大多喜欢合作创业，参与访谈的海外温商认为合作可以得到更多、更广的创业资源，同时多个合作者能分担创业风险，增加抗风险能力。很多温商表示，通过合作可以扩展更广的人际关系，涉及更多的新兴产业，发现更多的创业机会。

5. 按创业过程分为挤入型创业和开创型创业

挤入型创业指在原有的市场比较成熟、竞争比较激烈的情况下，温商利用价格、营销手段等方面的优势，挤入既有市场并成功创业。访谈案例中，1994年在葡萄牙北部的 Proto 和 Vila do Conde 成立的葡萄牙第一家华人批发公司就属于挤入型创业。当时那里遍布印度人的批发公司，且有较长的经商历史和市场基础，要建立华人自己的批发市场，不仅要打开市场，取得葡萄牙商人的信任，而且要抵制印度商人的集体围攻。温商攻克一道道难关，终于成功替代了印度商人，并占据了葡萄牙的小商品市场。又如，1998年前后，温商率先打破犹太商人的独占地位，在与巴黎环城线相邻、位于市区东北的 Aubervlliers，建立了中国商品交易的聚集地（张执任，2006）。还有在美国纽约法拉盛，温州商人也是挤走了先前的意大利商人和韩国商人，一举成为当地超市的主力。

开创型创业主要是指温州商人运用其独特的商业眼光和冒险精神，开创性地发现并开发出一个具有潜力的新兴市场。1996年前后，欧洲温商就发现了西班牙小城埃尔切重要的商业价值。于是，当时很多温商就从意大利、法国、荷兰等地，陆续迁到埃尔切，在温商的努力下，该市已经成为欧洲重要的鞋和箱包的集散地。在纽约，新来的温州移民大部分会选择在法拉盛或长岛等华人市场比较薄弱、更易创业的区域，而不是选择华人密集、创业机会很少的曼哈顿唐人街。近年来温商频频出现在非洲国家，一方面开创了木材、矿产、石油等国内急需资源的供应市场，另一方面新辟了潜力巨大的非洲消费品市场。

四 温商全球化的未来趋势

温商全球化的过程其实就是其内在的市场化过程的表现，随着经济全球化的进一步发展，更多的温商到海外定居和创业。如何利用所在国的创业要素，更好实现创业者与创业环境的有机结合，寻找和抓住创业机会，整合创业团队，设立创业组织将成为海外温商和国内温商走向海外成功创业的关键。未来海外温商创业模式将不断发展，我们需要特别关注以下主要的变化趋势。

1. *生存型创业和内联式创业将会越来越少*

随着中国经济的发展，为了生存到海外谋生的人群将会变少，越来越多的温商作为投资移民到海外发展，生存型创业将会减少，机会型创业会大量增加。同时由于信息技术和物流技术的进一步发达，创业资源将更加扁平化和全球化，与温州相关创业资源的独特价值会随之降低，内联式创业将日渐减少。

2. *海外独立创业将会大量增加*

随着海外温商数量增加和素质的提升，特别是语言能力的改善，使他们对海外居住地的历史、文化、政治、经济和居民的生活方式等有了更深入的了解，加上海外温商本身所具有的强烈创业意识，更多服务侨居国本土居民的创业机会将会被发掘，海外独立创业将大量增加。

3. *海外创业行业的变化会导致创业模式的改变*

与国内创业发展趋势类似，目前从温州传统产业起步创业将会变少，而诸如物联网、互联网、文化创意、教育培训、咨询等新兴产业也将会成为海外温商的创业热点。随之将可能出现联合外籍专业人士利用温商资本，创办高新技术企业等新的创业模式。

4. *海外温商的第二代创业将逐渐成为主流*

海外温商的第二代群体悄然形成。目前，已经出现海外温商的第二代利用自身语言的优势，帮助上一代创业的例子。海外温商第二代在教育程度、人脉网络、创业理念和思维模式等方面，已发生了巨大的变化。他们将逐渐成为海外温商创业的主流群体，而资本运营、跨国经营等会成为他们有别于上一代创业模式的象征。

5. 国内外温商互动的全球化新模式

随着全球化的进一步发展以及中国经济本身的调整，"一带一路"倡议逐步推进，越来越多的温商会走出去。已经在海外的温商将会对正在走出去的温商提供更多的帮助，他们在海外投资过程中曾经遭遇的陷阱、失败的教训，特别是已建立的世界温州人网络，无疑可以为温商的全球化提供借鉴和服务。正泰在罗马尼亚等东欧国家投资发电站时，他们在这些国家的法律后援支持、文件翻译服务、后勤生活保障等都是由先期到当地开展经营活动的温州人企业直接或者间接帮助解决的，这很好地体现了温州商人走出去的先发优势。

温商的全球化跟温商作为中国市场经济的先驱一样，其根本原因就是市场内在的驱动，以及温州人具有国际移民的历史基因。温州商人正是在市场的内在驱动下，不断地通过创新市场，通过温州商人的节点联系，通过聚集的方式将温州商人的网络扩大，并且通过这个网络和聚集的循环逐步遍及全世界，推动温商全球化。

未来，温商全球化需要提升温商网络节点的质量，即温商个人素质以及节点间的联系方式，通过改善网络的结构和关联，继续成为温商浙商乃至整个中国实施新型全球化的排头兵。

第五节 温商全球化案例

一 罗马：欧洲中国货网络的起点

罗马华商的聚集是在 1986 年的大赦之后，一些原先定居在米兰地区、以沿街贩卖为业或为意大利小工厂工作的中国移民迁居罗马，他们发现在罗马开设中国餐馆是个好行当。整个 80 年代，餐饮业为以家庭团聚为由来意大利的中国移民提供了无数就业机会。与餐饮业无关的进出口贸易始于 20 世纪 90 年代初期。最初进口的是传统的中国高价值产品，市场反应不如预期。以青田温州为主的华商在罗马维托里奥市场（Piazza Vittorio）的进出口活动开始于 1993 年左右。起初只卖打火机，然后进口中国刺绣衬衫来卖。1995 年至 1996 年，商品种类就多了。先是中国手帕风靡意大利，然后是意大利款式的衬衫和裤子。1996 年至 1997 年，牛仔裤、T 恤、鞋子等中国产品大规模出口到意大利。21 世纪前期开始，罗马的客户群更加国际化。一开始维托里奥市场的华人从希腊寻找国外客户，接下来法国、西班牙、葡萄牙和德国的华人通过温州人的社会关系网络也先后拓展至维托里奥，维托里奥在全欧洲的华人贸易商中颇具声名。客户从机场能很便捷地到达位于维托里奥市场的展示店，看货下单后，货物很快就被从仓库发往意大利和欧洲其他地区。这一时期，客户群包括华人批发商和其他国籍的批发商。罗马的市场成为全欧洲中国货的源头，成为很多海外城市中国货市场的样本，也是温商国际化的一个典型。

二　巴黎的温州人：温州商人网络的自我生长

巴黎的温州人目前大约有 15 万名。最早的巴黎华人是第一次世界大战后留在法国的青田人，20 世纪 30 年代初和 20 世纪后期是早期温州人去法国最为集中的时期。最早他们集中在巴黎里昂火车站。法国经济在第二次世界大战后的"光辉的 30 年"（1944—1973 年），温州人也迎来了自己真正办实业的时代。20 世纪 70 年代和 20 世纪 80 年代，从温州来的一大批新移民，真正改变了巴黎的温州人商业活动。他们先是通过移居到犹太人聚集的巴黎三区与四区交界的庙街，逐渐从低端的皮带、皮包开始与犹太人竞争。通过每天长时间的工作（每天工作 13—15 小时）和低价格策略，温州人从低端产品慢慢做到了中端产品，也使80年代中后期的庙街发展成为温州街，到90年代他们就开始立足巴黎的美丽城大街（巴黎十区、十一区和十九区的交会处）。从庙街的皮包生意到美丽城的商业服务业，温州华商通过自身网络的生长，逐渐在巴黎站稳脚跟。并利用中国经济的快速发展，将原来巴黎的一些加工厂转回中国国内市场，又利用中国加入世界贸易组织的便利，逐渐转化为利用从中国进口的商品在巴黎郊区93省开设中国货市场。期间的这些变化，是温州人社会关系网络自我生长的过程，也是利用了国内外温州人资源进行的全球化演化。

三 欧洲：温商全球化的中间集散地

温商全球化一个很重要的特点是欧洲成为温州商人二次或者多次移民的集散地，也体现了海外温商全球化的典型样态。具有移民传统的温州商人，通过各种手段移民到欧洲各国之后，一般会不断地参与创业，而且会根据定居条件的变化，如适应各国大赦的时间表，以及根据产业的变化，选择不同的国家和城市进行二次或者三次移民。加上2000年以后欧洲的经济发展情况也不景气，尤其是2008年的国际金融危机后更是每况愈下，所以温州商人利用欧洲作为全球温州商人信息中心的优势，通过温州商人逐渐扩大的社会关系网络，获知有温州人涉足的国家和地区的市场信息、社会发展情况、当地政府的政策支持等。所以，温商慢慢形成从西欧向东欧、北欧的流动；从欧洲向北美洲和南美洲的流动；从欧洲向中东和非洲的流动等二次或多次移民流动趋势。同时，这些新移民所在地的温州商人的经济获利及其网络节点的作用，又会进一步加强其他温州商人的二次移民，从而形成现在遍及全球的独特温州商人群体。

第七章　对温商海外移民创业网络嵌入路径的重新审视

经济全球化推动了大量中国移民的海外成功创业，在为东道国产业集群的发展注入创新要素的同时，也推动了国内相关产业集群的国际化进程。海外移民企业在东道国产业集群中的嵌入过程，既体现为与东道国主流社会文化、经济结构的同化过程，也使得东道国产业集群的演化呈现出独有的特征。一方面，海外移民参与东道国产业集群演化需要强调社会、文化、制度之间的相互关联；另一方面，东道国产业集群演化的诱因主要是集群内部企业迫于竞争压力而发生的区位转移、消融或全球化带来的新创企业加盟。

温州作为全国首批对外开放城市和中国民营经济的重要发源地，其特殊的地理优势和宽厚的移民链引致了此起彼伏的"移民潮"，温州商人不仅带动了本土经济持续发展，还通过跨国贸易与海外投资密切融入于世界产业链的升级进程。尤其是在意大利的普拉托，温州移民企业构建的极具优势的生产网络和劳动力资本是推动其服装产业集群发展的重要动因；而普拉托服装产业集群（以下简称产业集群）的发展也依赖于温州移民企业构建的网络（以下简称移民创业网络）的创新能力及其在区域环境中的不断发展和根植，移民创业网络与东道国产业集群的发展理应呈现出协同共生的演化规律。温州移民创业网络的发展过程就是其有效嵌入普拉托服装产业集群的结构优化过程，不断寻找产业集群中适宜的位置，不断通过移民创业网络内部的价值链调整来推动整个移民创业网络向产业集群中的关键节点拓展。然而在实践中，尽管移民创业网络内部建立的信任、合作推动了"意会"知识的学习，实现了"非贸易相互依存"（Storper，1997），但是与普拉托产业集群中其他组织之间的"非贸易相互依存"关系尚呈不断演变的态势，网络间的协同及融合程度始终存在差距，出现演化错位现象也就在所难免。此外，由于母国与东道国在管制、规范和认知制度环境上的差异会导致移民创业网络与东道国产业集群在结构、内容和治理模式上存在差别，而移民创业网络的形成与发展又依赖于东道国产业集群的演化，移民创业网络与产业集群之间将始终面临演化错位与协同共生的两难抉择。

当前，随着欧元区经济持续低迷，曾经被意大利引以为豪的产业区模式正陷入前所未有的困境；然而，普拉托主要商品批发区的华商企业如今已经占据90%以上，服装制造业95%以上被华商控制，从某种意义上讲，华商正在支撑着"意大利制造"的本土化。移民创业网络如何在演化错位与协同共生之间获得动态的平衡？能否在助力意大利传统产业集群摆脱尴尬境地的同时完成嵌入模式的转型？作为"走出去"战略的先行者和践行者，对海外移民创业网络"走进去"的演化错位与"走下去"的战略抉择进行反思，既具有重大的理论和实践价值，也面临着研究范式的挑战，因而绝不应拘泥于传统的国际移民理论和集群网络演化的研究范式的窠臼。

尽管很多学者长期关注移民及移民网络的演变，也有不少学者研究产业集群特别是意大利产业集群的演化，但毋庸置疑的是，移民网络的发展不仅依托于东道国产业集群的演化，而且将影响东道国产业集群的演化路径，针对上述问题的深层揭示却尚未有学者涉及。1999年以来，本书作者共六次访问普拉托，特别是2014年上半年在佛罗伦萨大学做高级访问学者期间，更是接触了大批普拉托的华人华侨。加上在温州对温州籍普拉托移民企业家所做的访谈，笔者共获得了60多个海外移民创业的案例，他们中的大部分人来自浙江省温州地区（包括相邻的浙江省丽水市青田县），大多从事与服装产业相关的工作。持续而深入的调研为我们清晰描绘出近二十年来普拉托移民创业网络演化的鲜活画卷，更为我们剖析移民创业网络与东道国产业集群之间的演化错位与协同共生现象提供了丰富的素材。

有鉴于此，本书借鉴社会关系网络理论和制度理论的研究思路和解释框架，探究移民创业网络和东道国产业集群的演化历程，从演化错位现象中寻求线索，在客观辨析引致演化错位的内在动因的同时，系统提炼移民创业网络嵌入东道国产业集群的内在本质，挖掘实现网络协同共生的制度契机，阐述中国移民企业在东道国的可持续发展策略。这种基于"跨国社会空间"的良性生态系统的营造将有助于中国在实施"走出去"战略、推动全球化产业布局中树立主导地位并达成多方共赢，具有极其重要的战略意义。

第一节　海外移民及创业网络相关文献回顾

一　移民创业与创业网络

移民创业是东道国社会经济发展中的重要推动力量（Herman & Smith，2010），移民表现出的创业潜力与商业意识为东道国提供了工作机会并推动了创新（Anderson & Platzer，2006）。然而，移民创业在发展过程中依然存在两难困境，一方面，中间人族群理论认为当地社会对移民的敌意导致移民不甘心被同化，并致力于保持其陌生人身份，移民内部会构建由移民企业组成的社会关系网络（Blalock，1967）；另一方面，移民创业受制于移民网络内部紧密的社会关系和冗余的资源流动，网络中关系的建立与网络结构的形成将对移民创业形成边界约束，迫切需要通过拓展商业范围以寻求创新机会（Turkina & Thai，2013）。因此，移民创业需要在族群内部的社会关系网络与外围的社会关系网络中建立平衡。

为了主动发展交易关系以利用社会资本来克服新进入缺陷，创业者需要利用个体或组织所形成的认知、合作和信用关系来获取商业支撑和情感支持（蔡莉、单标安，2011），新创企业成长过程中所构建或参与的网络被定义为创业网络（Hoang & Antoncic，2003）。借鉴已有创业网络领域的研究成果，我们认为移民创业网络是移民创业者的个体网络以及新创企业的组织网络等创业者和新创企业所拥有的各种社会关系的总和。一方面，充足的资源获取是移民创业过程中需要解决的最为关键的问题（Zelekha，2013），族群内部的社会关系网络为移民创业者提供了机会识别的信息、资本、技术以及劳动力，成为确保移民创业成功的必备条件。另一方面，移民创业还需要建立涵盖政府、银行、会计、商务咨询、科研机构、合作伙伴的商业网络以拓展业务范围（Stephens，2013）。因此，学者们大都认同将移民创业网络划分为三种类型，即政治网络、商业网络和社会关系网络。政治网络由政府部门和相关组织机构组成；商业网络由竞争对手、供应商以及银行、客户、会计和商会等商业合作伙伴组成；社会关系网络则由家庭成员和朋友组成（Machirori & Fatoki，2013）。由于创业的不同阶段需要不同类型的资源支持（Bouke et al.，2003），网络的动态演化特征也需要为网络成员在不同时点提供不同的资源保障（Sullivan，2006）。Fatoki 和 Oni（2014）通过对移民企业家的深度访谈证实了上述三类移民创业网络的存在，并提出社会关系网络中的强联结在创业构想阶段起到决定性作用，商业网络中的弱联结在创业的运营阶段起到决定作用，而社会关系网络也能够在运营阶段帮助创业者更好地利用家族成员和同乡来获取人力资本，而政治网络在移民创业的各个阶段均未能产生实质性的作用。

即便如此，由于母国与东道国在政治、法律、经济以及社会制度等诸多方面存在差异，两国在规制、规范和认知层面的不一致将产生制度距离（Kostova，1996），进而影响移民企业的经营活动。移民创业必须得到东道国市场上供应商、零售商、消费者的认可，也要克服东道国文化、习惯、价值观等非正式制度中存在的差异，只有在获得市场合法性和社会合法性的认可之后，才能达成与族群外围商业网络的有效融合。因此，移民创业网络的构建必须考量制度距离对创业行为和创业模式的影响，缩短制度距离有益于网络成员保持协同合作并推动移民创业网络的有序演化。

移民创业网络既是社会关系网络又是商业交易网络，既包括基于情感的沟通和社交活动，又涉及资源、商品、服务的交易与合作，但其本质是创新（Johannisson et al., 1994）。在创业网络中存在三种典型的交互作用，分别是基于信任的社会联系、基于契约的市场联系和基于联盟的交易联系（Tichy, 1998）。联盟的组建使移民企业能够有机会获得外部的信息和知识资源，促进企业间知识和信息的流动，从而提高移民企业的创新绩效（Gulati et al., 2008）；创新是移民创业网络演化的直接动力，集群创新则是全球化竞争背景下的重要组织形式，基于联盟的交易联系的本质在于创新关系的建立。

移民创业网络在创立阶段，为了提供更多的资源以更广泛地识别机会，此时的创业网络主要表现为社会关系网络；在启动阶段，移民创业网络的核心目标是实现企业的生存和价值创造，主要集中于业务范围之内；在持续成长阶段，移民创业网络则需要更多考虑企业的长期战略规划（Butler & Hansen, 1991）。为了更好地描述移民创业网络在不同阶段的属性特征，本书将移民创业网络划分为社会关系网络（基于信任）、市场关系网络（基于契约）和创新关系网络（基于联盟）。移民创业网络中的网络行为不仅与组织内部对互补性资源和特殊创新能力的需求有关，还与外部环境的威胁和机会有关（Koka & Prescott, 2002），因而会呈现出嵌入、脱嵌和再嵌入的复杂行为。由于制度距离不仅存在于个体与组织之间，还存在于组织与组织之间。移民创业网络的发展需要借助制度环境的建设来形塑与固化成员间的社会行为并形成内部成员接受的、能被东道国认可的交易模式。

二 制度距离与社会资本

制度理论认为,组织内嵌于国家特有的制度安排中,国家的政治体制、经济体制、社会规则、价值体系、教育体系等组成的制度环境会对组织行为产生深刻影响(Busenitz et al.,2000)。母国与东道国在管制、规范和认知制度环境上的差异,会导致移民创业网络与东道国集群网络在结构、内容和治理模式上存在差别;由于移民创业网络的形成与发展又依赖于东道国产业集群的演化,而东道国的制度决定了交易规范与移民创业倾向的外部环境(Kogan,2007;Kloosterman & Rath,2001),制度距离被用以度量制度环境的差异以及东道国制度的不确定性程度(Phillips et al.,2009),一般从管制、规范和认知三个维度来衡量(Kostova,1996)。管制制度包括法律、规则、制裁等强制约束人们行为的制度,又称为正式制度;规范制度和认知制度被认为是非正式制度。前者指社会外部的价值观念、意识形态与社会习俗等;后者包括组织内部习惯传承的共同信仰、共享逻辑。产业集群内特有的社会文化对于集群或集群企业创新关系网络的形成与演进产生深刻的影响,进而影响到集群的竞争能力,因而在实际研究中,更多学者采用文化距离作为认知距离和规范距离(非正式制度距离)的代理变量(Gaur et al.,2007)。制度距离将决定社会资本的利用效率,海外移民在创业过程中以及在移民网络的构建过程中,东道国的政治制度、社会规则、价值规范与文化体系都将对社会资本的利用效率产生重要影响。虽然制度距离已被认为是影响跨国投资战略的重要因素(Jensen & Szulanski,2004),但是移民创业所面临的"外来者劣势"决定了制度理论对移民创业网络演化依然具有解释力。

创业是嵌入一国社会经济的过程(Anderson & Jack,2002),移民在东道国创业需要获取充足的社会资源(Salaff et al.,2006),依赖于其身处的关系网络(Zhou,2004;Brass,1992)和当地的商业网络

(Burt，2009)。网络中通过制度、契约、互信、互动形成的社会资本对移民创业的重要作用毋庸赘言（Granovetter，1985）。自20世纪90年代起，诸多学者投身于社会资本的研究，从不同学科、不同视角证实社会资本作为一种网络掌控能力成为提升组织创新优势的重要资源。随着网络、信任、规范、互惠、价值、文化、制度等附属维度被相继引入（Ponthieux，2006），在带来丰硕研究成果的同时，对社会资本的逻辑描述依然纷争不断。社会资本不仅强调特定的制度环境和社会情境，还具有特殊的空间属性（Rutten，2007）。一方面，海外移民通过创业构建的社会关系网络在信息、融资以及劳动力供给等方面提供了创业的核心资源，帮助网络成员形成专业化的分工与合作体系；另一方面，移民创业网络的形成和发展已经与东道国的产业集群网络深度融合，形成了完整的价值链。由于当地利益相关者在评价进入者的合法性时主要参照属于同一认知范畴的其他实体的合法性程度（Yiu & Makino，2002），尽管国家之间存在制度差异，但网络关系有助于进入者建立合法性（Du，2009）；移民企业在东道国市场上建立的联系越多，就越能从其他企业获取"合法性溢出"（Kostova & Zaheer，1996），进而提高利益相关者对其的正面评价，削弱制度距离对移民创业的影响。移民企业若能够与当地政府部门和商业伙伴等利益相关者建立联系，则有助于减弱其在嵌入于东道国集群网络中所面临的"外来者劣势"（Rottig，2008）。因此，社会资本有利于外来者理解东道国的制度环境，引导外来者遵守当地环境的合法性要求，进而克服制度距离所造成的不利影响。

鉴于移民创业网络中蕴藏的社会资本既提供了网络发展的稀缺资源，又能够通过缩短制度距离提高移民企业在东道国的合法性认知，因而对移民创业网络中社会资本的探究既需要以开放的视野分析社会资本在内部网络中的作用规律和在外部网络中的拓展机理，还需要以动态的视角审视移民创业网络的发展与东道国产业集群演化之间的互动模式，尤其需要关注制度距离在网络互动过程中的独特作用。

三 产业集群演化与移民创业网络演化

网络会随时间的推移发生演化与改变（Sawabe & Egashira，2007），网络演化是不确定竞争环境下的自我保护行为（Witt，1992），通过内在要素和结构的优化提升核心竞争能力，实现有效治理和持续发展（McPherson et al.，2001）。近年来，有关网络演化机制及路径的研究一直备受关注（Bunt & Groenewegen，2007），但针对演化机制动态性和复杂性的研究尚显单薄（李文博等，2010）。产业集群学派认为，产业区是通过提高生产力、创新和新企业创建等形式形成的一种具有效率、有效性和灵活性的集群网络，典型集群的成长周期包括集群形成、持续增长、饱和与转型、衰退、解体或复兴成长（Porter，1998），后续研究提出产业集群成长过程涵盖起源和出现、增长和趋同、成熟和调整三个阶段，但 Tichy（1998）借鉴产品生命周期理论提出的集群生命周期四阶段理论，即诞生、成长、成熟和衰退四个阶段，得到了较为广泛的认同。集群内部行为主体之间的竞合关系，使得集群网络的演化呈现出非线性的协同共生规律。随着新经济地理学关于产业集群的社会嵌入性的讨论不断深入，产业集群以及创新型区域的空间性以及区域背后的特定的社会、政治和文化背景日益受到关注，学者们认为产业集群的竞争优势源于其创新本质（Bathelt et al.，2004），全球价值链视角下的产业集群演化问题成为学术界的研究热点（Li et al.，2012）。尽管已有学者对国内产业集群的网络演化进程展开了探索性研究（吕国庆等，2014），但针对嵌入东道国产业集群的海外移民创业网络的演化规律鲜有涉及。

产业集群的演化过程，既反映了时间维度上的生命周期规律，也反映了空间维度上的要素聚集和扩散规律，还反映出关系维度上的集群内外的分工与相互作用，最终才能揭示产业集群演化这一独特地域空间的生产和消费过程（马仁锋等，2011）。Molina-Morales 等（2009）发现社会资本视角下的产业集群中同时存在核心网络和边缘网络，集群网络需要在深度的劳动分工与集群的自我调适之间达成协同（Press，2006）。集群网络演化过程是网络整体行为的结构性调整过程。由于移民企业在初创期难以通过外部市场与本土企业建立稳定的经济关系，只能借助根植于东道国的产业集群来寻觅创业机会；利用东道国产业集群演化过程中涌现的商业信息来适时嵌入已有的集群网络，在其中找到恰当的网络位置，借助专业化分工和人力资本的数量优势迅速聚集并形成移民创业网络。但是，移民创业网络由于缺乏影响力和资源分配的话语权而处于集群网络的边界位置，只有少数边缘网络能向网络的中心位置演进，并构建自己的联结关系以获取更多的资源支配权（王涛、罗仲伟，2012），因而需要通过制度变革来推动移民创业网络的自我调整，以适应东道国集群网络的制度环境。因此，东道国产业集群网络的结构调整既为移民创业网络的发展带来了威胁，也为其有序演化提供了潜在的发展契机。

创业网络面临的外部环境，如制度环境、市场环境、行业特征、文化因素等，是影响创业网络构建和演化的主要推动力（Pfeffer & Salancik，2003；单标安等，2011），而现有研究一直缺乏对创业网络影响因素的梳理，对移民创业网络前因变量的提炼更为鲜见。移民创业网络依托集群中行为主体间的资源交换与整合建立起基于信任的社会联系、基于契约的市场联系和基于联盟的交易联系（Johnston，2004），促进了主体创新能力的提升（Porter，1998），但是针对社会关系网络、市场关系网络以及创新关系网络的协同演化规律尚未形成一致的解释。近年来，学者们试图借助路径依赖、锁定以及产业生命周期等理论寻求突破（Li et al.，2012），但针对海外移民创业网络嵌入东道国产业集群的路径研究依然非常稀缺。过程导向的创业研究（Butler & Hansen，1991）将创业网络演化分为创立、启动和持续成长三个阶段（Butler & Hansen，1991），但由于移民创业网络以及产业集群都可以借助生命周期理论的逻辑规律进行推演，借助距离变量来描绘移民创业网络的形成路径及其与东道国集群网络互动过程中的共生机理，能够细致刻画两者之间协同演化的独特规律。

综上所述，相关领域的研究成果尽管可观，但依然可以在以下几方面继续深化。首先，已有研究发现创业过程与创业网络演化之间的共生演进关系（Slotte & Coviello，2010），移民创业过程影响移民创业网络的演化，但是两者之间共生演进机理却依然存在"黑箱"，聚焦于移民创业网络与东道国产业集群共生演进关系的研究更是寥寥无几，对海外创业情景的特殊性度量也就乏善可陈。移民创业网络与东道国产业集群之间需要挖掘更能够体现特定海外创业情景下的协同演化规律。其次，由于海外移民创业网络与东道国产业集群之间存在协同共生、互相影响的内在发展规律，需要以动态的视角选择更具前瞻性的特征变量来审视移民创业网络的发展与东道国产业集群演化之间在网络关系、网络结构和网络治理等维度中表现出的嵌入模式。

通过文献梳理与理论推演，本章设计了以下分析架构：首先，借助案例研究方法，梳理近二十年普拉托服装产业集群和温州移民创业网络的发展脉络，识别网络演化过程中的里程碑事件，对网络的演化阶段进行清晰界定，进而对两类网络发展过程中呈现的嵌入模式进行逻辑推理，由此识别演化过程中的错位现象；其次，借鉴制度理论的基本观点，采用距离特征变量来描述不同阶段中移民创业网络与集群网络在合作、协同方面的融合程度的差距，从不同网络层面辨析制度距离的影响机理；最后，借助社会关系网络理论，从社会资本的视角审视引致演化错位的内在动因，挖掘实现网络协同共生的制度契机，分析制度距离、能力距离以及文化距离与网络协同共生之间存在的非线性关系，归纳提高移民创业网络合法性认知与强化内部要素禀赋积累的可行策略，为中国移民企业在海外的可持续发展提供理论基础与制度保障。

第二节　普拉托服装集群网络与移民创业网络的时空演化

案例研究适用于探索复杂情景中的动态过程（Eisenhardt，2007），有利于发现网络演化过程中的独特机理。本书的数据收集方法主要包括：实地调研、深度访谈、档案记录搜集、媒体资料及现场验证等，通过多元化的数据来源实现数据的互相补充和交叉验证（Yin，2013），提高案例研究的效度。本书作者于 2011 年、2013 年两次前往意大利佛罗伦萨大学进行短期学术交流，2014 年 3 月至 7 月借助佛罗伦萨大学高级访问学者的机会对意大利温州移民的创业情况进行了深度调研。与温州移民创办的各类商会、侨团等取得联系，通过滚雪球的形式与会长企业、会员企业及相关企业建立沟通渠道。调研主要借助面对面访谈的形式进行，每次访谈都做笔录，并在允许的前提下进行录音。此外，海外温州商会的内部资料、华商报纸以及网络媒体资料也成为数据的来源。除了正式访谈，本书还采用一些非正式的交谈形式作为获取更多信息和见解的渠道，如参观生产车间、销售店面和样本制作室等，真实感受海外温州移民的工作环境与经营理念。每次访谈结束后的 24 小时之内完成访谈记录的录入和抄撰工作，并进行进一步的资料整理。同时，还通过其他渠道收集与意大利产业集群及温州移民创业相关的背景资料、政策文件与学术文献，用以调整访谈提纲，并验证受访人员回答的真实性。通过与佛罗伦萨大学产业集群研究所科研团队的持续互动，获得了意大利及普拉托经济发展的翔实资料。多重证据来源的三角验证、证据链的构建以及研究资料库的搭建能够确保案例研究的理论构建效度与信度。由于本书旨在探索海外移民创业网络与所嵌入的东道国产业集群在演化过程中呈现的独特规律，在对案例数据进行分析之前没有设定初始理论假设（Eisenhardt，2007），而是通过深度内容分析法，在对比归纳的基础上确定分析结果。

一　普拉托服装产业集群的演化

意大利产业集群一直处于不断发展演化的进程当中（巴尔巴托，2008）。20世纪70年代，大规模、大批量的生产模式遭遇严重危机，很多欧洲国家纷纷退出资本密集度较低的制造业以进行工业结构调整，而意大利多年流传下来的以生产灵活性与产品差异化结合的生产组织形式脱颖而出，普拉托服装产业集群逐渐兴起。这种根植于地方社会文化关系的生产组织形式奠定了"意大利制造"的国际竞争地位，并在20世纪70年代和80年代促成了普拉托服装产业集群的快速扩张和平稳发展，20世纪80年代经济危机之后，普拉托的主导产业逐渐从纺织业转变为服装产业集群。普拉托的服装产业集群建立在无数的中小企业之上，其中80%的企业的员工不超过5人，50人的企业就已经算是中等规模，100人以上的企业更是凤毛麟角。工业区内的企业根据产品加工工序的需要，如毛料分拣、炭化、绞丝、织布、印染和精加工等，各自成为高度专业化的、单项工序的生产单位，相互之间进行合作。只有不到10%的企业负责联系订货与最终产品的销售，这些"最终企业"通过分包的形式将生产任务下达给其他微型生产企业。生产专业化程度高的微型生产企业可以同时给不同的上游产品企业供货，"最终企业"通过市场关系建立起一个相对稳定的合作网络，网络成员彼此信任、相互依存、各有特色，保证了产品质量和按时交货。

自20世纪90年代初开始，随着产业结构的调整、新兴经济体的崛起以及新技术的大量使用，意大利产业集群的传统发展模式呈现出日益明显的"锁定效应"。尽管在自身发展惯性及外部市场需求增长的共同作用下，服装整体出口表现尚佳，但从2001年开始普拉托服装产业集群开始出现明显衰退。2001年中国加入世界贸易组织，加之"9·11"事件之后多数发达国家陷入经济低迷，2001年至2005年，服装产业出口明显放缓。在此期间，意大利传统产业集群开始转型，华人移民企业的介入使得普拉托这个以纺织品闻名但服装生产历史并不悠久的地区迅速成为欧洲快时尚中心（Graeme et al., 2009）。自2006年起，产业集群出口再度出现持续增长态势，并于2007年和2008年达到出口额的历史峰值，"服装与时尚"产业集群的出口再度焕发活力，至少在一定程度上说明"传统"产业集群的转型初见成效。2008年国际金融危机之后，意大利"国家体系"长期低效的弊端使得产业集群转型受阻，结构性失业频发，2009年普拉托服装产业集群出口额同比大幅下滑。随后的两年，由于及时抓住国际市场复苏机遇，意大利产业集群出口逆势增长，2010年服装产业同比增长10.5%，2011年又增长了11.3%（孙彦红，2012），成为拉动意大利制造业乃至整体经济增长的引擎。但2012年至今，随着意大利经济发展持续衰退，服装产业集群再次遭遇瓶颈。

二 普拉托温州移民创业网络的演化

20世纪80年代末，华人真正走进普拉托，如今普拉托已发展成为欧洲华人聚集密度最高的地区。移民创业大多从进入壁垒低、生产规模小、附加值低的行业切入，成功率较高（Volery, 2007），但偷税、非法雇用黑工、压低工人工资等行为（Kloosterman & Rath, 2002）一直屡见不鲜。尽管如此，普拉托的纺织工业历史沉淀与华人生产要素有效嫁接后，普拉托的华商正在支撑着"意大利制造"的本土化，并持续维系其欧洲纺织业中心的地位。普拉托华商中的80%以上是由温州移民创办的企业，移民创业的成功依赖于其所处的移民网络、族群关系和族群网络（Fetahu & Bejtja, 2014）。普拉托温州移民在利用关系网络进行创业的同时其行为也受到创业网络的制约，而创业者的能动性也在不断改变网络的结构、功能和关系。本书在对大量个体样本进行梳理整合之后发现，创业者正是借助创业网络不断解决资源匮乏和合法性缺失等问题，创业网络对移民创业的成败产生重要影响。

通过对里程碑事件的挖掘，在辨析移民创业网络发展节点的基础上，梳理得到普拉托温州移民创业网络的演化脉络。

表7-1　　　　温州移民创业网络演化的里程碑事件

里程碑事件	发生时间	事件作用及意义
第一个温州人来到普拉托	1987年	温州移民借助血缘、亲缘、地缘关系，利用大赦的机会涌入普拉托，大量廉价劳动力的到来降低了"意大利制造"的生产成本，推动了当地服装集群的发展，也帮助温州移民发现创业契机
第一个温州移民开设的服装加工厂成立	1989年	来自法国的温州移民带来了技术，意大利其他城市的温州移民带来了语言沟通优势和业务关系，温州移民的成功创业模式不断被复制，强烈的示范效应促使更多的温州移民企业嵌入当地的服装产业集群
第一个温州移民开设的服装辅料生产企业成立（成衣专用线锭）	1992年	商业机会、生产技术借助移民网络快速传递，基于产业链的精细分工开始形成
第一个华人商会成立（普拉托华商会与华侨华人联谊会）	1997年	移民创业网络内展开基于产业链的横向和纵向的交流，开始形成群体的共同发展愿景，强关系和结构洞的出现带来了更多的隐性知识和创新信息，加快了资源的整合
第一家雇用意大利员工的温州移民企业出现	1998年	开始建立与本地服装集群网络交流的平台，会计师、设计师和模特由意大利人担任，提升了产品品质，推动了关键技术信息的流动，获得了更多的市场机会
温州移民在普拉托经营的企业数量达到近3200家，创下2000年以来企业增加量的最大幅度	2006年	越来越多的温州移民通过收购或者自己创业，逐渐形成了以800多家裁剪公司为龙头，2400多家成衣工厂为主体，外加水洗、染色、印花、烫整、配饰等配套生产和加工企业，而且延伸到原材料的生产及贸易领域。移民创业网络内部形成了完整的服装产业链
意大利警方在普拉托针对华商进行了较大规模的整肃行动	2011年	温州移民与政府、当地居民之间关系变得日益紧张，大量企业被查封冻结，部分企业主动停产或转行，部分移民回国。服装产业链出现断裂，订单缩水，利润空间持续下滑，给华人服装批发市场造成沉重的打击
普拉托温州移民企业发生重大火灾事故	2013年	由于外部环境恶化，利益驱动下导致部分移民企业安全意识薄弱

(1) 诞生阶段：1987—1992 年

20 世纪 80 年代以来，中国的改革开放促使大量温州人出国"淘金"，其中一部分是非法进入或者滞留欧洲，获取意大利合法居留身份，这也是日后创业的必备条件。1987 年开始的两次意大利大赦，成为温州人获得合法居留身份、进入普拉托的重要契机。从 1987 年第一个温州人来到普拉托，第一批温州移民很快在普拉托扎根。除了成衣工厂之外，一些专门为移民企业提供配套服务的诸如超市、餐饮、房屋中介的服务性企业大量涌现。1992 年第一个专门供应成衣专用线锭的温州移民企业的出现，标志着为普拉托本地服装企业提供配套加工服务的温州移民创业网络正式形成。

(2) 成长阶段：1993—1998 年

随着第一家移民裁剪公司的出现，众多提供配套加工和服务的移民企业不断涌现，1998 年普拉托众多商会开始成立，标志着温州移民创业网络步入快速发展的轨道，逐渐进入产业链的高端领域。

一旦基于社会关系网络的联系确定以后，温州移民之间技术传播速度非常快。不断有温州移民创立成衣工厂，又不断吸引更多的温州亲戚或朋友移民到普拉托。如此往复，温州移民创建的企业数量快速增加。伴随普拉托服装产业价值链不断向下游延伸，经营线锭、纽扣等辅料的企业随之形成，借助海外温州移民网络和国内的社会关系，把最需要的技能人才通过正规的劳务输出协议或者偷渡的形式移民到普拉托。移民创业网络中聚集了各种专业技术和生活服务的从业者，初步形成了温州人自己的、相对封闭的产业链和生活圈。

1993 年前后普拉托出现了一家类似于中国裁缝铺的小工厂，生产低档服装，这个小工厂可能就是以后众多在普拉托的温州人快时尚产业企业的鼻祖。1995 年，普拉托的首家手机店和旅行社出现，加快了温州移民信息网络的传递速度，为温州移民拓展海内外市场提供了便利。1997 年，普拉托华商会、普拉托华侨华人联谊会等华人组织相继成立，为温州移民协调创业网络内外的关系提供了组织保障。

(3) 成熟阶段：1999—2010 年

从 1999 年到 2010 年，普拉托温州移民陆续开设了专门的贸易公司和布料行，与快时尚产业的配套日趋成熟，温州移民企业逐渐成为销售市场的主力。在此阶段，产业集群中逐步出现了专门从事印花、染色等服装生产配套的温州人企业；也出现了从中国进口服装和市场批发业务的国际贸易公司；以及专营从中国内地进口布料的普拉托布料行；同时，温州移民的裁剪和批发公司也越来越多，普拉托的 IOLO 和 TAVOLA 两大工业区聚集大量温州移民企业。同时，普拉托快时尚产业集群的销售市场逐渐扩展到中东、亚洲和美洲等欧洲以外的其他国家，快时尚集群产业进入成熟期。

很多温州移民从最初的替意大利人打工发展到自己开厂，最后从事贸易业务，从普拉托服装业链条最低端向上游转移。2000 年前后，温州移民创办的快时尚企业就达到了 100 家；2006 年 12 月，温州移民在普拉托经营的企业数量达到近 3200 家，比上年增加了 23.35%，其中大多数企业经营快时尚产业，温州移民新创企业的介入使得普拉托这个以纺织品闻名但服装生产历史并不悠久的地区迅速成为欧洲快时尚中心（Graeme et al., 2009）。温州移民创业网络的运营模式基本类似，将大批量一次性的订单，分包给不同的加工企业，加工周期的弹性非常大，正好符合普拉托快时尚的特点。在温州人与意大利人合作的过程中，意大利企业低效、冗余的生产模式成为温州移民企业突破的切入点。由于意大利企业提供的水洗、印花等工序的加工与温州移民企业的生产节奏不配套，意大利人周六周日不上班，也不会连夜加班，无法适应温州移民企业高效率、高强度的生产模式；因此，温州移民会整体购买意大利人的加工企业，为其他温州移民企业提供配套服务。很多意大利人也愿意把工厂卖给温州人，一方面他们获得了大量的现金，另一方面他们还可以继续从事调色、机器管理、锅炉等温州移民暂时无法完成的最核心工作，继续享受高工资和意大利式的生活方式。一些已经积累了较多资金的温州移民企业，会逐步采用联合投资的形式开办水洗、印花、染色等相对需要高投入和专门技术的配套加工企业，同时还有部分温州移民企业进入原材料贸易领域，形成了基本上属于温州移民的相对封闭的产业链和创业网络。

与此同时，温州移民与当地居民和企业的矛盾逐渐显现。从2009年开始，华人企业与当地居民冲突加剧，华人企业之间的竞争也更加激烈，与当地社团的冲突日益升级。受中右联盟支持的罗伯托·琴尼在2009年的普拉托市长选举中获胜，终止了63年来普拉托市一直由中左派掌权的局面，对当地移民企业整治力度明显加强，华人遭受更大的冲击。

（4）衰退和转型期：2011年以后

普拉托华人企业的工作环境和生活模式，不断受到意大利和西方社会的诟病。2011年6月，意大利警方在普拉托以及周边的佛罗伦萨、比萨等地针对华商进行了较大规模的整肃行动，查封了70家华商企业，扣押了价值2500万欧元的财产。意大利警方多次采取类似行动后，华商和当地政府之间的关系更为紧张。2013年12月1日普拉托导致七人死亡的华商企业火灾（简称为"12·1火灾"），该事件直接导致了酝酿已久的针对普拉托、佛罗伦萨、恩波利三省华人移民企业的大检查。双方的冲突一直在持续，华人移民企业更加短视，甚至发现无照经营的华人移民企业，对普拉托的快时尚产业发展造成重大负面影响。随着欧洲经济的持续衰退，普拉托快时尚产业市场越发低迷。大量同质化的移民企业增加，导致普拉托的服装市场竞争非常激烈，移民企业内部恶性竞争，相互降价，甚至允许客户赊账。受国际金融危机和欧洲主权债务危机的影响，普拉托快时尚产业开始萎缩，各地批发商的销售不畅直接导致生产厂家货源不足，移民企业只有削减工人工资、降低成本来维持生计，普拉托快时尚产业的发展陷入恶性循环。

TOSCANA大区区域经济规划研究所（IRPET）公布的统计数字显示，2012年普拉托共有华人企业4830家，占全部普拉托企业的16.6%；

其中华人制造业（3675家），占普拉托全部制造业企业（8182家）的44.9%；华人制造业中纺织业有264家，服装业有3200家，分别占全部华人制造业的7.1%和87%；华人制造业中的94.1%属于服装和纺织业，其中绝大部分从事服装行业（Gabi，2014）。如果没有中国移民企业的贡献，普拉托省的国民生产总值将会降低21.7%。这一时期，尽管普拉托的移民企业在数量上仍然保持增长，但市场出现萎缩，与当地社团的冲突不断，移民企业竞争加剧，利润减少，普拉托的温州移民网络正处于困难的转型期。

第三节 基于距离特征的网络演化错位现象分析

一 移民创业网络的嵌入路径

嵌入是构建网络成员互动的网络结构及实现关系治理的活动机制，它会影响个体的决策和行为（Granovetter，1985）。最初到达普拉托的温州人就是从网络边界开始，主动嵌入普拉托服装产业集群之中，并不断获得丰富的信息和资源。温州移民企业嵌入普拉托服装产业集群存在两种基本形式，即替代性嵌入与延展性嵌入。当移民企业与普拉托服装产业集群中的边缘企业相比具有更低的运营成本，边缘企业未能满足网络需要选择主动或被动退出，留下的位置空洞为移民企业的嵌入提供了契机。利用这种替代性嵌入，移民企业得以进入已有的服装产业集群，寻找到合适的空间网络位置，并推动产业集群的变革（Corten & Buskens，2010）。此外，随着产业集群的分工日益细化，服装产业集群的发展对网络运行提出了更多的差异化需求，温州移民敢于承担起实现这种新功能的责任并具备了网络异质性，得以进入延展后的网络边界来填补相应的位置空洞，这种延展性嵌入又进一步吸纳极具特质的移民企业进入现有网络（姚小涛等，2004），并在随后的互动活动中形成新的联结关系，使得网络结构得到调整。普拉托服装集群网络的演化为温州移民创业及其网络的形成提供了特定的社会情境，决定了移民网络的发展路径，使得移民创业网络与产业集群在演化历程中呈现出特有的规律。

1987—1992 年，普拉托服装产业集群由成长阶段发展至成熟阶段，产业集群内聚集了大量分工合作的中小企业。当时，由于欧洲经济整体下滑，普拉托遭遇全球化浪潮冲击，作为普拉托支柱产业的纺织业随之陷入困境，许多纺织品小工厂关闭，很多企业面临劳动力用工瓶颈，而意大利年轻人不愿意从事父辈的行业，普拉托的纺织工厂为了降低劳动力成本，在 1987 年就从温州输入 39 名工人，温州移民从此进入普拉托的纺织服装业。1989 年意大利对移民实行大赦，吸引了大量熟悉小工厂分工模式的温州移民。由于中国人能吃苦，赶工快，工钱比当地人至少便宜一半，凭借成本优势迅速实现了替代性嵌入。"起初，华人只是给当地企业打工，有了一些积累之后，越来越多的普拉托华人开始自立门户，自产自销，凭借价格上的优势很快赢得了市场。"[①] 随着第一个温州移民开设的服装辅料生产企业成立，温州移民围绕服装产业链形成了正式的创业网络。

1993—1998 年，伴随着普拉托服装产业集群的日益成熟，当地企业固守传统的生产和经营模式，已经滞后于社会的发展，而温州移民凭借勤劳、智慧和温州人特有的精神，实现了产品的低价和及时供应。越来越多的当地商人把经营场地、工业区的仓库租给温州移民并收取房租降低风险，很多当地商人把最后的成衣加工步骤承包给温州移民。服装产业价值链不断向下游延伸，大量温州移民开始从事线锭、纽扣等辅料的生产，凭借功能的差异化优势迅速实现了延展性嵌入。其间，温州移民的家庭企业规模普遍增加，很多大家族开始建立第 2 家乃至第 3 家企业。移民企业开始在纺织业以外的新的商业领域创建新的公司，餐馆、家政服务、房地产中介、IT 服务、网吧、旅行社以及食品

---

① 根据张一力 2014 年 4 月对普拉托华商会王姓会长的访谈。

供应等服务行业日益完善。

1999—2010年，普拉托服装集群网络经历了由衰退到复苏的多次震荡。由于中高端产品市场的疲软和居高不下的生产成本，一些当地企业面临倒闭的困境，越来越多的温州移民通过收购或者自己创业，逐渐形成了以裁剪公司为龙头，成衣工厂为主体，外加水洗、染色、印花、烫整、配饰等配套生产和加工企业，还陆续延伸到织布、布匹等原材料的生产及贸易领域。根据2010年IRPET（托斯卡纳区域经济规划学会）提供的数据显示，中国移民企业在纺织品和服装行业创造的生产总值占全国生产总值的49%。普拉托的温州移民凭借替代性嵌入和延展性嵌入，从个别试探到大量涌入，从为意大利企业主代工，到自己创建加工厂，再到自己成立裁剪公司，成立进出口贸易公司，进而延伸到服装产业链的各个环节，推动了普拉托快时尚产业集群的发展。

2011—2015年，普拉托服装产业集群在震荡中持续下行，服装产业的长期萎靡使得温州移民创业网络一贯坚持的替代性嵌入和延展性嵌入方式备受诟病。舆论认为，温州移民企业依靠雇用非法移民、偷税漏税和规避当局某些管制获得了成本优势，将众多意大利企业挤出服装市场，这种替代性嵌入模式带来诸多社会问题，使华人移民与政府管理者之间的关系变得更加紧张。温州移民企业提供的功能差异化虽适应普拉托服装产业价值链不断细化的要求，延展性嵌入在一定程度上推动了普拉托快时尚产业集群的发展，却使当地传统的高端纺织业转变成一个低端的服装加工城；移民企业将收益通过各种手段转移至中国，却不愿在当地再投资，延展性嵌入创造的财富无法助力当地服装产业集群的转型升级；此外，延展性嵌入导致同质化的移民企业间相互压价，使得整个普拉托服装产业集群陷入恶性竞争的循环（见图7-1）。"2011年的生意不太好，不少华人公司关门，很多人回国；有的企业家被罚款，有人甚至面临走私、行贿等起诉。整个欧洲市场购买力都在下降，订单缩水严重。很多移民企业的销售额与过去一年相比下降了 30%—40%。"（普拉托华侨华人联谊会陈秘书长）温州移民创业网络嵌入模式的负面效应在当地经济萧条的背景下不断放大。

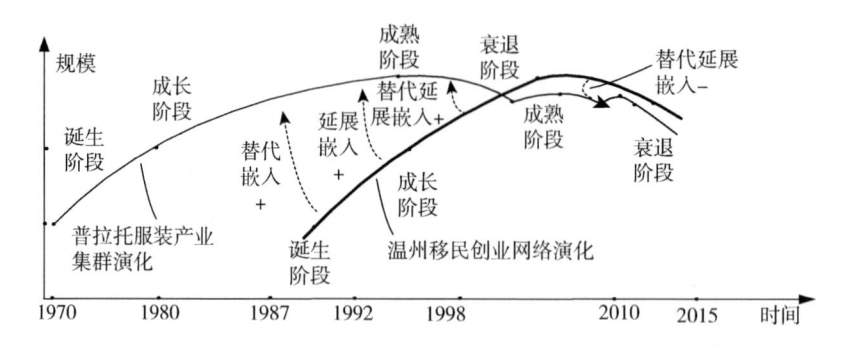

图 7-1　普拉托服装产业集群与温州移民创业网络演化历程比较

温州移民创业网络借助与普拉托服装产业集群的替代性嵌入和延展性嵌入完成了移民创业网络的形成、成长与成熟，以替代性嵌入为路径形成移民创业网络，以延展性嵌入为路径促使移民创业网络不断成长，两种嵌入的有机结合将移民创业网络推向成熟，图 7-1 中展示出两类嵌入模式带来的积极影响。当前，普拉托服装产业集群正在主动尝试升级，在内外环境的多重制约下仍处在震荡调整期，而移民创业网络一贯采用的共生模式却陷入了过度嵌入带来的路径锁定，运营风险不断增加，导致移民创业网络步入衰退的下行空间。通过对普拉托服装产业集群与温州移民创业网络演化历程的纵向比较发现，两类网络呈现出协同共生的演化规律，但是移民创业网络与产业集群中的其他组织之间，基于"非贸易的相互依存"关系依然非常脆弱，过高的替代性嵌入和延展性嵌入使得演化错位与协同共生现象并存，两类网络在演化过程中的发展机理有待进一步揭示。

二　社会关系网络、市场关系网络和创新关系网络的距离特征

由于温州移民创业网络嵌入普拉托服装产业集群的演化过程，产

业集群的发展为移民创业网络的形成与扩张提供了嵌入契机，移民创业网络的日益成熟又对产业集群的演化路径产生影响。依据网络（包括普拉托服装产业集群与温州移民创业网络）的功能差异和节点间的关系属性差异，可以将网络细分为社会关系网络、市场关系网络和创新关系网络。首先，任何一个网络中都存在着由社会个体（人）为节点，基于血缘、亲缘、地缘等信任联系所构成的社会交往关系，这些节点间的连线结成了社会关系网络。社会关系网络主要维持网络内部最基本的人际交往。其次，网络内部的市场交易是由原材料供应商、产品生产商、产品销售商以及其他服务于网络运营的管理、运输、饮食服务等中介机构组成的，这些企业组织之间纵向存在市场交易关系，横向存在市场竞争关系。由网络内部的各个市场主体，包括供应商、生产商、销售商、中介机构等为节点，以它们之间基于契约的市场联系为基础，结网形成了市场关系网络。市场关系网络通过契约关系维持了市场主体的交易关系。最后，企业研发部门、当地大学、科研机构和政府部门，对网络的创新起着规划、引领等作用。将这些基于联盟联系的节点结网，就形成了创新关系网络。社会关系网络是最基础的网络，决定了市场关系网络和创新关系网络的发展路径，同时市场关系网络和创新关系网络也相互影响，普拉托服装产业集群和温州移民创业网络均是由社会关系网络、市场关系网络和创新关系网络叠加而成的复合网络。三种网络的协调方式和发展路径共同决定了网络发展的速度、质量和可持续性，也决定了网络的演化形态。

嵌入是网络间实现协同演化的基本条件，嵌入过程受到能力、制度和文化等因素的影响（王涛、邓荣霖，2010），探讨新创企业同外部社会关系网络的联结关系时也必须考虑制度、能力和文化等因素（Zhang，2013），由于社会关系网络的形成依托于"三缘"关系和潜移默化的地域文化，市场关系网络的诞生根植于地域的网络运营规则和制度建设的沉淀，创新关系网络的建立则立足于网络成员的价值创造能力和网络的整体组织架构。理论上，移民创业网络嵌入东道国产业集群，两者将呈现出协同共生的关系，本章采用"错位"一词，借以展现移民创业网络与东道国产业集群在演化不同阶段中体现出的协同及融合程度的差距，用制度距离、能力距离和文化距离的差异来衡量。具体而言，制度距离用以衡量由于移民创业网络中的成员遵从母国的交易模式和行为准则，与东道国产业集群中的企业制度存在的差异性；能力距离用以衡量网络及其成员采用新的运营措施、技术、组织以创造价值的能力差距；文化距离用以衡量移民创业活动的信念和价值观与东道国产业集群中其他企业相比存在的差异性。结合不同网络属性的差异，本书将借助文化距离来衡量双方在社会关系网络中的演化错位，采用制度距离衡量双方在市场关系网络中的演化错位，采用能力距离衡量双方在创新关系网络中的演化错位，通过对不同阶段中三类距离指标的梳理与辨析来收集网络演化错位的相关证据。

三 基于距离特征的移民创业网络演化评价

1. 诞生阶段的网络距离特征

（1）社会关系网络的距离特征

1990年前后，普拉托的纺织业面临劳动力极度短缺，而当地意大利的年轻人却不愿在当地纺织企业承担繁重的劳动（Gabi，2014）。当时的大赦成为很多温州人获得在欧洲合法居留身份的一个重要契机，政府相继出台一系列优惠措施，温州人源源不断地进入普拉托，与当地的意大利企业和社区建立了初步的合作关系。无论是意大利企业主还是意大利房东，对温州移民都持欢迎的态度，他们得到了急需的廉价劳动力和慷慨的房客，所以对待温州移民也非常友好。早期的温州移民甚至在路上可以随意搭乘意大利人的顺风车，反映了两个市场主体之间良好的合作关系。在温州移民创业网络的诞生阶段，温州移民与当地企业和民众在行为、观念等方面具有较高的一致性，产生了强烈的身份认同和信任水平，社会关系网络稳定，即具有较短的文化距离。

(2) 市场关系网络的距离特征

温州移民企业在初创阶段没有遭受普拉托政府的过多限制和干预，最初是温州移民开办的成衣加工厂作为分包商或转包商来完成意大利裁剪公司的订单，在市场关系网络中属于比较弱势的、从属的位置。1989年第一家由温州移民开办的成衣加工厂，成为市场关系网络的一个原始节点。随后，移民创业网络内部产生了分工协作的要求，1992年成立了第一家服装加工线锭批发和零售公司，同年还在普拉托出现了第一家华人的中国货超市，温州移民的社会关系网络向市场关系网络逐步拓展。由于温州移民企业只是以分包或转包的角色嵌入普拉托服装产业集群，处于产业集群的边缘，对产业集群内部的竞争规则和交易模式尚未形成清晰的感知，客观上存在较高的制度距离；但是政府部门和监管机构对移民创业表示认可，温州移民企业能够从合作者那里快速学习当地企业开展业务的惯例和行为规范，完成了其在东道国的模仿性同构，利益相关者的默许降低了制度距离的外在表现，因此实际表现出的制度距离有所下降。

(3) 创新关系网络的距离特征

在移民创业网络的诞生阶段，网络成员对资源的控制力非常有限，仅仅是借助显性知识的模仿来完成服装产业链的低端操作，价值创造的空间受到限制，与普拉托服装产业集群相比，存在较大的能力距离。

2. 成长阶段的网络距离特征

(1) 社会关系网络的距离特征

随着越来越多的温州移民涌入普拉托，温州移民与当地居民之间慢慢出现一些矛盾，需要成立非营利性的社团组织来促进温州移民企业与当地企业的合作和融入，并对移民企业之间的关系进行维护。1997年成立的普拉托华商会和普拉托华侨华人联谊会为提高温州移民和温州移民企业在普拉托的话语权起到了积极作用，使得普拉托市政府和移民局更加重视移民问题。与此同时，商会也给予普拉托当地机构提供力所能及的帮助，社会关系网络中强联系与结构洞的确立推动了创业网络内部的资源整合,有效信息的流动促进了价值创造,不仅形成了基于"三缘"关系的高密度的内部社会关系网络,也使得温州移民与意大利民众及企业的关系相对融洽。成长阶段的温州移民创业网络与当地产业集群之间的文化距离尽管有增大的趋势,但移民创业网络内部结构的优化在一定程度上使文化距离保持相对稳定。

(2) 市场关系网络的距离特征

随着产业链分工日益细化,温州移民开办了服装公司,与创业网络内更多的成衣加工企业合作,出现了成衣加工厂间相互转包等不同的合作形式,还出现了一些专门从中国进口布料到普拉托的批发企业。商会等不同形式的结构洞的出现推动了有效信息的交流,对当地市场的熟悉程度有助于降低文化距离的不利影响(Gaur & Lu,2007),移民创业网络内部在信用的基础上形成了更多的基于契约的市场关系,成员之间建立起正式的竞争规则并形成相对一致的行业规范,缩短了移民创业网络与普拉托服装产业集群的制度距离。

(3) 创新关系网络的距离特征

温州移民初到普拉托时大多给意大利服装公司打工,从事一些初级的成衣加工工作,同时也构建了初步的创新关系网络。一旦开设服装公司,就开始雇用意大利设计师提供最新的服装款式信息,每月支付2000—5000欧元的信息费,但不得将"情报"同时提供给华商竞争对手,所以几乎温州移民开办的裁剪公司都有自己的信息来源。温州移民创业网络开始与普拉托服装产业集群建立起相对零散的弱联结,虽然温州移民企业更擅长模仿或者直接复制,但是在服装款式的设计方面也进行了积极尝试。创新关系网络的构建帮助移民创业网络与当地产业集群形成对接并获取关键资源,逐步融入意大利企业的创新关系网络并建立了创新资源的传递通道,能力距离显著缩短。

3. 成熟阶段的网络距离特征

(1) 社会关系网络的距离特征

在成熟阶段,温州移民数量继续增长,给普拉托的卫生、医疗、教育、治安等带来一系列问题。温州移民聚集在自己的生活和社交圈，很少和当地人交流互动，当地居民对华人社区快速膨胀颇有微词，生活方式的巨大差异和沟通渠道的缺乏使得矛盾日益激化。

"2000 年，中国人逐渐了解了当地的运作规律，从事自产自销，不再替意大利公司干活。"低廉的价格很快占领了市场。意大利人的服装企业开始倒闭，普拉托本地的意大利人服装品牌只剩下了几个。"随着一些意大利人失业，很快就感觉到当地人没有从前那么友好了。""2005 年后，情况进一步发生变化，华人开了几十家面料进出口公司，从国内大量进口面料，对当地赖以生存的面料生产业造成很大的压力。那是普拉托人的饭碗，双方的关系就更紧张了。"① 据统计，自 2001 年以来，意大利人在普拉托注册的纺织企业已经减少了一半，少于中国人开设的企业数目。尤其令意大利人难以接受的是，为数众多的华人服装公司并没有雪中送炭地使用意大利企业生产的面料。"意大利公司 2009 年生产了 2.5 亿米布料，华人企业生产了 2 亿件服装，其中部分进口自中国。制作这些衣服的布料中，有超过 50% 都来自中国国内。"②

尽管移民创业网络加大了与当地社区、企业的融入力度，致力于发展当地的慈善、文化体育事业，试图通过一系列文化活动帮助温州移民更好融入当地的生活，但是由于温州移民创业网络内部的社会关系更加强化，宗教信仰、社区服务、华人联谊、权益维护等方面的联系日益紧密，出现了更多的华人组织，网络的封闭性和网络内部的强联结关系使得移民创业网络与集群网络的文化距离加大。从 2009 年年初普拉托新一届市政府就职开始，温州移民和移民企业的融入环境更加紧张，文化距离进一步加大。

（2）市场关系网络的距离特征

市场关系网络围绕产业链快速拓展，几乎覆盖了产业链的各个环

---

① 根据张一力 2014 年 5 月对普托普华侨华人联谊会徐姓会长的访谈。
② 根据张一力 2014 年 5 月对普托普华侨华人联谊会徐姓会长的访谈。

节、裁剪、成衣、染色、水洗、印花、配饰等生产环节都有温州移民企业参与，而且在原材料供应、物流运输、金融、生活服务、租赁、中介等环节也有温州移民企业进入。更多的移民企业从裁剪公司分化出来转变为各种生产服务和生活服务的供应商，其设备和生产规模也逐渐提升。根据2010年IRPET提供的数据，移民企业中从事纺织服装行业的占81%，贸易占9.72%，其他服务占4.65%。

"快到2004年，我们关闭了工厂，在普拉托一个工业区伊欧拉（IOLO）开了家贸易公司，主要从罗马进口国内的服装，再批发出去。生意挺不错的。2005年又开了裁剪公司，主要是请设计师打版，裁剪师裁剪，拿出去给工厂加工，然后烫一下，再发货给客人。现在我们公司有12个人：模特师、裁剪师、打版的、理货的。我们基本都是早上9点10点钟去公司，忙到凌晨两三点，去年很忙的时候要忙到早上7点。为什么这么晚？因为手上还有很多的货要理、装箱、打包、发货，一天可出1万件夏装。这个行业的中国人基本都是这个模式。"①

由于温州移民创业网络定位于中低档服装，2001年以后，陆续有来自欧洲其他国家的温州商人到普拉托采购服装。2008年的国际金融危机没有带来明显的负面影响，上升势头持续到2010年，温州移民创业网络中的市场关系逐步延伸到欧洲和国际市场。由于温州移民创业网络凭借快时尚的"意大利制造"自成一体，与当地的服装产业集群相对割裂，在竞争规则、行业规范和行为理念等方面存在较大差异。网络规则的显著差异决定了网络间存在较大的制度距离。

（3）创新关系网络的距离特征

随着普拉托服装产业集群对产品品质提出更高要求，温州移民企业在产品工艺上的创新力度逐步加大，相继引入了新的电脑印花机、自动裁剪机、印花和染色机等高端设备，创新关系网络中出现了大量意大利本土的高级服装设计师和高性能的技术设备供应商，也出现大

---

① 根据2014年5月张一力对普拉托任姓温商的访谈。

量华人（温州人）设计师、打版师、会计师等。虽然移民创业网络在产品设计创新、工艺创新等方面有所突破，但最关键的管理创新依然裹足不前，而且关键工序控制、设备操作和染色配方等重要环节还需要意大利的工程师参与解决。尽管如此，移民创业网络的创新能力得到极大改善，能力距离进一步缩短。

4. 冲突和转型阶段的网络距离特征

（1）社会关系网络的距离特征

移民企业之间已经形成了稳定的行为规范，商会的成熟运作加强了会员之间的联系，增强了华人在经济社会中的话语权。但是，本地企业推崇的长期利益最大化以及灵活融洽的竞合关系（Schilirò，2008）与温州移民企业的价值观、行为规范、信仰体系均存在较大差异，在与意大利主流社会的关系网络对接时，仍旧处于弱势地位。为了应对当地不断升级的社会对华人盈利模式的质疑，普拉托华商会等组织举办了各种与意大利人和意大利机构的对话和讨论活动，在一定程度上对社会关系进行了修复。2014年9月开始的针对移民企业的"大检查"再次升级，由于当地政府一直未能认同温州移民创业网络的合法身份，当地居民将移民创业模式和经济行为视为异端，移民创业网络与当地集群网络之间难以建立信任关系，交易成本不断增加，破坏了网络的稳定性，文化距离持续加大。

（2）市场关系网络的距离特征

温州移民和移民企业与当地人和当地企业的冲突逐渐升级，大量移民企业被查封停产。由于官僚体制、贸易保护主义政策和有组织的犯罪活动，意大利的商业环境每况愈下。访谈中获悉，普拉托规模稍大的温州移民企业，都存在被意大利企业拖欠货款的经历。有的意大利企业主让子女顶替父亲原来运营的企业并拒绝支付巨额加工费；有的搬离原地址并在异地重新开业以逃避债务。信用链的断裂导致温州移民企业和意大利企业之间、服装公司和代工工厂之间以及移民创业网络内部频繁出现恶意欠款的现象，并最终蔓延至普拉托的中国贸易城，给市场带来了巨大恐慌，市场风险极速膨胀。普拉托政治、经济制度的不确定性程度日益加大，市场关系网络遭受重大破坏，导致制度距离显著加大。

(3) 创新关系网络的距离特征

此阶段，普拉托服装产业集群一直处于震荡下滑的态势中，但意大利政府希望普拉托借助高质量的纺织原材料以维系其在纺织业的美誉度。普拉托拥有一些意大利纺织行业的龙头企业，能够生产高品质的原材料；而温州移民的服装企业大多依靠进口中国布料，或者针对市场上已经有的布料进行二次开发，缺乏直接从布（原）料开发的源头创新，难以获得普拉托当局的政策倾斜。随着竞争环境的改变，移民创业网络的突破式创新能力有限，能力距离逐渐加大。

既有研究在分析制度距离时多采用世界银行的"全球治理指数"（WGI）（祁春凌、邹超，2013）和美国传统基金会公布的"经济自由度指数"（EFI）（Estrin et al.，2009）来衡量东道国的法治和经济制度环境。结合对案例资料的深入解读，本书选择政治稳定性、政府管制效率、腐败控制、政府对经济的干预、产权保护、政府规制、信息市场等指标对移民创业网络演化不同阶段的制度距离进行衡量。对文化距离的衡量借助Hofstede等学者的观点，从个体主义/集体主义指数（个人与集体联系的紧密程度）、不确定性避免指数（对情况不确定性的容忍程度）、男性/女性主义指数（注重业绩表现还是注重关系调和）、长期倾向/短期倾向指数（注重短期效益还是注重长远利益）四个方面考察文化距离的差异（Hofstede & Bond，1988）。能力距离则用双方在新技术运用、新产品开发和新设备购置使用三个维度的能力差异来衡量。本章邀请世界温州人研究中心和国内相关领域专家40多人参与深度内容分析，在充分了解案例资料之后，分别对不同阶段移民创业网络与普拉托服装产业集群的距离特征进行5级评分，在进行数据中心化之后计算三类距离参数，经过均值处理后进行轨迹拟合，并最终得到基于距离特征的移民创业网络演化图谱（见图7-2）。计算

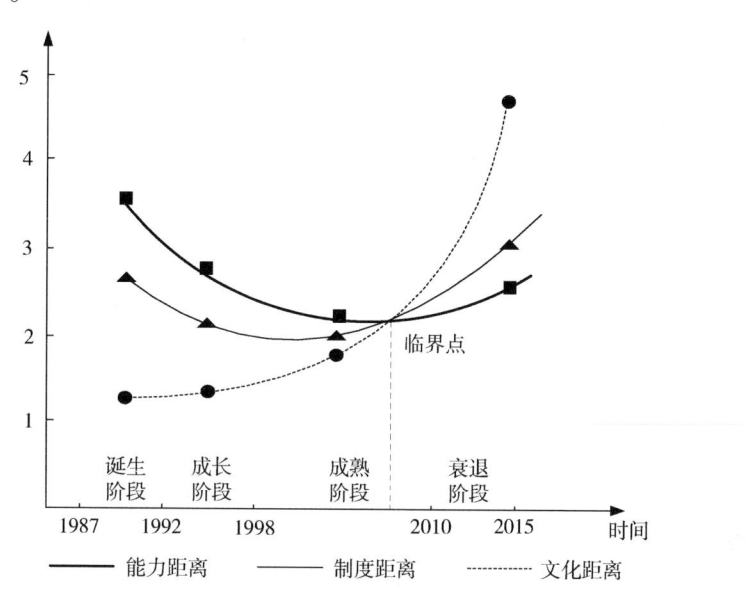

第七章 对温商海外移民创业网络嵌入路径的重新审视 | 235

过程如下。

图 7-2 基于距离特征的移民创业网络演化图谱

文化距离可以通过国家间的欧几里得空间来衡量，本章将利用毕达哥拉斯定理来合成国家间的欧几里得空间。借用毕达格拉斯定理，假定 c 是斜边的长度，a 和 b 是两条直角边的长度，则欧式距离可以表示为：$c = \sqrt{a^2 + b^2}$。

母国用 r 表示，东道国用 i 表示，在对东道国和母国的四种文化维度进行评分后，计算其欧几里得距离，用以测算某个特定时点 t 对应的文化距离 CD_t，即：

$$CD_t = \sqrt{(C_{it}^1 - C_{rt}^1)^2 + (C_{it}^2 - C_{rt}^2)^2 + (C_{it}^3 - C_{rt}^3)^2 + (C_{it}^4 - C_{rt}^4)^2}$$

(7-1)

法律制度 LD_t 和能力距离 ID_t 借助 Kogut 和 Singh（1988）提出的方法，用 $\sum_{d=1}^{n} \frac{(I_{dr} - I_{di})^2}{nV_d}$ 来表示，其中，I_{dr} 是母国在 d 维度的制度距离得分，I_{di} 是东道国在 d 维度的制度距离得分，n 是制度距离包含的维

度数量，V_d 是 d 维度上两国得分的方差。制度距离用 7 个维度的取值计算而得，能力距离引入 3 个维度的指标进行计算。加入下标 t 后，上述 3 类变量则表示某个特定时点 t 对应的具体取值。

时点 t 对应的法律距离：
$$LD_t = \sum_{d=1}^{7} \frac{(I_{drt} - I_{dit})^2}{7V_{dt}} \quad (7-2)$$

时点 t 对应的能力距离：
$$ID_t = \sum_{d=1}^{3} \frac{(I_{drt} - I_{dit})^2}{3V_{dt}} \quad (7-3)$$

时点 t 对应的总距离：
$$TD_t = \sqrt{(C_{it}^1 - C_{rt}^1)^2 + (C_{it}^2 - C_{rt}^2)^2 + (C_{it}^3 - C_{rt}^3)^2 + (C_{it}^4 - C_{rt}^4)^2 + \sum_{d=1}^{7} \frac{(I_{drt} - I_{dit})^2}{7V_{dt}} + \sum_{d=1}^{3} \frac{(I_{drt} - I_{dit})^2}{3V_{dt}}} \quad (7-4)$$

通过案例纵向梳理与逻辑推演，描绘出基于距离特征的移民创业网络演化图谱，不难发现，能力距离在较长时间内一直是移民创业网络面临的最大瓶颈，但由于移民创业网络中人力资本的成本优势和东道国集群发展中的成本劣势，能力距离对网络间的共生演进影响并不十分明显，而意识形态带来的文化冲突和认知失调则在移民创业网络进入成熟期后变得日益明显。移民创业网络演化过程中的潜在规律得以逐步揭示。

第一，文化距离能够前瞻性地预测制度距离和能力距离的演变规律，文化通过内化价值来培植经济主体的行为习惯，进而对经济行为产生影响并引导经济走向。20 世纪 80 年代末期，温州移民与普拉托公众在创业行为、创业模式以及价值观等方面存在较高的一致性，为温州移民在普拉托创业提供了外部合法性，为移民创业网络的成长提供了知识传递和社会规范的学习平台，也是引致制度距离和能力距离在成长阶段有所降低的直接动因。但是随着文化距离的增加，普拉托公众对温州移民创业的相似性感知随之减少，对温州移民创业模式的质疑使得双方均按照利己的原则拓展各自的网络边界，移民创业网络与普拉托集群网络的发展轨迹被人为割裂，信任缺失导致进入成长期之后的制度距离显著上升。双方的价值认知差异使得知识转移遭遇瓶颈，移民创业网络无法深刻辨析产业集群中更能体现价值增值的分工需求，对既有经验的过度依赖形成能力增值的桎梏。此外，由于缩短制度距离是保证网络成员与其他组织进行价值创造的前提条件，尽管早期的较为宽容的文化环境帮助移民创业网络实现了低成本的探索性知识的复制，但制度距离的不断扩大使创业网络始终面临开发式创新的拓展瓶颈，能力距离的加大使得双方难以在信任的基础上达成合作共赢。

第二，移民创业网络由成长阶段步入成熟阶段的重要标志是网络的整体距离特征值达到最优。在移民创业网络的演化过程中，非正式的制度约束普遍存在并发挥重要作用，而正式的规制只是制度约束的很少的一部分（Peng，2002），文化距离成为移民创业网络演化的主导因素，尤其是在东道国面临经济转型的困扰之下，文化距离加大了东道国政治、经济制度的不确定性，加大了司法纠纷、契约保证的执行风险，引发网络协调和治理障碍，难以洞悉和把握促进网络深度嵌入的发展机会。但是，一定程度的文化距离能够借助异质信息的交流释放优势组织的示范效应，有利于塑造基于协调适应的交换逻辑和社会准则，培育长期的合作关系以形成一致的网络身份认同。文化距离的存在还有利于激发创造性思维和学习效应，增强网络成员的竞争能力和组织能力（殷华方等，2011）。文化距离与创新能力存在倒 U 形关系（吴先华等，2008），适度的文化距离既能帮助移民创业网络维系适宜的市场合法性和社会合法性，又能促使创业网络在制度距离和能力距离的激励下保持结构调整和行为优化的动力，保持较高水平的合作意图与创新动机，帮助其降低与东道国产业集群的交易成本以及嵌入成本，建立互信合作的契约纽带，推动网络治理能力和集群创新能力的有序提升。当制度距离、能力距离及文化距离相交于某个特定时点，此时网络的整体距离特征达到演化周期中的最优取值范围，成为网络演化进入成熟期的重要标志。

第三，移民创业网络演化的过程中伴随着文化距离、制度距离和能力距离的周期性改变，控制并降低三类距离不仅是网络治理与升级的核心任务，也将成为推动移民创业网络与东道国产业集群协同演化的关键环节，更是破解海外移民创业网络嵌入困境的重要策略。首先，网络文化是网络中的企业成员在面临内外部问题时思考和行动的基本原则（Human & Provan，2000）。移民创业网络在嵌入东道国产业集群的过程中，如果能够在网络文化认同、价值观、经营理念等方面与东道国产业集群的大部分成员保持一致，则能够缩短与社会关系网络边界的文化距离，保证移民创业网络在嵌入后的东道国产业集群的社会化互动中形成良好的对接界面，最终实现嵌入过程中的协同与稳定。其次，社会关系网络中的制度主要体现为网络中的规则，通过形塑成员的运作方式来影响其社会行为，并形成网络成员一致认可和接受的交易模式，从而降低交易成本和市场风险。社会关系网络制度可以对网络运行起到保障作用，使得网络成员在交互活动中具有更好的对接界面（Peng et al.，2008）。东道国产业集群在演化过程中，在吸纳更多移民企业进入网络的同时也将社会关系网络的运行规则扩展到更大的制约范围。移民企业只有在满足网络制度基本要求的前提下才能实现有效嵌入，需要遵循现有网络的运行规则来实现和其他企业的协调。移民创业网络需要利用东道国产业集群演化的契机，认识社会关系网络运行的新制度要求，通过不断自我变革来构建新的制度，以符合东道国产业集群中的制度变化，缩短制度距离以获得制度趋同性，进而实现在网络边界的有效嵌入。最后，企业间的能力会存在显著差异，进而影响创新活动（Cohen & Levinthal，1990）；网络的创新能力也存在显著差异，进而影响网络的演化路径。在社会关系网络的演化过程中，网络成员必须依据现有网络的需求、能力所根植的资源特性、市场竞争环境，以及过去的经验等，持续通过创新活动来实现自我功能的升级，通过不断构建新的能力来满足网络分工的需求，以缩短与产业集群边界企业之间的能力距离。

第四节 双重社会资本视域下的距离调适策略

随着移民创业网络的不断成长,温州移民在普拉托积累了日益丰厚的社会资本,也吸引了越来越多的移民向意大利迁移。进入 21 世纪之后,国内的发展机遇不断涌现,而普拉托政府对移民企业的打压日益升级,不稳定的政治预期导致部分温州移民向国内回迁,前往意大利的温州人数量日益萎缩,不仅对移民创业网络的拓展带来一定影响,也使得既有网络中的社会关系更加牢固。但是,密集的移民创业网络中冗余的成员关系会妨碍成员获取新的、独特的知识,创新收益下降,无法前瞻性地根据环境改变来对网络结构进行重新部署,组织惯性导致成员认知趋同,高密度的网络在带来协作、信任的同时也成为探索式创新的最大障碍。移民创业网络内部社会资本的饱和效应日趋显著,委托代理、恶意价格竞争等行为更是磨灭了网络有序演化的自组织动力。尽管移民成功创业必须借助基于族群社会关系网络的价值链分工和资源的整合(Raijman & Tienda,2003),但是长期来看,移民创业网络必须完成从价值链低端到高端的转变以推动东道国经济发展并获得更多的话语权(Kloosterman & Rath,2010),转型的动力则来自网络中存在的社会资本(布尔迪厄,1997)。

社会资本由嵌入社会关系网络中的信任关系决定(Light,2004),通过影响创业者的创新能力和创业资源(信息、资本和劳力),进而影响创业行为(Casson & Della,2007)。移民网络的基础是各种纽带关系间的信任、互惠和合作,移民创业网络在移民创业过程中扮演着"资本"的角色,并且能够不断积累和自我强化(Putnam et al.,1995)。借助案例研究,学者已证实社会资本对移民创业绩效产生显著影响,社会资本不仅是推动移民创业的直接动力(Aldrich & Martinez,2010;Thornton & Flynn,2003),而且对高附加值移民创业的影响更为显著。但是,移民创业网络的社会资本能否通过距离属性影响并控制网络的战略演化进程，如何利用移民创业网络的社会资本获得东道国的政治认同与经济上的合法地位，目前学界尚未获得有效的实证依据，本书期望在移民创业网络所蕴藏的社会资本与其所具备的距离属性之间寻找关联。

信任是衡量社会资本的重要指标（Putnam，1995），相互信任降低了交易成本（Fukuyama，1995），形成共享的行为规范和价值观，是推动社会进步的重要力量（Simmel，1950）。信任可以作为描述创业网络形成与拓展的主要线索（Smith & Lohrke，2008），从基于情感的强关系发展到建立在大量弱关系基础上的情感性信任，当大量新创企业成立之后，网络内部的交易逐渐演变成组织间基于制度和认知性信任的交易循环。为了体现移民创业网络与东道国产业集群之间的差序格局特征（Portes & Sensenbrenner，1993），本书将采用目前得到更多学者认同的人际信任和制度信任（Luhmann，1979）来作为信任的两种表现形式并建立起与网络共生过程中的距离属性的逻辑联系。人际信任提升了对不确定性的容忍程度，促进移民企业家投身高风险的创新活动，推动与本地企业的协作及商贸往来。制度信任来自制度体系，企业家精神的萌发直接依赖于透明的法律体制和产权制度。移民企业家在东道国缺乏人脉，因而比本土企业家更依赖于法律制度，东道国的制度信任在移民创业决策中发挥着重要作用（Kogan，2007）。由此推断，以人际信任影响文化距离、以制度信任调节制度距离，将构成社会资本影响网络创新能力的关键路径。

移民创业网络中的社会资本具备双重性特质。首先，源于"三缘"关系的移民创业网络具有强大的内部社会资本，为移民创业提供了信息、资金、技术；其次，随着移民企业不断与东道国产业链建立起关联，移民创业网络外部的社会资本正不断为移民企业创造价值。移民创业网络内部的社会资本依托于高度的人际信任和紧密互动的高密度结构，而外部的社会资本则建立在松散的弱联结和制度信任之上。一方面，当人们对制度具有信心时，这种信任会扩散到社会领域，从而增进人际信任（Turkina & Thai，2013），海外移民创新关系网络与东道国产业集群中建立的制度信任有助于双方人际信任的提高。另一方面，由于人际信任是社会关系网络中相对持久的特征，反映了一个特定民族的全部历史传统，包括经济的、政治的、宗教的以及其他方面的因素（Inglehart，2006）。只有首先通过制度契约建立制度信任，建立起东道国的信用体系，才能帮助移民识别创业的有效信息、获取关键的创新资源，提高创业动机并获得持续发展（Turkina & Thai，2013），建立制度信任是提升人际信任的前提条件。

借助案例研究和理论推演，本书形成以下基本结论。

第一，海外移民创业已经密切嵌入东道国产业集群之中，产业集群的发展既反映为产品和技术的升级，也意味着移民创业网络的深层次嵌入，更反映出文化的整合与碰撞。移民创业需要在族群内部的社会关系网络与外围的社会关系网络中建立平衡，在族群内部的人际信任与外围的人际信任中展开协调，在既有文化与东道国文化之间进行互融，在弱化族群内部社会关系与强化外围沟通纽带之间进行取舍，特别需要重视第二代移民与本地的融入。只有摆脱族群内部过度嵌入的路径依赖，才能破解创新瓶颈；只有舍弃族群内部价值体系中的短视倾向，尝试加入当地的商业社团，才能与东道国利益相关者建立默契的产业发展氛围。通过人际信任的建立以保持适度的文化距离，是实现海外移民创业网络与东道国产业集群协同共演的前提条件。

第二，随着市场竞争的加剧和全球资源的重新配置，东道国产业集群获取竞争优势的来源已经向创新能力和应变速度转变，创新能力越来越成为决定产业集群竞争力的关键因素。东道国政府应该客观评价移民创业网络为本国经济发展做出的重大贡献，根据环境变化及时调整针对移民创业的政治、经济政策，理性思考如何促进移民创业网络有效嵌入当地产业集群发展这一战略问题。笔者在案例梳理中发现，意大利"国家体系"的效率与国内经济运营环境不容乐观，逃税、受贿等现象屡见不鲜，社会信用的缺失使得对政策的不确定预期增强，加大创新风险。2014 年以来，意大利政府对中国企业的监管日益强化，虽然能够起到部分警示与引导作用，但没有对移民创业网络的资源整合提供必要的政策支持，仅仅是增加了诉讼成本、合规成本，加之不公平执法的存在又加大了歧视性成本，因而并没有从根本上减少非法营运的现象，还对族群融合产生了负面影响。东道国必须通过建立完善、有效、透明的法律体系以保护移民创业的收益，减少在东道国创业所面临的额外成本劣势，增强移民企业在东道国履行社会责任的意愿，激发温商的企业家精神，减少机会主义、寻租、贿赂和腐败。只有建立完善的法律制度和透明的经营环境，海外移民才愿意从事高附加值的创业活动，加大在东道国的投资来获得"本地身份认同"，使得与本土集群企业的结网合作实现良性互动。东道国通过制度建设营造有序竞争环境，降低制度距离是实现海外移民创业网络与东道国产业集群协同共演的内在动力。

第三，海外移民创业网络与东道国产业集群的适度嵌入是双方实现协同共生的基本要件，而保持较强的创新能力以缩短能力距离，则成为海外移民创新关系网络克服发展瓶颈的根本保障。虽然很多移民企业依然倾向于通过进一步压低成本来保持其在网络中的地位，但更为重要的发展方向还是提高管理技能和创业技能，通过内部知识结构重构、实现知识的再造，通过创造新的商业契机来推动移民企业向东道国产业集群中更为核心的高价值区域移动，并最终成为集群网络活动的规则制定者，成为核心能力的主导者和价值理念的创造者。此外，海外移民企业需要加强和巩固与母国的商业往来，在双边贸易中发挥更加重要的桥梁作用。在此基础上建立的移民创业网络才能拥有独有的、不可替代的稀缺资源，形成难以模仿的竞争优势，获得动态权变的核心能力，为海外移民创业网络获得持续的生命力提供保障。

第五节 结语

当前，构建富有弹性、包容性的合作共赢格局是中国面临的历史使命，借助已有的海外移民网络和移民创业网络则成为重塑世界政治经济版图的可行路径。本章以普拉托温州移民创业网络的演化历程为载体，生动描述了移民创业网络与东道国产业集群的嵌入过程，系统阐明了实现协同演化的嵌入路径，深刻揭示了演化错位现象背后的距离特征变化规律。在客观辨析引致演化错位的内在动因的同时，系统提炼移民创业网络嵌入东道国产业集群的内在本质，阐述中国移民企业在东道国的可持续发展策略。此刻，尽管海外移民创业网络正面临"走进去"的演化错位与"走下去"的战略抉择，但双方只有顺势而为才能实现与东道国产业集群的耦合共生、互利共赢。

当然，对海外移民创业网络演化过程的反思，最终目的是达成中国在实施"走出去"战略中赢得主动。在本书案例中，温州移民凭借敏锐的市场嗅觉和执着的创业热情，借助普拉托服装产业集群重组的契机，迅速完成价值链分工与网络间的嵌入。对"走进去"过程中的演化错位现象进行深刻反思，是为了在"走下去"的进程中获得执行力的有力保障。未来，随着我国资本输出的加大，必将重新调整面向全球的贸易布局、投资布局和生产布局，而本章的基本观点将为国家前瞻性的资源布局提供借鉴。如何在充分利用既有海外资源的前提下，选择具备适度距离特征的特定区域，以打造畅通无阻的商贸流、和谐共生的产业带以及民族融合的新景观，将成为实现跨境经济增长与未来发展新常态的重要战略抉择。中国移民企业不仅能够"走进去"，更能够稳健地"走下去"，这才是"走出去"战略下的可持续发展策略。

第八章　温商海外移民创业的可持续发展

世界经济格局的多极化在引发移民潮的同时也促使大量中国移民加速融入多元化的区域经济发展。中国移民通过将自己的社会资本与当地的创新要素相结合，为个人、家族、集群网络乃至当地的经济发展创造了大量财富，在构建开放、包容、均衡的区域经济合作框架的过程中发挥日益重要的作用。在全球130多个国家和地区，分布着近60万名温州移民。在意大利，温州移民创办的企业帮助意大利维系其在箱包、服装、皮具、家具等行业在欧洲乃至世界的辉煌。温州移民企业家是一群"熟悉的陌生人"，熟悉意味着个体的信用及经营状况被群体成员相互知晓，相同的语言和共享的价值观使得资本能够有效汇聚并增值，个体之间的充分信任推动资金、技术、市场的关键信息快速、低成本的在网络节点间流动；陌生意味着个体对群体外围的区域经济、文化等信息知之甚少，与外部社会只有经济上的交往而缺乏社会和文化的交流。由于产业链合作的日益细化使得温州移民内部形成了更加封闭的社会关系网络，温州话成为通行的语言，信息的隔阂使得温州移民难以融入当地社会。然而，正是凭借温州移民企业家的努力，个人的社会资本在共同价值观和群体信任的发酵下迅速联结成为集群网络（陈翊、张一力，2013），并且顺利地从萌芽走向起步，从成长步入成熟。为了应对不确定的外部环境，海外移民企业需要借助持续创业来激发创业潜力，而网络和社会资本（Steier，2001）、创新精神（Litz & Kleysen，2001）以及价值观（Drozdow，1998）等因素则成为影响持续创业的关键变量。

持续创业意味着通过不断打破现有移民企业内部和外部的制度约束，利用新的知识与能力推行一系列的战略创业行为；借助持续的制度创新和文化创新，不断传承和延续移民企业的创业精神（李新春等，2008）。由于持续创业是跨越创业者、家族、企业、产品、产业等要素的集成，持续创业本身就是创业过程的重要组成部分（Hoy & Sharma，2010）。如何在初始创业与持续创业阶段对这一群体善加引导？如何使移民群体更好地融入区域经济与区域文化？如何实现网络内部资源与外界信息的有效嵌入？上述问题的解决对于提高海外移民的话语权、推动集群网络的持续成长具有重要的理论和现实意义。

学者们对双元创新战略倍加推崇，认为兼顾探索式创新与开发式创新的双元创新战略是提升组织创新能力的重要手段（Lakemond & Detterfelt，2013），双元创新的实现成为海外移民企业持续创业的战略路径。由于嵌入性是集群网络发展的基本特征，从嵌入的视角探索双元创新战略的实现机理，能够对温州移民企业持续创业的可行路径提供借鉴。然而，这群"熟悉的陌生人"既面临传统的嵌入式惯例所带来的束缚，又需要正确应对外部复杂的社会关系网络，如何制定与特定环境相匹配的嵌入性策略以推动双元创新战略的实现将成为决定海外移民创业能否持续的关键。然而令人遗憾的是，尽管针对嵌入性的研究范围不断扩大，但缺乏不同层面嵌入维度的协同研究；即便对网络嵌入与创新绩效的关联进行了阐述，但未能将个体所在网络环境的文化、制度等因素纳入分析框架，尤其是针对海外移民集群网络的嵌入特性与双元创新的关联机理的研究几近空白，既有研究成果无法对海外移民持续创业的可行路径加以诠释。文化的嵌入能够增强集群网络的开放性并使之远离均衡（Veblen，1923），自增强机制推动新的思想和新的行为方式不断扩散，最后演变成网络中流行的状态。基于此，本章聚焦意大利温州移民企业的网络化发展过程，从产业集群生命周期理论、网络嵌入理论和双元创新理论入手，探究不同嵌入形态对创业各个阶段中双元创新能力的影响。本章采用探索式多案例研究的分析方法，致力于解决以下问题：（1）外部环境的改变对温州移民企业所处集群网络中的关系嵌入程度是否会产生影响？（2）温州移民企业与意大利区域文化能否实现互动融合，这种文化嵌入对双元创新是否存在促进作用？（3）温州移民在集群网络内部的关系嵌入行为及其与区域经济的文化嵌入行为之间是否存在耦合关联？对上述问题的深入解读，有助于选择并塑造与外部环境以及企业内部竞争优势需求相一致的嵌入性优势来源，帮助移民企业获得持续创业的核心竞争能力。

第一节　温商海外移民创业可持续性的理论背景

一　移民创业与集群网络发展

全球化的快速发展使得跨国移民活动日益频繁，为了规避就业壁垒，很多移民放弃在劳动力市场寻找工作的机会，毅然选择自主创业，移民创业已经成为推动许多西方发达国家社会经济发展的重要因素之一。国外学者对移民创业现象进行了大量的研究，并取得了较为丰硕的成果，而国内的相关研究则刚刚起步（陈昀、贺远琼，2010）。有学者认为就业市场劣势和移民群体的独特资源是驱动移民创业的主要原因（Waldinger et al., 1990；Wang, 2012），移民构成的社会关系网络中蕴含的信用、商业知识以及社会性支持将大幅降低移民创业过程中遇到的风险和不确定性，在本民族移民群体内部建立、保持和发展社会关系比在移居国接受正规教育、融入主流社会更加重要（Rezaei & Goli, 2009）。进一步的研究发现，移民创业者在拥有资源禀赋和社会认同方面的差异性决定其将选择不同的创业路径（Ndofor & Priem, 2011）。然而，学者们对移民创业的长期绩效并不看好，由于移民创业者主要从事的传统行业缺乏持续成长性，移民群体内部的关系网络虽然能够筹措创业所需的资源,但无法提供企业持续成长所需的动力(Chaganti & Greene,2002)。移民企业的持续创业是否成功,将直接取决于企业所拥有的资源与所选择的创业路径之间的匹配程度(Ndofor & Priem,2011),而对如何实现匹配的策略却鲜有文献涉及。

移民群体内部的社会资源不仅能够促进移民创业,还能够直接推动产业链的形成,最终促成集群的产生。集群的竞争优势来源于其网络本质(李二玲、李小建,2007)。在集群网络中,集群内企业之间的关系不仅仅包括利益交易等经济关系,还包括企业家之间的业缘、地缘、亲缘等社会关系。企业家行为根植于当地的社会关系网络之中,他们的行为决策不再仅仅单纯考虑经济利益,还要考虑情感纽带。在集群网络形成与发展阶段,集群内组织之间的相互依存加速了资源集聚,推动知识技术不断累积共享;一旦进入成熟阶段,这种根植将转变成锁定,创新惰性成为产业集群转化升级的羁绊。目前,温州移民群体中个体的素质以及网络中节点间的相互联系、网络的开放性以及与其他企业家网络的互动等,还远远达不到适应经济转型发展的要求(张一力等,2013)。尽管集群一般会经历由诞生到衰退的过程(Tichy,1998),但在整个生命周期过程中,究竟是哪些因素推动集群网络的演化并形成特定的演化路径等理论问题还有待进一步探讨。虽然涌现出一些针对地域性产业集群生命周期与区域经济发展的理论和实证研究,但是如何避免海外移民集群网络过早陷入锁定状态,如何借助移民企业的持续创业来推动集群网络的自组织演化,相关研究依然非常少见。

通过梳理文献发现,移民企业的持续创业既是其获得持续竞争力的来源,也是集群网络实现自组织演化的基本保障(Etemad,2004)。持续创业既需要通过产品或者服务的不断升级换代、满足市场需求来实现;也需要不断地针对外部环境变化作出适应性调整,而双元创新能力的获得能够保证在巩固既有领域经营能力的同时,不断探索新的组织实践,发现新技术、新领域(张玉利、李乾文,2009)。移民企业的持续创业行为与企业双元创新能力的获取密切相关，持续创业又进一步促进了集群网络的嵌入行为，而针对集群网络嵌入与创新绩效关系的研究正是学术界近期的主流，移民企业持续创业与集群网络自组织演化有着一致的内在发展逻辑。持续创业成功必将依托集群网络实现，集群企业必须借助创新在竞争中获得一席之地，通过创新实现升级发展（吉敏等，2011）。尽管有学者认为进入成熟阶段之后的集群网络，越早脱离原有集群锁定，越有利于集群结构调整和优化升级；但是，究竟通过哪种形式的嵌入来维系网络开放与封闭的均衡，又如何寻找契机实施动态的嵌入政策，还未能获得明确的解释。此外，如果从整个社会经济系统来考虑，技术、经济、顾客需求、文化、政策等因素都将对网络演化的过程以及移民的持续创业过程产生影响（Gulati，1995）。企业可以通过改变组织间的关系来对外界环境变动做出反应（Lang & Lockhart，1990），实现网络嵌入与环境的动态匹配（Balaji & John，2006）。但是，环境究竟在多大程度上影响移民企业在集群网络中的合作行为以及对这种影响的敏感程度如何，学界鲜有人研究。

二 关系嵌入与双元创新

双元性是近期创新领域的研究热点，一般用来描述探索与开发的双重导向（O'Reilly & Tushman，2011）。探索和开发是企业竞争战略的基本组成部分（Nelson & Winter，1982）。矛盾或悖论关系曾经是学界的主流，研究者们认为探索和开发是两种截然不同的思维方式，都会对组织的稀缺资源进行争夺，两者无法兼顾（Lavie et al.，2010）。近期涌现出的观点则认为探索和开发这两类活动是互补关系，双元性可以借助组织联盟的内外资源协同来实现；这种跨边界的双元性与时间序列规划相结合，能够有效化解资源冲突（Russo & Vurro，2010）。如何平衡探索式创新和开发式创新之间的关系以及双元平衡的内在实现机理是当前国外研究中的前沿问题。

随着集群网络不断向更高层次演变，网络发展的不同阶段中集群所需要的动力和优势来源均存在较大差异（臧旭恒、何青松，2007）。企业间的联结既能产生创新和增长的优势，也能产生导致惰性和停滞的劣势（Hulsink et al.，2008）。嵌入性既可能带来利益，也具有成本和风险。嵌入性在创造了与当前环境需求高度契合的同时也减少了组织的适应能力（Uzzi，1997）。因此，集群的网络结构和关系应该随着它的发展而改变。结构嵌入用来描述个体与其他行动者连接的网络形态，关系嵌入表现为个体与其他行动者通过交互发展起来的人际关系（Granovetter，1985）。温州独特的地缘文化成为海外移民群体的精神母体和摇篮，使其呈现出敢于抗命、敢于吃苦、善于抱团经商以及过于冒险、功利、炫耀、自恋等独特的区域移民气质（徐华炳，2012）。意大利的温州移民聚集是以"关系"为基础的，"关系"决定了这种网络的扩张将立足于封闭网络，因而本章将关系嵌入作为衡量社会资本的主要维度。

对关系嵌入的研究一般在企业之间或集群之间展开。关系嵌入可以说明成员之间关系的密切程度、关系内容以及关系质量，关系嵌入过程伴随着复杂、异质知识的获取，并对个体创新行为产生影响（汤超颖、邹会菊，2012）。Granovetter（1985）认为关系嵌入可以用来衡量网络中个体对他人需求或他人目标的重视程度、相互之间的信任程度以及信息共享的程度。强弱联结理论也认同信任和信息共享机制在关系嵌入过程中所起的重要作用，信任和信息共享机制的建立为信息、情感在团队中传递和流动提供了支持和保障。虽然信息共享有利于创新想法的传播，但信息传递过于密切则导致同质信息冗余，遏制了创新意愿，范围更广、内容更丰富的异质信息反而有利于个体做出创新决策（Baer，2010），因而更多的研究倾向于认同弱联结对创新的促进作用。但有学者认为这种促进作用仅在一定范围内成立，信息联结与个体绩效提高呈倒 U 形关系，信息联结的数量过多会导致信息过于分散，对创新信息无法有效识别而导致个体创造性下降（Perry，2006）。

近期的研究对创新类型进一步细化，Kern（1998）发现德国企业之间因为存在过度的信任，减缓了新思想的产生和采用过程，借助实证研究证明强关系更有利于开发式创新，而弱关系有助于探索式创新，个体从社会资本中获益是以牺牲和限制决策自由为代价的（Moore et al.，2009）。然而，上述研究均是将网络关系的强与弱作为独立的前因变量来探求其与创新绩效的关联，即便有研究同时考虑了网络结构的疏密特征（余菲菲等，2013），但还是未能将集群内组织与网络环境的嵌入性规律纳入分析框架，这也可能是导致诸多研究结论不一致的根源所在。

三 文化嵌入与双元创新

嵌入性重点关注的是主体行为者所处的各种情景对其行为带来的影响，经济行为既可以嵌入社会关系网络，也可以嵌入制度，更可以嵌入文化环境中（Granovetter，1985）。文化与政治力量对个人的行为和网络特征的影响不容忽视，因而后续研究逐渐将认知嵌入、文化嵌入、制度嵌入纳入嵌入性理论的分析框架。文化以集体信念、价值观、惯例、理念以及生活方式等形式出现，建立了经济理性的限制并塑造了企业内部和企业间的实践活动（James，2003）。由于跨文化的共享价值观是人性和心灵相通的纽带，共享信念和价值观对参与者行为的重要作用被称为文化嵌入（James，2003）。国内学者一般把文化嵌入界定为集群企业受区域文化的广泛影响，内化为企业文化的一部分进而成为集群整体所共享的价值观和行为规范（向永胜，2013）。集群组织对集群内外网络资源的获取和利用水平决定了其竞争优势的差异，而网络资源的获取和利用又是企业主动结网行为的结果，企业的结网意愿和结网过程最终受区域文化的影响。因此，文化嵌入通过影响集群企业的网络行为进而影响其网络资源获取和利用水平，由此导致企业创新水平的差异并直接决定了集群网络的演化历程。

创新是一个社会性的、地域性的互动过程，以诀窍、技术和技能等形式表现的隐性知识产生于当地文化嵌入下的企业，不同内容和不同维度的文化嵌入鼓励或约束不同类型的创新行为（Boschma，2005）。一方面，通过关系的亲近，有助于推动集群网络中的企业与其他主体建立合作伙伴关系，在建立与外围企业信任的同时，获取关键信息资源，开展深入交流并共同解决问题；另一方面，空间邻近与文化邻近之间具有互补关系，有利于形成资源和信息的密集网络（Hsu & Saxenian，2000），社会文化的邻近有助于建立企业之间的信任、减少机会主义行为、增加对外部信息的敏感度（James，2003）。集群企业只有不断创业和创新，才能创造新的市场，使集群网络向高水平、多层次的方向实现自组织演化；而不断完善而有序的竞争市场、充分的市场治理、有利于创业的社会文化网络则是企业创业和持续成长的外部条件，也是企业源源不断获得资源和能力的信息库。

四 研究思路

通过梳理文献发现，持续创业是创业过程的重要阶段，持续创业的实现需要通过基于创业者自身的特殊禀赋（知识、经验、价值观念等）来实现战略更新，并与已有资源进行整合和嵌入（Sarasvathy & Dew，2005）。大量海外移民因为资源短缺和追求快速成长，在进入壁垒低的劳动密集型行业之间不断更迭，海外巨大的市场机会以及转型租金促使移民在不同城市之间辗转以快速获取利润。海外移民企业初创阶段和持续创业过程中既需要充分利用网络内部的社会资本，又不可避免地受到当地文化、社会关系等的影响；由移民企业组建的集群网络演化既需要适度的异质性，也不能脱离本地化的学习（Maskell，2001）。由于网络构架的作用依赖于不同的情景而存在，集群内部的关系资本形态又受到区域社会文化因素的影响（Capelo & Faggian，2005），对集群网络中移民企业持续创业发生机制的深层揭示理应将网络边界以内的关系嵌入与网络边界之外的文化嵌入加以融合。综上所述，本章将探索海外移民企业在初创阶段和持续创业阶段中文化嵌入与关系嵌入对企业双元创新行为的影响机理，探索网络个体在内部社会资本维系与外部社会资本寻求过程中的互动模式和协同路径。

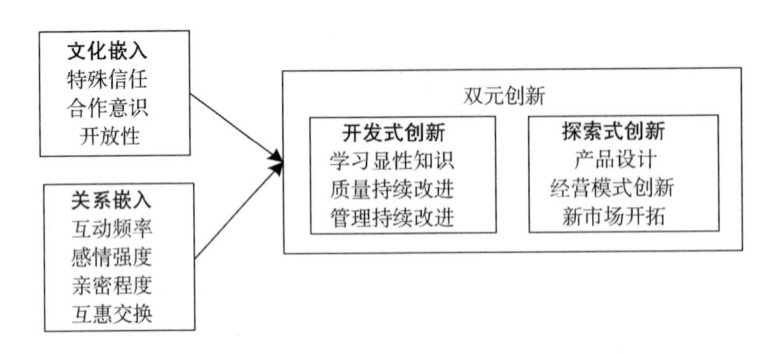

```
文化嵌入                    双元创新
特殊信任          ┌─────────────────────────────┐
合作意识          │ 开发式创新      探索式创新    │
开放性   ──────→  │ 学习显性知识    产品设计     │
                  │ 质量持续改进    经营模式创新 │
关系嵌入 ──────→  │ 管理持续改进    新市场开拓   │
互动频率          └─────────────────────────────┘
感情强度
亲密程度
互惠交换
```

图 8-1　本章研究框架

第二节　温商海外移民创业可持续的研究设计

案例研究方法能够对管理实践中涌现出的现象和问题进行深刻剖析并进行理论构建（Yin，2008）。本章采用案例研究方法，主要基于以下原因：第一，本章着重探讨"嵌入于集群网络中的移民企业在创业不同阶段如何与意大利区域文化展开互动融合以提高其持续创业能力"的问题，需要探索隐藏在复杂现象背后的影响机理，案例研究可以生动而细致地对所发现的逻辑关联进行清晰的展示和分析，明确回答"怎么样"的问题；第二，本章研究海外集群网络发展过程中面临的创新瓶颈及破解路径，案例研究在展示动态过程方面具有优势，能够深入解释过程的变化特征。鉴于本章的研究对象是移民企业的创业行为，而企业家的意志直接决定了企业的创新导向与创业路径，因此后文中将通过对移民企业家的嵌入行为以及创新行为的描述来度量移民企业的嵌入性和双元性特征。根据 Yin、Eisenhardt 及其他研究者的建议，为了从重复归纳的过程中得出共性结论，本章采用归纳式、多案例的研究设计，应用复制逻辑，对不同案例中得到的命题进行交叉验证，以期得到更为稳健和普适性的理论（Eisenhardt & Graebner，2007）。

一 案例选择

本章依照以下标准进行案例选择。第一，为了使案例所处的外部环境保持相对一致，本章选取的案例企业均由定居意大利的温州移民创办，创业时间在 10 年以上，经历了初创和持续创业阶段，都曾经在不同的行业或不同的城市中尝试创业转型，持续创业促使其在当前所在的行业内具有较好的业绩和发展前景。第二，企业在经营发展过程中不同程度地运用了网络内部的关系资源，也与意大利的相关利益群体建立了联系。第三，所选企业家均具备一定的创新能力，但对创新资源的整合以及网络的嵌入程度存在差异，这有助于通过对比分析来探究导致创新能力差异的内部动因及影响机理，进而加强研究结果的严谨性和一般性（Eisenhardt & Graebner，2007）。第四，所选企业家能够提供较为详尽的信息，以便获取案例研究所必需的资料。遵从以上标准，本章选择了四名企业家，分别用 H、ZR、X 和 ZY 表示，涉及家具、服装、鞋类贸易和箱包四个不同行业，它们均为温州移民在意大利从事人数较多的、具有代表性的行业，移民企业所在的集群网络均经历了起步到成长成熟的发展历程。此外，由于欧洲海外移民的整体文化程度较低，非精英移民依然是意大利温州移民的主体（宋全成，2013），本章选取的四个案例均为中学学历，属于非精英群体的范畴，因而案例结论将具有较强的信度和效度，对其他移民企业具有一定指导意义。

二 案例数据的收集

本章的数据收集方法主要包括：深度访谈、档案记录搜集及现场验证等，通过多元化的数据来源实现数据的互相补充和交叉验证（Yin，2008），提高案例的效度。笔者于 2011 年、2013 年两次前往意大利佛罗伦萨大学进行短期学术交流，2014 年 3 月至 7 月在佛罗伦萨大学做高级访问学者时对意大利温州移民创业情况进行了深度调研。与温州移民创办的各类商会、侨团等取得联系，通过滚雪球的方式与商会会长企业、会员企业及相关供应链企业建立沟通渠道。调研主要借助面对面访谈的形式进行，每次访谈都做笔录，并在允许的前提下进行录音。此外，海外温州商会的内部资料、华商报纸以及网络媒体资料也成为数据的来源。除了正式访谈，本章还采用了一些非正式的交谈形式作为获取更多信息和见解的渠道，如参加商会的会议、参观生产车间和样品室、访问中国商城和销售店面，与温州移民企业家一起出游和就餐等，从各个方面真实感受海外温州移民的生活和工作环境、生产与经营理念、社交生活和文化融入等，每次访谈结束后的 24 小时之内完成访谈记录的录入和抄撰工作，并进行进一步的资料编码。同时，还通过其他渠道收集与意大利温州移民发展相关的背景资料、政策文件与学术文献，用以不断调整访谈提纲，并验证受访人员回答的真实性。获取原始资料之后需要初步提取相关构念并初步构建理论，然后继续收集资料对理论进行验证和修正。多重证据来源的三角验证、证据链的构建以及研究资料库的搭建能够确保案例研究的理论构建效度与信度。

三 案例数据的分析与编码

根据 Miles 和 Huberman（2008）等学者提出从质性资料获得数据、

从数据构建潜在理论结构的一般步骤,通过自下而上地构建构念和框架模型,借助归纳和演绎等方法,逐渐发掘概念及概念间的关系。针对每个案例在创业初期与创业持续期进行的主要创新活动进行单案例的纵向研究,识别不同创业阶段实施探索式创新与开发式创新的变化规律,在此基础上进行跨案例分析,最后提出整体的理论框架。在此过程中,研究者需要对关键构念的理解进行交叉检验,不断通过数据收集、演绎归纳和概念化之间的迭代来促进概念及其相互关系的逐渐涌现,直到理论达到一个满意的饱和度为止。具体步骤如下。

首先,依据原始录音进行初始的开放式编码,针对每位受访者的访谈资料进行录音与文本的听译转换以及整理校对,保证文本编码的准确性。在对原始数据进行编码的基础上,以概念形式对资料逐句进行译码,分解提炼和归纳相近含义的词语和语句。一方面借助理论对访谈了解的内容进行诠释,另一方面借助访谈过程收集的数据信息对理论进行情景化再现,确保数据编码与已有理论密切结合,形成更具概括性的初始范畴。

其次,遵从 Corbin 和 Strauss(1990)的观点,采用"条件—行动—结果"的编码性范式寻找各个初始范畴之间的逻辑关系。通过对一手资料和初始范畴的分析对比和深入挖掘,将初始范畴重新分类整理进行二次编码,并探索范畴间的逻辑关联,提炼得到副范畴。初始范畴是一种概念性的表达,副范畴是对初始范畴进行归纳并加以理论化,即将概念性的表述进行归类并划分到与本章主题相关的构念中,副范畴的名称均来自现有文献。

再次,合作意识、特殊信任、开放性借鉴 Hofstede(1991)和 James(2003)的观点。合作意识指主动维系与当地企业节点之间的网络关系并不断保持业务往来;特殊信任既是一种基于身份认同的情感信任,也是一种对当地人的情感信任,反映为倾向于加强与当地企业和员工之间的合作和交流;由于网络不仅能够提供资源,同时还是一种约束和控制,意大利温州移民集群网络与外界群体之间最大的障碍在于语言,强调开放性的企业认为语言是不断向外部拓展资源的必要条件。互动频率、感情强度、亲密程度与互惠交换均取自 Granovetter(1985)的经典文献,具有较强的理论效度。探索式创新包括搜寻、变化、风险承担、实验等行为,开发式创新包括优化、效率、挑选、执行等行为(March,1991),借鉴 Benner 和 Tushman(2003)以及 Rosenkopf 和 Nerkar(2001)的研究成果,将显性知识的学习、质量持续改进、管理持续改进三个方面归纳为对资源的获取、利用,而将产品设计、经营模式创新、新市场开拓划分到对资源的整合与再造。

最后,在选择式编码阶段进一步挖掘范畴间的关系和逻辑次序,形成主范畴。整合得到的主范畴需要进一步系统化、概念化和理论化,范畴的命名参照学者对核心概念的类别及维度的提炼。经过上述步骤,本章最终形成4个主范畴,分别为文化嵌入、关系嵌入、探索式创新和开发式创新(表8-1)。

表8-1　　　　　　　　基本范畴及典型证据

主范畴	副范畴	初始范畴	典型证据及表现			
			案例 H	案例 ZR	案例 X	案例 ZY
文化嵌入	特殊信任	与相关利益者保持良好的关系	能够融入集群外部区域文化;与警察、房东都保持良好关系;与意大利客户商榷代工价格并共同核算成本;掌握基本的意大利语	积极融入集群外部区域文化;与意大利供应商保持长期合作,欣赏意大利员工的工作态度,对其充分授权并与之共同进行产品决策;掌握基本的意大利语,并利用语言掌握谈判的主动权	能够接纳集群外部区域文化;与意大利客户联络感情、互相学习;掌握基本的意大利语	积极融入集群外部区域文化并不断挖掘其潜在价值;意大利合作伙伴提供了重要信息;邀请意大利政界参与产品推广,与意大利品牌公司就产品安全和品牌质量密切合作,聘请意大利人担任核心岗位;掌握流利的意大利语
	合作意识	与意大利政界、客户和员工密切合作				
	开放性	对意大利语的掌握能力				

续表

主范畴	副范畴	初始范畴	典型证据及表现			
			案例 H	案例 ZR	案例 X	案例 ZY
关系嵌入	互动频率	亲戚朋友之间相互学习，克服"新进入缺陷"	家族内部建立了较强的关系纽带，近期逐渐减弱；与家族内部亲戚之间相互学习行业技能，在经济业务中密切配合，同乡之间分享信息；强烈的家族观念、面子观念，在情感上相互扶持保持默契；亲戚之间一个带一个出来，合伙开厂，规模增大以后独立运营；企业经营重视信用	家族内部建立了很强的关系纽带和情感依附，与其他同乡之间交流不多；亲戚朋友之间相互学习，分享经营信息；强烈的责任感，对家族的承诺是前行的动力，情感上高度依附；亲戚之间一个带一个出来，同乡之间生活上相互帮助；家族成员间相互支持，很少和外界、商会接触	家族意识强，家族提供了创业支持，但关系纽带较弱；更信任温州人，亲戚之间提供有限的帮助；亲戚朋友都支持，家族强大事业才能成功；亲戚之间一个带一个出来；结婚赚了拓展事业的第一桶金，同乡之间相互支持，家族联合排挤竞争者以维持一定的价格，自己独立经营，没有和亲戚合伙	家族内部存在合作，随家人移民，目前和姐夫一起经营红酒代理；与网络内节点建立了较强的关系纽带；相互信任、依赖和信息共享
	感情强度	家族观念，情感依赖				
	亲密程度	亲戚之间相互提携				
	互惠交换	家族、同乡之间相互支持，注重信用				
开发式创新	显性知识的学习	通过模仿快速学习	主动学习行业知识以提高对技术与管理的掌控能力，获得较好的持续改进绩效；通过模仿形成一致的发展路径，开展显性知识的学习；必须重视质量控制才能把公司做大；代工需要对原来已经掌握的技术工艺加以改进，对管理模式需持续改进	通过模仿和不断钻研行业诀窍塑造企业的竞争能力，获得卓越的持续改进绩效；快速学习制衣工艺，只有质量高、管理规范，老外才愿意合作；改进财务结账制度	通过模仿和经营模式的调整，建立具有相对竞争力的持续创业模式；通过模仿形成一致的发展路径；直接从国内进货做批发，对皮质颜色简单改进；挑选合适的贸易伙伴	积极寻求并运用显性知识推动质量提升与设备升级，获得卓越的持续改进绩效；在家族工厂学习制作工艺；产品质量得到意大利商家认可；越是为高端品牌做代工，对质量要求越高；通过不断的设备升级以满足为一线品牌代工的工艺技术要求
	质量持续改进	客户对质量控制要求不断提高				
	管理持续改进	客户对技术工艺、管理模式提出更高要求				

续表

主范畴	副范畴	初始范畴	典型证据及表现			
			案例 H	案例 ZR	案例 X	案例 ZY
探索式创新	产品设计	个性化产品设计，实施品牌战略	探索式创新的意识较弱，较少开展生产模式的创新	强烈的探索式创新动机与高绩效的探索式创新行为；根据顾客需求设计款式；根据品牌底蕴和个人感觉来调整款型；注重品牌文化建设；用工模式和核算模式的创新；拓展销售渠道	存在探索式创新的意识，实际行动较少；拓展市场份额	强烈的探索式创新动机与高绩效的探索式创新行为；重视并积极推动品牌战略；跨过中介直接做一级代理；拓展红酒市场，代理意大利高端红酒品牌
	经营模式创新	运营流程的改变				
	新市场开拓	开拓多元化市场				

第三节　温商海外移民创业案例分析

本章按照 Miles 和 Huberman（2008）的四步法绘制构念之间的因果逻辑图。因果逻辑图就是从证据中寻找构念之间的逻辑关系，把用于现象归纳的范式模型简化为"条件—行动/互动—结果"这一逻辑线，寻找若干个初始范畴之间的联系，保证研究的内部效度。在对每个案例独立进行分析的基础上形成基本命题，随后将其他案例加入从而形成更为可靠的理论概念和因果关系。在理论、数据和文献中反复探索以完善研究发现，与现有理论建立联系，并明确我们的贡献。在陈述相关理论、提出研究模型和系列命题之后，通过案例分析审视命题与研究资料是否符合，确保研究的内部效度。

一　对案例 H 的分析

2001 年之后，通过 H 的表哥，H 的表姐、H 的弟弟和妹妹相继来到意大利。"弟弟、妹夫他们以前在中国也是做过沙发的。刚来的时候他们（意大利）话也不懂，我懂意大利语，就配合起来，我做市场，专门跟意大利人打交道。后来小弟和弟媳妇也过来了，他俩在国内不会做沙发，是在这里学的。"亲戚之间相互学习，很快掌握了显性的操作性知识，克服了"新进入缺陷"。"兄妹几人到了意大利以后，分着做木架、靠垫、沙发皮和沙发，一起配合着做"，家族成员在经营业务中密切配合，形成了清晰的垂直分工，降低了产业链中的沟通成本和机会成本，提高了经营效率，并在2006年和妹妹合伙创建了沙发厂。家族成员之间的关系嵌入促进了行业中专业知识和市场信息的快速分享，帮助H对产品的制造技术有了全面的把握，专业知识的不断拓展帮助H由单纯地掌握语言成长为独当一面的企业家，不仅掌握了完整的沙发生产工艺，对成本控制以及市场渠道的开拓也应对自如。家族成员之间的强联结提供了情绪支持，提高了社会影响力和默会知识的获取能力，通过长期高频率的交流形成了家族成员间一致的行为规范（Dhanaraj et al., 2004）。基于上述证据链，我们能够得到以下命题。

命题1-1：创业初期企业家在产业集群中的强联结能够有效推动开发式创新。

H自2006年开办沙发厂以来，深刻感受到经济环境与劳动供给的变化，"2007年前后沙发都是整批整批地做，现在这个一套那个一套，每个款型一套两套，现在整批的很少。有些工人也烦了，做沙发又累，又赚不到钱，工人改行的改行，不做的不做。接下去各个部门查得更严，查工人，查税费，查经营产品品种，如果工厂里的布局、卫生、装修不符合要求就会被封掉"。竞争环境的改变促使H运用自己的语言优势与警察局、房东和代工企业形成更为稳定、互信的关系，这种与相关利益群体间建立的特殊信任能够帮助H集中精力对管理过程的细节进行改善，通过严格的成本控制和原材料控制来改进质量和降低成本，"工人是计件工资，生产沙发要车工和木工，工人工资都有市场价,我们都非常清楚,这样才能控制时间和成本。原材料都是自己管理",才能应对多样化的顾客需求。H 正是通过与普拉托当地的相关部门及个人的密切合作,利用语言优势与之进行充分交流,提高了沙发厂的管理效率并能够有效应对多品牌、小批量的生产模式,在控制成本的同时实现了质量的持续改进,开发式创新能力得到了极大的提升,也获得了普拉托省最大的两家沙发厂的青睐,为其提供代工服务。然而,随着企业生产规模逐渐加大,家族在经营过程中也出现了一些分歧,"聘的人也多,招的人也多,后来觉得没什么意思了,2010 年兄妹几个分开,一个人一个企业,一个个自己搞。你赚你的钱,我赚我的钱"。由于受到温州人与生俱来的家族观念、面子观念的影响,H 对目前兄妹之间的关系也是存而不论。强联结在带来资源的同时,也增加了企业家对网络成员的承诺,或许过于稳定的网络状态限制了创新决策,或许过度信任抑制了创业热情,这种承诺发展到一定阶段可能成为持续创新的桎梏。基于上述证据链,我们能够得到以下命题。

命题1-2:进入持续创业期,产业集群中的企业家与所在区域的文化嵌入能够有效推动开发式创新,而过高的关系嵌入水平可能会抑制创新决策。

二 对案例 ZR 的分析

ZR 自 1986 年来到意大利,先后从事过餐饮、皮包等行业,在餐厅工作的时候学会了基本的意大利语。随后的几年把妈妈和弟妹带到了意大利。1993 年在妹夫的影响下来到普拉托做服装生意。"当初也是很恐惧的那一种心态,从来没有看过做衣服,只有不断问,不断学",幸好很多同学、亲戚在普拉托,加上自己努力学习,一年的时间就把自己的服装厂办得有声有色。回想远走他乡的初衷,ZR 谈道,"我们当初家庭困难,那时候我出国就想改变一下家里的环境生活条件。刚来意大利的时候,真的感慨万分,真的是有一种想哭的感觉。"

"当初在普拉托懂语言的人很少。亲戚同乡有时候生病、生孩子去医院，很多都无法沟通，但是我即便再累也要带她们去医院，医院里的人都认识我了"。强烈的责任感，对家族的承诺成为 ZR 二十多年不断学习、不断创造价值的动力，在同乡当中的口碑也帮助 ZR 获得了很多行业的关键信息，ZR "从一个工人做起，刻苦地学习打边机、双针机，全靠自己打拼"。凭借执着与天分，ZR 快速学习制衣工艺和行业术语，迅速独当一面。"我比别人爱学、肯学，在米兰打工的时候，餐馆的基本用语都会了；后来开服装厂，做服装的语言慢慢也会了。要立足于这里起码得会讲简单的几句意大利语。我就是凭着做餐馆的经验跟老外沟通，结识了一个好客户。"此外，ZR 还谈道，"我对所有员工的质量要求都比较高，所以说老外的公司也很喜欢跟我们合作；公司的装修跟人家也完全不一样，装修规范，管理规范，老外才信赖我们"。语言优势使得 ZR 更容易与意大利客户建立信任，日常管理的不断完善帮助公司快速成长。立足于现有行业的知识拓展帮助 ZR 获得了网络外部群体的认可，源于强联结关系的责任意识推动 ZR 快速与网络外部群体建立信任。基于上述证据链，我们能够得到以下命题。

命题 2-1：创业初期企业家在产业集群中的强联结能够有效推动开发式创新，与所在区域的文化嵌入能够帮助个体更快地获得产业集群外部的关键信息。

环境的变化将导致集群企业的合作行为与创新效率发生显著改变（Meyer & Stamer，1998），刺激行为主体探索新的行为模式和规范。随着 ZR 经营的服装业务范围日益扩大，ZR 在产业集群中的关系嵌入程度发生了一些变化。一方面，ZR 对家族成员的情感依附日益加深，"我非常珍惜我身边的亲人，我的孩子，我弟弟，还有我弟弟的孩子，他们是我的生命"；另一方面，ZR 与家族外部成员的联系日益疏远，"现在真的是什么都没想，我只想做好自己的每一天。我什么都不会，喝酒、打牌都不会，我的爱好就是有空去爬山，种种花草，有人说我的生活非常枯燥。我喜欢简单的生活，我不想做人、做事那么复杂。我也很低调，也不想出去；罗马、米兰的大使馆官员都和我弟弟很熟，但是都不认识我。弟弟说我，我姐什么都好，就是太低调，就是不出门不好。十几年前就有这些领事馆、老商会很多次请我去参加商会，我都一一拒绝了。我的同学说我不给他们面子，吃饭、出去玩都不参加，我不愿意去接触外边的人。人家比我做得好，钱赚得更多，我也从来不问人家怎么做，我就是按照自己的原则来管理"。

即便如此，ZR 对当前市场面临的变化也呈现出一定的担忧，"国内富裕了，工人回国就不出来了，在普拉托招工越来越困难，等我们再过几年公司也不要开了，因为后续没人做工厂，工人都没有"。当然，ZR 现在会更多地从网络外部寻求支持，对意大利合作伙伴的充分信任及深入的、开放性的交流，帮助 ZR 充分融入当地的地域集群与文化氛围。ZR 与意大利供应商建立了良好的合作关系，"虽然所有的面料都是中国制造，但是我们还是从老外供应商那里进货。我们不会去问老外你是哪里进货"。ZR 非常欣赏老外的工作态度，对意大利核心员工充分授权，在处理关键问题上充分吸取意大利员工的意见，共同决策。"我聘用了 4 个老外，分别做会计师、设计师、模特师，还有一个接待客人的。设计师和模特都是接受过专业训练的，老外把这份工作看得比他生命还要重要。我把公司所有的钥匙，包括遥控和报警的，都给了老外设计师一份，我非常放心地交代下去，没有一点杂念。公司所有的现金都在老外会计手上，每天我只要现金流入和流出的两张报表，我自己用钱也是找他。有时候我会和设计师坐在那里讨论，模特利润要不要达到 30% 或许 35%，或许 25%。"借助意大利专业人士的帮助，ZR 对服装行业有了更为深刻的感悟和创造力。

一方面，ZR 根据顾客需求设计款式，"我和设计师首先要考虑顾客的需求，结合我自己的感觉，设计师迅速画出款式图，我们按照顾客需求选择款式，在电脑上快速设计、制版、裁剪，然后选购合适的布料样品制成成衣。老外设计师把图纸按照意大利的规格跟尺寸在电脑上做好，比我们中国人更快，他一天可以画十几张图纸。他还根据我们采购的面料样本设计和调整款型，通过这种途径设计出来的服饰更符合意大利和欧洲客户的审美"。

另一方面，ZR 对于品牌形成了独到的品位，"我们的供应商、公司装修、服装款式都要符合客户的品位，每一件衣服都有它的文化底蕴。衬衣品牌基本上是我自己设计的。我的眼光可能跟人家不一样，如果做出来没有文化底蕴，没有感觉我就马上丢掉，再重新做。如果做出来感觉非常好就 OK 了。感觉好的卖得也很好，生意就慢慢好了"。对于市场销售渠道的开拓，ZR 也颇有心得，"做这一行很复杂的，夏天都还没开始，马上要打下半年的板型，真的很费精力。我们现在正在做明年（2015 年）的大客户订单，今年下半年我们还要做一下散客。我的客户欧美的、亚洲的都有"。ZR 借助社会文化的融合帮助其与意大利合作伙伴建立起信任纽带，减少了机会主义行为，并增强了对外部信息的敏感度（James，2003），与网络外围合作者建立的平等共生关系促成了隐性知识的挖掘，形成了独特的品牌内涵，完成了新产品的设计和新市场的开拓，隐性知识与显性知识的融合重整，保证了新想法与创新构想顺利实现。基于上述证据链，我们能够得到以下命题。

命题 2-2：进入持续创业期，企业家在降低网络关系嵌入程度的同时，会提高与所在区域的文化嵌入程度，并推动探索式创新的实现。

三 对案例 X 的分析

X 来到意大利已经 10 年了，在意大利没有亲戚，结婚后利用先生家族的网络创办了自己的事业，从事鞋类的进出口贸易和批发业务。对于创业过程，X 回忆，亲戚朋友的支持在创业初期起到关键作用，然而，X 与家族内部的业务联系也仅限于对外来竞争者的合力对抗，除此之外，"进货都是自己去进，老公的姐姐没有给予指点。我们都是在一个地方进货，是竞争的关系；自己去罗马火车站旁边找，货不能进一样的，进一样的姐妹兄弟竞争不好意思，她进这个牌子，你一定要进别的牌子，分开来进""我都是自己单独经营，没有跟兄弟姐妹合伙。"X 认为自己进入这个市场太晚，如果还是延续以前的经营模式与家族成员合伙将很难拥有自己的事业，快速的学习语言和商场上的实战摸索成为 X 创业成功的制胜武器。"我学过语言，我觉得自己能学好意大利语，而且意大利语也很好学。我在法国做工的时候一直用耳机听，天天晚上都起来背书。学了一个月就会说，有一些难的还是听不懂，后来慢慢就习惯了。"凭借语言优势，X 得以与意大利顾客建立了密切联系，"意大利人很精，他们对于时尚的敏感度很高"，与意大利客户的交流帮助自己更深刻地理解时尚导向。X 对家族关系的前瞻性判断促使其意识到与当地的客户建立关系，是其独立拓展业务的可行策略，在增强企业执行力的同时为建立多元化的合作联盟打下了基础。基于上述证据链，我们能够得到以下命题。

命题 3-1：创业初期，网络外部的资金支持对成功创业起到了重要作用，语言优势带来的文化嵌入可以弥补创业初期关系嵌入不足所带来的显性知识传递障碍。

X 认为温州人干活儿比意大利人快得多，更倾向于招聘温州工人。"2005 年、2006 年都是问一下商城里面的朋友，基本上通过关系招工，打听有什么人出来做工，很好招的。现在难招了，年轻人很少，有时候不得不到基督教教堂请人帮着招工。"不仅如此，X 也发现对时尚潮流把握的要求越来越高，"由于意大利是地中海气候，夏天比较长，做靴子生意基本上都是亏的，亏得很惨，一双亏下来很厉害的，成本一年比一年高"。竞争环境的不断变化促使 X 在成品鞋订制的过程中着手进行了一系列改革，X 和意大利老客户之间的交流帮助其领会了更多潜在的时尚元素并形成独到的审美观，"拿到样品以后，我把有些鞋子颜色改变一下，或者是料改动一下，这些款式就很好卖；尽管国内广州的生产商会有量的要求，但是我对鞋的想法很好，量再小也帮我做，我也能找到更好的制造商"。语言的优势以及与意大利客户的密切互动帮助 X 将知识重新加以融合并对产品进行了局部改进，促成了鞋品的外观差异化，避免了同质化竞争，帮助 X 的贸易额保持稳定增长。环境的变化所带来的绩效不确定性预期促使 X 主动对文化嵌入的内容与共享程度进行调整，文化嵌入提升了所在网络的开放性，促使新思想和新的行为方式实现快速转变。基于上述证据链，我们能够得到以下命题。

命题 3-2：进入持续创业期，文化嵌入能够帮助企业家有效把握市场需求的变化，不断进行产品的改进，推动开发式创新。

四 对案例 ZY 的分析

1988 年 ZY 与哥哥、母亲一起移民到意大利，由于 ZY 的父亲 20 世纪 80 年代初期就已经移民并在此成功创业，ZY 在意大利顺利完成学业，掌握了流利的意大利语。自己的创业之路也是从在自家工厂打工开始的，"温二代"的身份促使 ZY 更多考虑的是如何通过经营模式的创新、产品的创新来使家族企业获得持续发展。从一般的皮具代加工业务发展至今，ZY 所在的企业已经成为香奈儿、宝格丽等国际一线品牌的代工合作机构。为了拓展公司业务，也为了更好地被当地人所认可，1996 年，公司开始与意大利人合作经营。"从代工比较低端的品牌开始，中间由意大利人代为接货；后来因为我们在质量和交货时间上的优势逐步赢得客户信任，逐步成为中端品牌的二级代理商。" ZY 表示，与公司合作的外国人给予自己很大的发展空间和平台，提供了很多有价值的信息，甚至比家族成员给予自己的帮助更大。正是由于外国人提供的重要信息，使得自己的企业有机会直接与意大利品牌公司合作，做顶级箱包的一级代理。"意大利品牌与中国人的合作要求非常高，先是看他们的式样，然后就是逐步给一些货让他们做，看质量，看速度，看价格。一旦建立合作关系，就会从最简单的产品，从少量的试做开始,然后再逐渐加量并提出更高的要求;同时必须使用 JUKI 等德国产或者日本产的机器,而且工厂的机器每年都要升级,工厂管理也要升级。2007 年我们搬入新厂区,和品牌公司的合作日益密切,在佛罗伦萨直接跟一线品牌合作的只有我们这一家。""为了保证品质,品牌公司直接派人去生产现场检查监控,一类是负责维护品牌的安全,他们会到企业检查是否有黑工、卫生情况、工人的健康和精神状态、车间的整洁程度以及是否被侵犯知识产权等;另外一类就是质量和工艺的监控,这些品牌的管理人员经常过来检查生产过程的质量,随时与公司的意大利管理人员沟通,提出品质的改进要求,保证品牌质量。"与意大利品牌公司的密切合作,帮助公司的产品质量得到持续改进,通过不断升级设备,具备了为更多一线品牌代工生产的工艺技术要求。为了让公司经营更好地体现本土特征,"我们聘用了 11 个意大利员工,分别负责质量、财务,行政,大多是专业人士,还聘请一个中国女孩当翻译,负责将意大利人的意思讲给工人听,主要是工艺要求和质量要求"。通过管理流程的不断改进,意大利人对企业产品的质量树立了信心,公司与合作伙伴之间形成了一致的商业规则和社会规范。与意大利合作者、品牌公司以及意大利员工之间建立的特殊信任和合作意识推动企业家迅速嵌入当地文化,文化嵌入成为推动企业质量提升与管理改进的内在动力。基于上述证据链,我们能够得到以下命题。

命题 4-1:创业初期,文化嵌入促进企业在质量、管理上的不断改进,推动了开发式创新的实现。

2005 年开始,ZY 逐渐参与中意政治、文化、社会交流,与中国驻意大利的大使馆及意大利各级政府建立了密切联系,跻身政界参政议政。长期在国外的定居生活,以及自身对葡萄酒的爱好,让 ZY 深知意大利葡萄酒在世界葡萄酒爱好者心中的地位,同时也看到了中国意式葡萄酒的市场。"中国的葡萄酒市场在慢慢崛起,尤其是意大利的高品质葡萄酒,品质优良,但和法国葡萄酒相比,推广力度远远不够。"2006 年，ZY 尝试代理了一个中端的葡萄酒品牌，2009 年年初，ZY 在对中国的整体葡萄酒市场做了详细调查研究后，通过自己代工品牌店关系找到了意大利葡萄酒顶级品牌，收购了意大利的一个酒庄，并采用"酒庄"直营的方式将意大利葡萄酒导入中国。2010 年成立了上海的酒业公司，多次邀请意大利驻上海的领事馆和商务方面的人员参与品酒等各项推广活动。凭借与意大利政界、商界建立的特殊信任，帮助 ZY 敏锐地嗅到全新的商业机会，借助自身为顶级箱包品牌代工经历获得的口碑，迅速实施多元化战略，成功拓展红酒市场，成为意大利高端葡萄酒品牌在中国内地的总代理。基于上述证据链，我们能够得到以下命题。

命题 4-2：进入持续创业期，文化嵌入帮助企业家推行品牌战略、开发全新的项目并推动新市场的开拓，有利于探索式创新的实现。

五 案例总结

如图 8-2 所示，通过对上述四个案例的梳理，我们掌握了海外移民企业在创业初期与持续创业期的不同特征。创业初期经济政策相对宽松，劳动力充裕，面临大批量的生产模式，而在持续创业期，经济政策趋紧，劳动力供给逐渐紧张，顾客需求呈现出多品种、小批量的特征。日益激烈的竞争与不断变化的外部环境共同推动移民企业实现了从初创阶段到持续创业阶段的转变。借助多案例研究的命题复制逻辑，归纳得到命题 5 与命题 6。

命题 5：创业初期的关系嵌入有利于开发式创新，而文化嵌入有助于缓解关系嵌入不足带来的知识传递障碍和信息瓶颈。

命题 6：持续创业期的关系嵌入不利于开发式创新，而文化嵌入有助于推动双元创新的实现。

```
案例H ──┬─→ 命题(1-1):创业初期,企业家在产业集群中的强联结能够有效推动开发式创新
        └─→ 命题(1-2):进入持续创业期,产业集群中的企业家与所在区域的文化嵌入能够有效推动开发式创新,而过高的关系嵌入水平可能会抑制创新决策

案例ZR ─┬─→ 命题(2-1):创业初期,企业家在产业集群中的强联结能够有效推动开发式创新,与所在区域的文化嵌入能够帮助个体更快的获得产业集群外部的关键信息
        └─→ 命题(2-2):进入持续创业期,企业家在降低网络关系嵌入程度的同时,会提高与所在区域的文化嵌入程度并推动探索式创新

案例X ──┬─→ 命题(3-1):创业初期,网络外部的资金支持对成功创业起到了重要作用,语言优势带来的文化嵌入可以弥补关系嵌入不足所带来的显性知识传递障碍
        └─→ 命题(3-2):进入持续创业期,文化嵌入能够帮助企业家有效把握市场需求的变化,不断进行产品的改进,推动开发式创新

案例ZY ─┬─→ 命题(4-1):创业初期,文化嵌入促进企业在质量、管理上的不断改进,推动了开发式创新的实现
        └─→ 命题(4-2):进入持续创业期,文化嵌入帮助企业家推进品牌战略、开发全新的项目并推动新市场的开拓,有利于探索式创新

命题5:创业初期的关系嵌入有利于开发式创新,而文化嵌入有助于缓解关系嵌入不足带来的知识传递障碍和信息瓶颈

命题6:持续创业期的关系嵌入不利于开发式创新,而文化嵌入有助于推动双元创新的实现
```

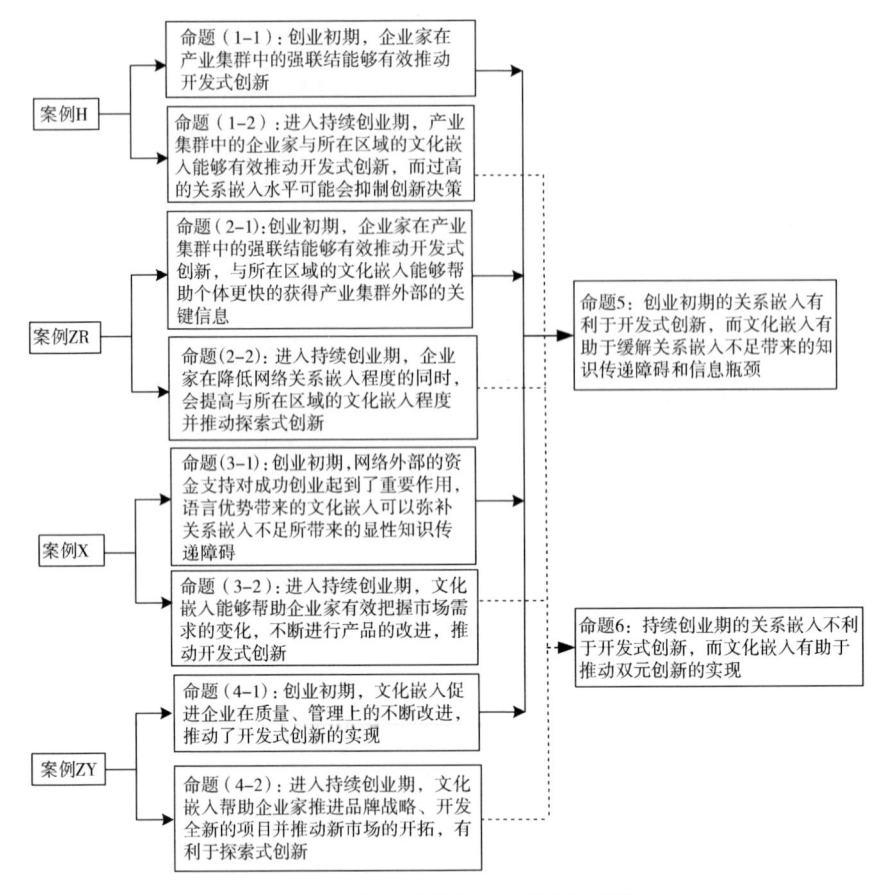

图 8-2 多案例研究的命题复制逻辑

第四节 温商海外移民创业可持续性的研究结论与对策

一 基本结论

海外移民,尤其是温州的海外移民通过在海外的创业和持续创业,构建起海外的企业家网络和产业集群,在双元创新过程中积累了宝贵的经验,为"一带一路"倡议下中国企业的大规模走出去提供了借

鉴。温州移民通过参与构建产业集群获得了持续创业的动力与资源，借助产业链的细密分工与社会资本的充分挖掘，在创业初期降低了新进入者障碍，但是在创业成功之后却加剧了封闭网络的形成。面对创业环境的剧烈动荡，经济政策、劳动力要素和生产方式的大幅改变，使得温州移民企业构建的集群网络面临发展禁锢。本章围绕"嵌入于产业集群的移民企业在创业不同阶段如何与意大利区域文化展开互动融合以提高其持续创业能力"这一核心问题展开，通过纵向多案例剖析，证实外部环境的改变对温州移民企业的关系嵌入程度产生重要影响；移民企业与意大利区域文化不仅能够实现互动融合，而且这种文化嵌入对于双元创新的实现起到推动作用；温州移民企业在集群网络内部的关系嵌入行为及其与区域经济的文化嵌入行为将随着创业阶段的变化而产生不同形式的耦合关联。

首先，温州移民企业的创业过程和创新行为具有明显的阶段特征，从创业初期的以探索式创新为主，到创业持续期的二元创新协同共演，不同阶段中创新行为的实现会对不同的资源形成路径依赖，也存在不同的资源组合形态。创业初期的关系嵌入程度以强联结为主，能够借助观察、模仿实现低成本的创业复制，强联结有助于推动企业实施开发式创新。在这一阶段中的文化嵌入也能够对开发式创新起到辅助的推进作用，且存在两种可行的路径：其一，创业初期的文化嵌入以语言优势为载体，帮助移民企业更快地获得集群网络外部的关键信息并取得收益；其二，语言优势还能够帮助移民企业克服网络关系中的弱联结带来的信息孤岛和学习瓶颈，文化嵌入可以消除关系嵌入不足所带来的显性知识传递障碍。通过上述两种路径能够实现关系嵌入与文化嵌入的协同耦合，推动创业初期的开发式创新，也促成温州移民集群网络的不断演化。随着竞争环境的改变，温州移民企业会有意识地降低关系嵌入的程度，以更好地实施开发式创新，但是单纯地降低关系嵌入程度无益于双元创新的实现，而文化嵌入能够帮助企业获得探索式创新与开发式创新的整合优势；不仅仅表现为持续的产品升级与质量改进，还有益于开发全新的产品和市场。因此，持续创业需要将个体在群体网络中的关系嵌入程度维系在适当水平，并且逐步提高文化嵌入的程度。

其次，意大利温州移民的第一代与第二代创业在实施路径上存在差别，创业的时机也会对创新的实现路径产生影响。企业家 H 和 ZR 移民到意大利的时间较长，群体内部基于血缘、亲缘、地缘构建的紧密的人情网络为其搭建了资源共享的平台，最初的创业路径非常依赖家族成员间的合作，依赖于亲戚同乡之间的信息交流，低成本的复制创业模式成为最直接有效的发展路径。企业家 H 创办企业的时间相对较短，必须借助家族网络才能顺利进入鞋类贸易领域，家族在网络中的影响力帮助其应对潜在的市场风险，但是与家族成员的强联结所带来的决策承诺又遏制了个体的创新行为。因此，企业家 ZR 更多的是通过文化嵌入实现创业成功与发展。企业家 ZY 属于二代创业，需要继承和发展家族事业，封闭的集群网络中的同质化冗余信息无法提供新的利润源，借助网络外围的异质化信息和创新资源能够及时捕捉商机，通过资源整合成功破解产业锁定，突破了僵化的价值观带来的决策束缚。

再次，研究发现创业初期意大利温州移民集群网络中的强联结能够推动开发式创新，这与 Tim（2005）等学者得到的结论达成部分共识，但本章最直接的贡献在于针对创业不同时期文化嵌入对双元创新的影响机理进行了清晰的揭示。创业初期的文化嵌入促进了探索式创新，而谋求持续创业的实现更需要挖掘文化嵌入在开发式创新过程中的重要作用。依据移民网络和移民链理论，意大利的温州移民规模的不断扩大将大幅度降低移民企业的创立风险和难度，尽管欧洲国家面临着国际金融危机以及高失业率的困扰，新创立的意大利移民企业在总体上仍逆势上涨；有关数据显示，2012—2013 年，意大利华人企业数量同比增长了 3.1%；在意大利企业整体规模缩减 1.6% 的情况下，意大利华人企业的数量却增加了 6.1%，其中 70% 左右是温州移民开办的。正如企业家 X 所提到的,"过去创业像上海滩,靠吃苦、运气,现在要靠关系了,家族强大不强大,没有底子新进去的企业肯定被淘汰"。集群内企业竞争相当激烈,新进入者必须开拓新的市场,建立更具弹性的企业联盟,领悟文化嵌入的内涵才能实现持续创业。

二 理论贡献与实践价值

"一带一路"倡议的实施,需要建立开放、包容、均衡的区域经济合作框架,而移民企业创业资源的高效配置以及与市场的深度融合将成为打造经济融合、文化包容的利益共同体的重要基石。本章的理论贡献与实践价值体现在以下三个方面:第一,突破了以往单纯从某一嵌入维度探讨双元创新的研究局限,从海外移民持续创业过程的实现机理着手,考虑了集群网络演化的真实情景,探寻现阶段集群网络中关系嵌入与文化嵌入协同发展的独特规律,丰富了对海外集群网络演化规律的理解,有助于提炼促进集群网络向高级有序演化的理性要素;第二,从关系嵌入与文化嵌入耦合的视角探讨两类嵌入形式在推动双元创新过程中的作用机理,形成对网络自组织演化的深层次解释,提升了对双元创新理论、嵌入性理论的解释力度;第三,本章阐述了创业不同阶段如何利用关系嵌入与文化嵌入的协调来形成可复制的持续创业路径,既有助于启发新创移民企业制定适宜的创新策略,又能够为已经创业成功的移民企业提供有益于持续发展的战略借鉴。

三 研究展望

由于案例研究的样本限制,无法涵盖所有的海外温州移民在创业过程中的嵌入路径,未来研究可以考虑收集不同行业和规模的企业样本来对本章的研究发现进行大样本检验,以期获得更具一般性的命题。此外,还可以在以下几个方面进行深入探讨:首先,面临不同环境、不同产业、不同竞争强度，各种嵌入关系的重要性程度有所区别，嵌入程度的有效阈值范围还会随上述条件的发展变化而动态演变，对各种嵌入性作用情景的细分将成为提升案例研究外部效度的重要举措；其次，海外温州移民网络中缺乏承担专业分工的、起协调和组织作用的中介服务结构，过于稀缺的结构洞制约了社会关系网络的自组织演化，无法形成具有弹性的、可伸缩的经济体系，加强对网络中心位置的核心企业的案例挖掘，能够发现核心企业战略导向对整个网络双元创新能力的影响机理；最后，案例研究能够发现集群网络中企业的双元模式选择和嵌入路径之间的演化关系，后期可采用模拟仿真的方法对海外网络集群的演化过程进行模拟，探索弹性创新集群网络的演化规律。

需要指出的是，在温州海外移民持续创业的过程中，成功的先行者为本章提供了丰富的质性研究资料，但是在他们身后是无数默默无闻的失败者在执着地进行艰难摸索与理性积淀，对失败者故事的反思更能够帮助我们深刻洞悉温州海外移民在持续创业过程中的感性抉择与理性判断。笔者在访谈中发现，意大利大部分的海外华商，包括温州移民商人都有过多次失败的经历，在不同行业之间更迭，在不同城市之间辗转。他们现在的成功既立足于企业家精神的内在推动，也根植于对持续创业的价值追求，对失败经历的感悟成为他们持续创业成功的宝贵财富。成功的经验不一而足，失败的教训更是不可或缺。鉴于此，后续研究需要在梳理质性资料的过程中进一步挖掘典型的失败个案，或者是持续创业过程中存在的转型案例，以期更为生动地刻画温州海外移民创业与融入的真实路径。

参考文献

巴尔巴托:《产业区直面经济全球化——中意比较研究》,社会科学文献出版社2008年版。

布尔迪厄:《文化资本与社会炼金术》,包亚明译,上海人民出版社1997年版。

蔡莉、单标安、汤淑琴等:《创业学习研究回顾与整合框架构建》,《外国经济与管理》2012年第5期。

蔡莉、单标安、朱秀梅等:《创业研究回顾与资源视角下的研究框架构建——基于扎根思想的编码与提炼》,《管理世界》2012年第12期。

蔡宁等:《企业集群的风险研究:一个基于网络的视角》,《中国工业经济》2003年第4期。

陈安金:《永嘉学派与温州区域文化崛起研究》,人民出版社2008年版。

陈春丽:《基于企业家网络的内创业模式选择研究》,硕士学位论文,浙江大学,2008年。

陈建军:《企业家、企业家资源分布及其评价体系——结合浙江的实证分析》,《浙江大学学报》2003年第4期。

陈良兴:《社会网络、社会资本和创业绩效的关系研究》,硕士学位论文,浙江大学,2012年。

陈守明：《现代企业网络》，上海人民出版社 2002 年版。

陈翊：《产业集群视角下的企业家群体演进》，《统计与决策》2011 年第 23 期。

陈翊、张一力：《社会资本，社会网络与企业家集群》，《商业经济与管理》2013 年第 10 期。

陈昀、贺远琼：《移民创业研究现状评介与未来展望》，《外国经济与管理》2010 年第 8 期。

崔春莹：《市场网络结构研究》，博士学位论文，华中科技大学，2012 年。

戴益军：《基于网络视角的产业集群演化研究》，硕士学位论文，福州大学，2011 年。

单标安、蔡莉、鲁喜凤等：《创业学习的内涵、维度及其测量》，《科学学研究》2014 年第 12 期。

单标安、蔡莉、王倩：《基于扎根理论的创业网络研究多视角分析与整合框架构建》，《外国经济与管理》2011 年第 2 期。

丁栋虹：《制度变迁中企业家成长模式研究》，南京大学出版社 2000 年版。

董明：《新兴商人群体形成与社会的转型》，博士学位论文，上海大学，2011 年。

杜润生：《解读温州经济模式》，《中国乡镇企业》2000 年第 Z2 期。

房路生：《区域中小企业创业模式：基于陕西省经验的分析》，《生态经济》2009 年第 6 期。

《风云桥头》编撰委员会编：《风云桥头：1978—2008 年桥头镇改革开放纪事》，东方财富出版社 2008 年版。

符正平、曾素英：《集群产业转移中的转移模式与行动特征》，《管理世界》2008 年第 12 期。

盖文启：《创新网络：区域经济发展新思维》，北京大学出版社 2002 年版。

高建、钟秋月：《创业模式评述和对深圳的分析》，《特区经济》2005 年第 6 期。

何郁冰、张迎春：《网络类型与产学研协同创新模式的耦合研究》，《科学学与科学技术管理》2015 年第 2 期。

洪银兴、陈宝敏：《"苏南模式"的新发展——兼与"温州模式"比较》，《宏观经济研究》2001 年第 7 期。

洪莹：《论在外温州人经济回归对当地经济发展的作用》，《经济师》2011 年第 3 期。

洪振宁：《温州改革开放 30 年》，浙江人民出版社 2008 年版。

胡怀敏、肖建忠：《不同创业动机下的女性创业模式研究》，《经济问题探索》2007 年第 8 期。

黄中伟：《基于网络结构的产业集群创新机制和绩效分析》，《宁波大学学报》2004 年第 5 期。

吉敏、胡汉辉、陈金丹：《内生型产业集群升级的网络演化形态研究——基于启东天汾电动工具产业集群的分析》，《科学学研究》2011 年第 6 期。

蒋天颖、孙伟：《网络位置、技术学习与集群企业创新绩效——基于对绍兴纺织产业集群的实证考察》，《经济地理》2012 年第 7 期。

焦勇兵：《宁波中小企业国际市场进入模式研究》，《现代商业》2010 年第 10 期。

康荣平：《全球华人资源与中国产业发展》，《经济研究参考》2004 年第 45 期。

李二玲、李小建：《论产业集群的网络本质》，《经济经纬》2007 年第 1 期。

李工真：《德意志道路：现代化进程研究》，武汉大学出版社 2005 年版。

李梅：《普拉托温州人快时尚产业集群网络的演化分析：基于多案例的研究》，硕士学位论文，温州大学，2017 年。

李时椿：《创新与创业管理》，南京大学出版社 2006 年版。

李文博、张永胜、李纪明：《集群背景下的知识网络演化研究现状评介与未来展望》，《外国经济与管理》2010 年第 10 期。

李仙德：《基于企业网络的城市网络研究》，博士学位论文，华东师范大学，2012 年。

李新春、何轩、陈文婷：《战略创业与家族企业创业精神的传承——基于百年老字号李锦记的案例研究》，《管理世界》2008 年第 10 期。

李玉华：《基于网络理论的高新技术产业集群演化机理研究》，硕士学位论文，北京工业大学，2006 年。

梁玉成：《社会资本和社会网络无用吗?》，《社会学研究》2010 年第 5 期。

林毅夫：《关于制度变迁的经济学理论——诱致性变迁与强制性变迁》，《财产权利与制度的变迁》，上海三联书店 1994 年版。

刘汴生、王凯：《企业集群网络结构及其绩效研究综述》，《工业技术经济》2007 年第 9 期。

刘常勇：《创业第一步：选对产业》，《北大商业评论》2007 年第 7 期。

刘健均：《企业制度三层次模型与创业模式》，《南开管理评论》2003 年第 6 期。

吕福新：《浙商的崛起与挑战》，中国发展出版社 2008 年版。

吕国庆、曾刚、马双等：《产业集群创新网络的演化分析——以东营市石油装备制造业为例》，《科学学研究》2014 年第 9 期。

吕文栋、朱华晟：《浙江产业集群的动力机制——基于企业家的视角》，《中国工业经济》2005 年第 4 期。

罗红波、巴尔巴托：《产业区直面经济全球化——中意比较研究》，社会科学文献出版社 2008 年版。

马仁锋、吴杨、沈玉芳：《产业区演化研究的主要领域与进展》，《地理科学进展》2011 年第 10 期。

迈尔斯等：《质性资料的分析：方法与实践》，张芬芬译，重庆大学出版社2008年版。

迈克·格兰诺维特：《镶嵌——社会网与经济行动》，罗家德译，社会科学文献出版社2007年版。

《努力促进温州人经济与温州经济融合》，《政策瞭望》2009年第5期。

祁春凌、邹超：《东道国制度质量，制度距离与中国的对外直接投资区位》，《当代财经》2013年第7期。

任胜钢：《产业集群中跨国子公司战略地位与母子关系的变迁》，《南开管理评论》2005年第2期。

任胜钢、舒睿：《创业者网络能力与创业机会：网络位置和网络跨度的作用机制》，《南开管理评论》2014年第1期。

任晓：《温州民营企业的国际化：一个样本观察》，《浙江经济》2006年第6期。

阮建青、石琦、张晓波：《产业集群动态演化规律与地方政府政策》，《管理世界》2014年第12期。

阮建青等：《产业集群动态演化规律与地方政府政策》，《管理世界》2014年第12期。

沈绍真：《温州之子叶康松》，汉语大词典出版社2005年版。

史晋川：《温州模式的历史制度分析》，《浙江社会科学》2004年第2期。

史晋川：《制度变迁与经济发展：温州模式研究》，浙江大学出版社2004年版。

史晋川、朱康对：《温州模式研究：回顾与展望》，《浙江社会科学》2002年第3期。

宋全成：《中国海外移民在欧洲：规模，特征，问题与前景》，《理论学刊》2013年第11期。

宋学宝：《"苏南模式"和"温州模式"的比较研究》，《改革》

2001年第3期。

孙晓华、周玲玲：《企业异质性与产业创新能力——基于我国36个工业行业的实证检验》，《产业经济研究》2010年第4期。

孙彦红：《试析近年来意大利产业区的转型与创新》，《欧洲研究》2012年第5卷。

汤超颖、邹会菊：《基于人际交流的知识网络对研发团队创造力的影响》，《管理评论》2012年第4期。

汤海鹏：《花坦乡农民编出超市创富版图》，《温州都市报》2007年4月3日。

王恩才：《产业集群生命周期研究述评》，《齐鲁学刊》2013年第3期。

王辉：《产业集群网络创新机制与能力培育研究》，博士学位论文，天津大学，2008年。

王涛、邓荣霖：《社会嵌入视角下的能力构建研究》，《经济理论与经济管理》2010年第9期。

王涛、罗仲伟：《社会网络演化与内创企业嵌入——基于动态边界二元距离的视角》，《中国工业经济》2012年第12期。

王艳：《集群创新网络的内部运行机理及动态演化》，硕士学位论文，华东师范大学，2009年。

威廉·鲍莫尔：《创新：经济增长的奇迹》，中信出版社2016年版。

魏盛辉、翁旭欧：《泰顺人闯天下办市场 份额占浙江人的四分之一强》，《温州日报》2008年9月18日。

温州大学浙江省温州人经济研究中心课题组：《温州人经济研究》，中国社会科学出版社2016年版。

《温州年鉴》，中华书局1999—2014年版。

《温州企业上市研究报告》，温州市决策层咨询委员会，2017年。

温州市信息化研究中心等：《基于移动大数据的温州人人口分析报告》，2016年。

《温州统计年鉴》，中国统计出版社 2001 年版。

邬爱其：《集群企业网络化成长机制研究》，博士学位论文，浙江大学，2005 年。

吴剑：《放眼全球　扬帆出海》，《宁波通讯》2012 年第 21 期。

吴先华、郭际、胡汉辉：《技术联盟企业的认知距离、吸收能力与创新绩效的关系研究》，《科学学与科学技术管理》2008 年第 3 期。

向永胜：《文化嵌入、网络行为与集群企业创新的关联机制研究——理论分析框架与命题》，《兰州商学院学报》2013 年第 6 期。

肖功为、李四聪：《湖南民营企业创业模式及其政策引导》，《南华大学学报》（社会科学版）2008 年第 4 期。

肖群忠、刘永春：《工匠精神及其当代价值》，《湖南社会科学》2015 年第 6 期。

谢雅萍、黄美娇：《创业学习、创业能力与创业绩效——社会网络研究视角》，《经济经纬》2016 年第 1 期。

熊彼特：《经济发展理论》，何畏等译，商务印书馆 1990 年版。

徐华炳：《区域文化与温州海外移民》，《华侨华人历史研究》2012 年第 2 期。

徐华炳：《温州海外移民家族研究》，《浙江学刊》2015 年第 4 期。

徐盟：《产业集群内网络化创新机制研究——基于知识分工与知识网络化流动机制的视角》，《山东社会科学》2009 年第 4 期。

徐园、苏靖：《与世界经济共舞：海外温州人话创业》，《浙江日报》2003 年 10 月 14 日。

杨冰兰、丁佳等：《创业模式比较与南京的选择》，《南京社会科学》2004 年第 2 期。

杨迪：《基于企业家网络视角的温州模式演化研究》，硕士学位论文，温州大学，2016 年。

杨中华、卫武：《基于关系强度理论的集群网络知识流动分析》，《图书情报工作》2009 年第 6 期。

姚小涛、王洪涛、李武:《社会网络与中小企业成长模型》,《系统工程理论方法应用》2004年第1期。

殷华方、鲁明泓、孔东民等:《文化距离和国际直接投资流向:S型曲线假说》,《南方经济》2011年第1期。

余菲菲、张阳、张颖:《网络关系及组合变化对"探索—开发"平衡的影响研究——以先声药业技术创新为例》,《管理工程学报》2013年第4期。

约瑟夫·熊彼特:《经济发展理论》,哈佛大学出版社1992年版。

臧旭恒、何青松:《试论产业集群租金与产业集群演进》,《中国工业经济》2007年第3期。

张骁、李嘉:《初次创业和再创业关键影响因素和作用机制差异研究:机会,资源与能力的匹配》,《研究与发展管理》2012年第6期。

张一力:《海外温州商人创业模式研究——基于32个样本的观察》,《华侨华人历史研究》2010年第3期。

张一力:《人力资本与区域经济增长:温州与苏州比较实证研究》,浙江大学出版社2005年版。

张一力:《网络与集群:基于温州企业家集群形成的机制分析》,《浙江社会科学》2012年第1期。

张一力、陈翊、倪婧:《网络与集群:温州企业家群体形成的机制分析》,《浙江社会科学》2012年第1期。

张一力等:《普拉托华人企业的跨国贸易关系以及他们对当地经济所做的贡献》,意大利托斯卡纳大区经济发展局研究报告,2015年。

张玉利、李乾文:《公司创业导向、双元能力与组织绩效》,《管理科学学报》2009年第1期。

张玉利等:《创业管理理论与实践的新发展》,清华大学出版社2004年版。

张执任等:《海外温州人》下册,世界华文出版社2006年版。

章志诚:《温州华侨史》,今日中国出版社1999年版。

赵伟:《温州模式:作为区域工业化范式的一种理解》,《社会科学战线》2002年第1期。

赵小建:《从纽约到罗马——海外温州人经商理念、创业模式和运作特点探析》,《华侨华人历史研究》2016年第1期。

浙商网:《纽扣之都:运作国际品牌年收400亿》,http://www.zjsr.com,2008年9月3日。

郑海华:《2009年内外温州人互动大事记》,《温州日报》2010年2月22日第2版。

郑准:《关系网络、资源获取与企业国际化关系研究》,博士学位论文,中南大学,2009年。

中国特色发展之路课题组:《以敢为人先的精神开拓发展之路》,《人民日报》2008年10月27日。

钟辛:《海外温州人价值观在改变》,《人民日报》(海外版)2008年3月21日。

周海乐、周德欣:《苏锡常现代化的目标定位与达标评估》,《江海学刊》1997年第3期。

周欢欢、朱沛:《为何非精英群体能在海外成功创业?——基于对佛罗伦萨温商的实证研究》,《管理世界》2014年第2期。

周建华、张一力:《社会网络与区域性企业家集群演进——以温商为例》,《商业经济与管理》2016年第3期。

朱俊:《宁波服装产业集群研究》,硕士学位论文,复旦大学,2005年。

朱秀梅、张婧涵、肖雪:《国外创业学习研究演进探析及未来展望》,《外国经济与管理》2013年第12期。

Adler, P. S. & Know, S., "Social Capital: Prospects for a New Concept", *Academy of Management Review*, 2002, 27 (1): 17–40.

Agarwal, M. N., Chatterjee, L., "Type of Entrepreneur and Growth of New Ventures: Testing and Validation of a Typology of Software Entrepreneurs in India", *Journal of Applied Management and Entrepreneurship*, 2014, 19 (1): 1 – 18.

Aldich, H., Zimmer, C., *Entrepreneurship Through Social Networks*, In Sexton, D. L., Smilor, R. W. eds., The Art and Science of Entrepreneurship, Cambridge, MA: Ballinger, 1986: 2 – 23.

Aldrich, H. E., Martinez, M. A., *Entrepreneurship as Social Construction: a Multilevel Evolutionary Approach*//Handbook of Entrepreneurship Research, Springer, 2010: 387 – 427.

Amar Bhide, *The Origin and Evolution of New Business*, Oxford University Press, 2000.

Amaral, A. M., Baptista, R., Lima, F., "Serial Entrepreneurship: Impact of Human Capital on Time to Re-entry", *Small Business Economics*, 2011, 37 (1): 1 – 21.

Anderson, A. R., Jack, S. L., "The Articulation of Social Capital in Entrepreneurial Networks: a Glue or a Lubricant?", *Entrepreneurship & Regional Development*, 2002, 14 (3): 193 – 210.

Anderson, S. and Platzer, M., "American Made: The Impact of Immigrant Entrepreneurs and Professionals on U. S. Competitiveness", *National Venture Capital Association Report*, 2006.

Aoyama, R., "Global Journeymen: Re-inventing Japanese Craftsman Spirit in Hong Kong", *Asian Anthropology*, 2015, 14 (3): 265 – 282.

Baer, M., "The Strength-of-Weak-ties Perspective on Creativity: a Comprehensive Examination and Extension", *Journal of Applied Psychology*, 2010, 95 (3).

Bathelt, M., Malmberg, A., Maskell, P., "Clusters and Knowledge: Local Buzz, Global Pipelines and The Process of Knowledge Creation", *Progress in Human Geography*, 2004, 28 (1): 31 – 56.

Benner, M. J. and M. L. Tushman, "Exploitation, Exploration, and

Process Management: The Productivity Dilemma Revisited", *Academy of Management Review*, 2003, 28 (2).

Blalock, H. M., *Toward a Theory of Minority-group Relations*, New York: John Wiley & Sons, 1967.

Boschma, R., "Proximity and Innovation: A Critical Assessment", *Regional Studies*, 2005, 39 (1).

Bouk, F. E., et al., "The networking Behavior of Moroccan and Turkish Immigrant Entrepreneurs in Two Dutch Neighborhoods: The Role of Ethnic Density", *Ethnicities*, 2013, 13 (6): 771 – 794.

Bourdieu, P., *The Forms of Capital: Handbook of Theory and Research for the Sociology of Education*, New York Greenwood Press, 1986: 321.

Boyd, R. D., Apps, J. W., "A Conceptual Model for Adult Education", *Redefining the Discipline of Adult Education*, 1980: 20 – 34.

Brass, D. J., "Power in Organizations: A Social Network Perspective", *Research in Politics and Society*, 1992, 4 (1): 295 – 323.

Bresnahan, T. and A. Gambardella, A. L. Saxenian, "'Old Economy' Inputs for New Economy Outcomes: Cluster Formation in the New Silicon Valleys", *Industrial and Corporate Change*, 2001, 10 (4).

Brown, D. W. and A. M. Konrad, "Granovetter was Right, the Importance of Weak Ties to a Contemporary Job Search", *Group & Organization Management*, 2001, 26 (4): 434 – 462.

Bullinger, H. J., Auernhammer, K., Gomeringer, A., "Managing Innovation Networks in The Knowledge-driven Economy", *International Journal of Production Research*, 2004, 42 (17): 3337 – 3353.

Bunt & Groenewegen: An Actor-Oriented Dynamic Network Approach July, *Organizational Research Methods*, 2007, 10 (3): 463 – 482.

Burt, R. S., *Structural Holes: The Social Structure of Competition*,

Harvard University Press, 1995: 22 – 23.

Burt, R. S., *Structural Holes: The Social Structure of Competition*, Harvard University Press, 2009.

Busenitz, L. W., Gomez, C., Spencer, J. W., "Country Institutional Profiles: Unlocking Entrepreneurial Phenomena", *Academy of Management Journal*, 2000, 43 (5): 994 – 1003.

Butler, J. E., Hansen, G. S., "Network Evolution, Entrepreneurial Success, and Regional Development", *Entrepreneurship and Regional Development*, 1991 (3): 1 – 16.

Canning, L., Szmigin, I., "Radical Innovation, Network Competence and The Business of Body Disposal", *Journal of Business & Industrial Marketing*, 2016, 31 (6): 1 – 37.

Cannon Carl, "Charity for Profit: How the New Social Entrepreneurs Are Creating Good by Sharing Wealth", *National Journal*, 2000, June 16: 1898 – 1904.

Capello, R., A. Faggian, "Collective Learning and Relational Capital in Local Innovation Processes", *Regional Studies*, 2005, 39 (1).

Casson, M., Della Giusta, M., "Entrepreneurship and Social Capital Analysing the Impact of Social Networks on Entrepreneurial Activity From a Rational Action Perspective", *International Small Business Journal*, 2007, 25 (3): 220 – 244.

Chaganti, R. and Greene, P. G., "Who are Ethnic Entrepreneurs? A Study of Entrepreneurs, Ethnic Involvement and Business Characteristics", *Journal of Small Business Management*, 2002, 40 (2).

Chou, H. H., "Mobilizing Resources to Bridge Technological Discontinuities", *Journal of Business & Industrial Marketing*, 2016, 31 (6).

Christian, B. & P-A. Julien, "Defining the Field of Research in Entrepreneurship", *Journal of Business Review*, 2000, 16: 165 – 180.

Christine, M., Beckman, M., Burton, D., "Founding the Future: Path Dependence in The Evolution of Top Management Teams from Founding to IPO", *Organization Science*, 2008, 19 (1): 3 – 24.

Chua, J. H., Christman, J. J., and Sharma, P., Defining the Family Business by Behaviour, *Entrepreneurship Theory and Practice*, 1999, 23: 19 – 38.

Cohen, W. M., Levinthal, D. A., "Absorptive Capacity: a New Perspective on Learning and Innovation", *Administrative Science Quarterly*, 1990: 128 – 152.

Cope, J., "Entrepreneurial Learning From Failure: An Interpretative Phenomenological Analysis", *Journal of Business Venturing*, 2011, 26 (6): 604 – 623.

Corbin, J. M. and A. Strauss, "Grounded Theory Research: Procedures, Canons, and Evaluative Criteria", *Qualitative Sociology*, 1990, 13 (1).

Corten, R., Buskens, V., "Co-evolution of Conventions and Networks: An Experimental Study", *Social Networks*, 2010, 32 (1): 4 – 15.

Coviello, N. E. & Munro, H. J., "Network Relationship and Internationalization Process of Small Software Firms", *International Business Review*, 1997, 6 (4): 361 – 386.

Dei Ottati, G., "A Transnational Fast Fashion Industrial District: an Analysis of the Chinese Businesses in Prato", *Cambridge Journal of Economics*, 2014, 38 (5): 1247 – 1274.

Dhanaraj, C., M. A. Lyles, H. K., Steensma, et al., "Managing Tacit and Explicit Knowledge Transfer in IJVs: the Role of Relational Embeddedness and the Impact on Performance", *Journal of International Business Studies*, 2004, 35 (5).

Drozdow, N., What is Continuity? *Family Business Review*, 1998, 11

(4).

Du, Y. M., "Institutional Distance and Location Choice of Multinational Enterprises", Singapore: Singapore Management University, 2009.

Dutta, D. K., Thornhill, S., "The Changing Nature of Intentions and Performance in Rapidly Growing Entrepreneurial Firms: Evidence From an Inductive Study", *Journal of Business and Entrepreneurship*, 2013, 24 (2): 1–19.

Eisenhardt, K. M., Graebner, M. E., "Theory Building From Cases: Opportunities and Challenges", *Academy of Management Journal*, 2007, 50 (1): 25–32.

Eisenhardt, K. M., "Building Theories From Case Study Research", *Academy of Management Review*, 1989, 14 (4): 532–550.

Erikson, K., Majkgard, A., Sharma, D. D., "Path Dependence and Knowledge Development in the Internationalization Process", *Manage International Review*, 2000, 40 (4): 307–328.

Estrin, S., Baghdasaryan, D., Meyer, K. E., "The Impact of Institutional and Human Resource Distance on International Entry Strategies", *Journal of Management Studies*, 2009, 46 (7): 1171–1196.

Etemad, H., "International Entrepreneurship as a Dynamic Adaptive System: Towards a Grounded Theory", *Journal of International Entrepreneurship*, 2004, 2 (12).

Fatoki, O., Oni, O., "The Networking Behaviour of Immigrant Entrepreneurs in South Africa", *Mediterranean Journal of Social Sciences*, 2014, 5 (20): 284–290.

Fetahu, E., Bejtja, I., Immigrant Entrepreneur Challenges Toward Trade Europeanization, *The Dynamics of Albanian Experience in the Province of Milan, Italy*, 2014.

Filley, A. C. & Aldag, R. J., "Characteristics and Measurement of an

Organizational Typology", *Academy of Management Journal*, 1978, 21 (4): 578–591.

Forbes, D. P., "The Effects of Strategic Decision Making on Entrepreneurial Self-efficacy", *Entrepreneurship Theory and Practice*, 2005, 29 (5): 599–626.

Friedman, J., "World City Formation: An Agenda for Research and Action", *International Journal of Urban and Regional Research*, 1982, 6 (3): 309–344.

Fukuyama, F., "Trust: The Social Virtues and the Creation of Prosperity", New York: Free Press, 1995.

Gaur, A. S., Delios, A., Singh, K., "Institutional Environments, Staffing Strategies, and Subsidiary Performance", *Journal of Management*, 2007, 33 (4): 611–636.

Gaur, A. S., Lu, J. W., "Ownership Strategies and Survival of Foreign Subsidiaries: Impacts of Institutional Distance and Experience", *Journal of Management*, 2007, 33 (1): 84–110.

Graeme Johanson, Russell Smyth, *Rebecca French: Living Outside Walls: The Chinese in Prato*, Cambridge Scholars Publishing, 2009.

Granovetter, M., "The Strength of Weak Ties", *American Journal of Sociology*, 1973, 78 (5): 1360–1380.

Granovetter, M., "Economic Action and Social Structure: The Problem of Embeddedness", *American Journal of Sociology*, 1985, 34 (2): 481–510.

Gulati, R., Nickerson, J., "Interorganizational-trust; the Choice of Make, Buy, or Ally; and the Performance of Inter-organizational Relationships in the U. S. Auto Industry", *Organization Science*, 2008, 19 (5): 688–708.

Gulati, R., "Social Structure and Alliance Formation Patterns: A Longitudinal Analysis", *Administrative Science Quarterly*, 1995, 40 (4): 619 – 552.

Guo, C., Miller, J. K., "Guanxi Dynamics and Entrepreneurial Firm Creation and Development in China", *Management and Organization Review*, 2010, 6 (2): 267 – 291.

Hakansson, H., "Product Development in Networks", *Industrial Technological Development: a Network Approach*, 1987: 84 – 127.

Hakonsson, H., *Industrial Technology Development: A Network Approach*, London, 1987.

Hao, B., Feng, Y., "How Networks Influence Radical Innovation: The Effects of Heterogeneity of Network Ties and Crowding Out", *Journal of Business & Industrial Marketing*, 2016, 31 (6).

Herman, R. T., Smith, R. L., *Immigrant, Inc.: Why Immigrant Entrepreneurs Are Driving the New Economy (and How They Will Save the American Worker)*, New York: John Wiley & Sons, 2009.

Hmieleski, K. M., Baron, R. A., "When Does Entrepreneurial Self-efficacy Enhance Versus Reduce Firm Performance?", *Strategic Entrepreneurship Journal*, 2008, 2 (1): 57 – 72.

Hoang, H., Antoncic, B., "Network-based Research in Entrepreneurship: A Critical Review", *Journal of Business Venturing*, 2003, 18 (2): 165 – 187.

Hofstede, G., Bond, M. H., "The Confucius Connection: From Cultural Roots to Economic Growth", *Organizational Dynamics*, 1988, 16 (4): 5 – 21.

Hofstede, G. Hofstede, G. J., Minkov, M., *Cultures and Organizations-software of the Mind: Intercultural Cooperation and Its Importance for Survival*, McGraw-Hill, 1991.

Hoy, F., Sharma, P., *Entrepreneurial Family Firms*, New Jersey:

Prentice Hall, 2010.

Hsu, J. Y. , A. L. , Saxenian, "The Limits of Guanxi Capitalism: Transnational Collaboration between Taiwan and the USA", *Environment and Planning*, 2000, 32 (11).

Hulsink, W. , T. Elfring, W. Stam, "The Locus of Innovation in Small and Medium-sized Firms, The Importance of Social Capital and Networking in Innovative Entrepreneurship", *ERIM*, 2008.

Human, S. E. , Provan, K. G. , "Legitimacy Building in the Evolution of Small-firm Multilateral Networks: A Comparative Study of Success and Demise", *Administrative Science Quarterly*, 2000, 45 (2): 327 – 365.

James, A. , *Regional Culture, Corporate Strategy and High Tech Innovation: Salt Lake City*, University of Cambridge, 2003.

Jennifer, W. Spencer and Carolina Gómez, "The Relationship Among National Institutional Structures, Economic Factors, and Domestic Entrepreneurial Activity: A Multicountry Study", *Journal of Business Research*, 2004, 57 (10): 1098 – 1107.

Jensen, R. , Szulanski, G. , "Stickiness and the Adaptation of Organizational Practices in Cross-border Knowledge Transfers", *Journal of International Business Studies*, 2004, 35 (6): 508 – 523.

Johannisson, B. , Alexanderson, O. , Nowicki, K. , et al. , "Beyond Anarchy and Organization: Entrepreneurs in Contextual Networks", *Entrepreneurship & Regional Development*, 1994, 6 (4): 329 – 356.

Johnson, *Learning together And alone: Cooperative, Competitive, and Individualistic Learning*, Pearson Schweiz Ag, 1987.

Johnston, R. , "Clusters: A Review of Their Basis and Development in Australia", *Innovation*, 2004, 6 (3): 380 – 391.

J. A. , Theo Roelandt & Pimden Hertog, Cluster Analysis & Cluster-

Based Policy in OECD-Countries, OECD Report, 1998.

Karl Polanyi, X., *The Economy as Instituted Process In the Sociology of Economic Life*, Westview Press, 2003: 29 – 50.

Kelley, D. J., Peters, L., O'connor, G. C., "Intra-organizational Networking for Innovation-based Corporate Entrepreneurship", *Journal of Business Venturing*, 2009, 24 (3): 221 – 235.

Kern, H., "Lack of Trust, Surfeit of Trust: Some Causes of the Innovation Crisis in German Industry", In Lane C., Bachmann (Eds.), *Trust Within and Between or Organizations*, Oxford University Press, 1998.

Kirzner, I. M., *Perception, Opportunity, and Profit: Studies in the Theory of Entrepreneurship*, The University of Chicago Press, 1980.

Klepper, S., "The Evolution of the US Automobile Industry and Detroit as its Capital", 9th Congress of the International Joseph A. Schumpeter Society, Gainesville, Florida, March, 2002.

Kloosterman, R., Rath, J., "Shifting Landscapes of Immigrant Entrepreneurship", *Open for Business*, 2010: 101.

Kloosterman, R., Rath, J., "Working on the Fringes: Immigrant Businesses, Economic Integration and Informal Practices", *Employee Responsibilities and Rights Journal*, 2002, 22 (1): 177 – 188.

Kogan, I., *Working Through Barriers: Host Country Institutions and Immigrant Labour Market Performance in Europe*, Springer, 2007.

Kogut, B., Singh, H., "The Effect of National Culture on the Choice of Entry Mode", *Journal of International Business Studies*, 1988: 411 – 432.

Koka, B. R., Prescott, J. E., "Strategic Alliances as Social Capital: A Multidimensional View", *Strategic Management Journal*, 2002, 23 (9): 795 – 816.

Kostova, T., *Success of the Transnational Transfer of Organizational*

Practices Within Multinational Companies, University of Minnesota, 1996.

Lakemonde, N. & J. Dettetfelt, "Counterbalancing Exploitative Knowledge Search During Environment Dynamism: Reinforcing New Ideas for Existing Products", *Creativity and Innovation Management*, 2013, 22 (4).

Lang & Lockhart, "Increased Environmental Uncertainty and Changes in Board Linkage Patterns", *The Academy of Management Journal*, 1990, 33 (1): 106 - 128.

Lavie, D., U. Stettner & M. L. Tushman, "Exploration and Exploitation Within and Across Organizations", *Academy of Management Annals*, 2010, 4.

Li, P. F., Bathelt, H., Wang, J., "Network Dynamics and Cluster Evolution: Changing Trajectories of the Aluminium Extrusion Industry in Dali, China", *Journal of Economic Geography*, 2012, 12: 127 - 155.

Light, I., "Social Capital's Unique Accessibility", *Journal of the American Planning Association*, 2004, 70 (2): 145 - 151.

Litz, R. A., Kleysen, R. F., "Your Old Men Shall Dream Dreams, Your Young Men Shall See Visons: Toward a Theory of Family Firm Innovation With Help From the Brubeck Family", *Family Business Review*, 2001, 14 (4).

Lommi, S.、DeiOttat, G.、张一力等:《普拉托华人企业的跨国贸易关系以及他们对当地经济所做的贡献》，Elena Zangheri-IRPET，2015年。

Low, M. B. & Macmillan, I. C., "Entrepreneurship: Past Research and Future Challenge", *Management*, 1988, 14: 139 - 161.

Luhmann, N., *Trust and Power*, New York: John Wiley & Sons, 1979.

Lumpkin, G. T., Lichtenstein, B. B., "The Role of Organizational

Learning in the Oportunity-recognition Process", *Entrepreneurship Theory and Practice*, 2005, 29 (4): 451 – 472.

Machirori, T., Fatoki, O., "The Impact of Networking on Access to Debt Finance and Performance of Small and Medium Enterprises in South Africa", *Journal of Economics*, 2013, 4 (2): 97 – 104.

Man, T. W. Y., Lau, T., Chan, K. F., "The Competitiveness of Small and Medium Enterprises: A Conceptualization with Focus on Entrepreneurial Competencies", *Journal of Business Venturing*, 2002, 17 (2): 123 – 142.

March, J. G., "Exploration and Exploitation in Organizational Learning", *Organization Science*, 1991, 2 (1): 71 – 87.

Markusen, A., "Sticky Places in Slippery Space: a Typology of Industrial Districts", *Economic Geography*, 1996.

Maskell, P., "Towards a Knowledge-based Theory of the Geographical Cluster", *Industrial and Corporate Change*, 2001, 10 (4).

Mauer, R., Neergaard, H., Linstad, A. K., *Self-efficacy: Conditioning the Entrepreneurial Mindset, Understanding the Entrepreneurial Mind*, Springer, 2009: 233 – 257.

Mcevily, B. and A. Zaheer, "Bridging Ties: A Source of Firm Heterogeneity in Competitive Capabilities", *Strategic Management Journal*, 1999, 20 (2): 1133 – 1156.

McPherson, M., Smith-Lovin, L., Cook, J. M., "Birds of a Feather: Homophily in Social networks", *Annual Review of Sociology*, 2001: 415 – 444.

Mcpherson, J. M. & L. Smith-lovin, "Homophily in Voluntary Organizations: Status Distance and the Composition of Face-to-face Groups", *American Sociological Review*, 1987, 52 (3): 45 – 50.

Menzel, M. P., Fornahl, D., "Cluster Life Cycles: Dimensions and

Rationales of Cluster Development", *Jena Economic Research Papers*, 2007.

Meyer-Stamer, Industrial Policy for Competitiveness and Sustainable Development, *Working Paper*, 1998, No. 7.

Milan, S., *Social Movements and Their Technologies: Wiring Social Change*, Springer, 2013.

Miles, R. E., Snow, C. C., *Organizational Strategy, Structure, and Process*, McGraw-Hill, 1978.

Minniti, M., Bygrave, W., "A Dynamic Model of Entrepreneurial Learning", *Entrepreneurship: Theory and Practice*, 2001, 25 (3): 5 – 17.

Mitchell Clyde, *Social Networks in Urban Situations*, Manchester University Press, 1969: 1 – 50.

Mizruchi, M., Schwartz, M., *Intercorporate Relations: The Structural Analysis of Business*, Cambridge University Press, 208 – 232.

Modernization, "Culture Change and Democracy: The Human Development Sequence", *Foresight*, 2006, 8 (3): 65 – 68.

Molina-Morales, F. X., Martínez-Fernández, M. T., "Does Homogeneity Exist within Industrial Districts?", *Papers in Regional Science*, 2009, 88 (1): 209 – 230.

Moore, S. M., L. Daniel, et al., "Not All Social Capital is Good Capital", *Health & Place*, 2009, 15 (4).

Ndofor, H. A., R. L. Priem, "Immigrant Entrepreneurs, the Enclave Strategy, and Venture Performance", *Journal of Management*, 2011, 37 (3).

Nightingale, P., Coad, A., "Challenging Assumptions and Bias in Entrepreneurship Research", *Challenging Entrepreneurship Research*, 2016.

Oliver, E. Williamson, "Comparative Economic Organization: The Analysis of Discrete Structural Alternatives", *Administrative Science Quarterly*,

1991, 36 (2): 269 – 296.

O'Reilly, C. A., & Tushman M. L., "Organizational Ambidexterity in Action: How Managers Explore and Exploit", *California Management Review*, 2011, 53 (4): 5 – 22.

Peng, M. W., Wang, D. Y. L., Jiang, Y., "An Institution-based View of International Business Strategy: A Focus on Emerging Economies", *Journal of International Business Studies*, 2008, 39 (5): 920 – 936.

Peng, M. W., "Towards an Institution-based View of Business Strategy", *Asia Pacific Journal of Management*, 2002, 19 (2 – 3): 251 – 267.

Perry-Smith, J. E., "Social yet Creative: The Role of Social Relationships in Facilitating Individual Creativity", *Academy of Management Journal*, 2006, 49.

Pfeffer, J., Salancik, G. R., *The External Control of Organizations: A Resource Dependence Perspective*, Stanford University Press, 2003.

Philip, A., Wickham, *Strategic Entrepreneurship*, Pitman Publishing, 1998: 30 – 32.

Phillips, N., Tracey, P., Karra, N., "Rethinking Institutional Distance: Strengthening the Tie Between New Institutional Theory and International Management", *Strategic Organization*, 2009, 7 (3): 339 – 348.

Pittaway, L., Thorpe, R., "A Framework for Entrepreneurial Learning: A Tribute to Jason Cope", *Entrepreneurship & Regional Development*, 2012, 24 (9 – 10): 837 – 859.

Politis, D., Gabrielsson, J., "Entrepreneurs' Attitudes Towards Failure: An Experiential Learning Approach", *International Journal of Entrepreneurial Behavior & Research*, 2009, 15 (4): 364 – 383.

Politis, D., "The Process of Entrepreneurial Learning: A conceptual

Framework", *Entrepreneurship Theory and Practice*, 2005, 29 (4): 399 – 424.

Porter, M. E., *Clusters and the New Economics of Competition*, Boston: Harvard Business Review, 1998.

Portes, A., Sensenbrenner, J., "Embeddedness and Immigration: Notes on the Social Determinants of Economic Action", *American Journal of Sociology*, 1993: 1320 – 1350.

Press, K., "A Life Cycle for Clusters? The Dynamics of Agglomeration, Change, and Adaption", *Springer Science & Business Media*, 2006.

Putnam, R. D., "Bowling Alone: America's Declining Social Capital", *Journal of Democracy*, 1995, 6 (1): 65 – 78.

Rae, D., "Entrepreneurial Learning: A Conceptual Framework for Technology-based Enterprise", *Technology Analysis & Strategic Management*, 2006, 18 (1): 39 – 56.

Raijman, R., Tienda, M., "Ethnic Foundations of Economic Transactions: Mexican and Korean Immigrant Entrepreneurs in Chicago", *Ethnic & Racial Studies*, 2003, 26 (5): 783 – 801.

Reynolds, P. D., Bygrave, W. D., et al., "Global Entrepreneurship Monitor, 2002 Executive Report", Babson College, London Business School and Kauffman Foundation, 2002.

Rezaei, S. & Marco Goli, "Norm Divergence, Opportunity Structure and Utilization of Self-Employed Immigrants' Qualifications", *Journal of Social Sciences*, 2009, 5 (3): 163 – 176.

Richard, R., Nelson, Sidney, G., *Winter An Evolutionary Theory of Economic Change*, Harvard University Press, 1982.

Ritter, T., Wilkinson, I. F., Johnston, W. J., "Measuring Network Competence: Some International Evidence", *Journal of Business & Industrial Marketing*, 2002, 17 (2/3): 119 – 138.

Roelandt, Hertog, *Cluster Analysis and Cluster-based Policy Making in OECD Countries*, Boosting Innovation: The Cluster Approach, 1998.

Rogers, E. M., *Communication Networks Towards A New Paradigm for Research*, New York Free Press, 1981.

Rottig, D., *Institutional Distance, Social Capital, and the Performance of Foreign Acquisitions in the United States*, Florida: Florida Atlantic University, 2008.

Rosenkopf, L., Nerkar, A., "Beyond Local Search: Boundary-Spanning, Exploration, and Impact in The Optical Disc Industry", *Strategic Management Journal*, 2001, 22 (4).

Rutten, R., Boekema, F., *The Learning Region: Foundation, State of the Art, Future*, Northampton: Edward Elgar, 2007.

Sabatini, F., "Social Capital as a Social Network: A New Framework for Measurement and Empirical Analysis of its Determinants and Consequences", *The Journal of Socio-Economics*, 2009, 38 (3): 429 – 442.

Sahlman, W. A., *Some Thoughts on Business Plan*, The Entrepreneurial Venture, HBS Publication, 1999.

Salaff, J., Greve, A., Wong, S. L., "Business Social Networks and Immigrant Entrepreneurs From China", *Chinese Ethnic Business: Global and Local Perspectives*, 2006, 2: 99.

Sarasvathy, S. D. and N. Dew, "New Market Creation Through Transformation", *Journal of Evolutional Economic*, 2005, 15 (5).

Sawabe, N., Egashira, S., "The Knowledge Management Strategy and the Formation of Innovative Networks in Emerging Industries", *Journal of Evolutionary Economics*, 2007, 17 (3): 277 – 298.

Shaker, A. Zahra & Gerard George, *International Entrepreneurship: The Current Status of the field and Future Research Agenda*, Oxford: Blackwell Publishers, 2002: 255 – 288.

Shane, S. & Stuart, T., "Organizational Endowments and the Performance of University Startups", *Management Science*, 2002, 48 (1): 154 – 170.

Simmel, G., *The Sociology of Georg Simmel*, Simon and Schuster, 1950.

Slotte-Kock, S., Coviello, N., "Entrepreneurship Research on Network Processes: A Review and Ways Forward", *Entrepreneurship Theory and Practice*, 2010, 34 (1): 31 – 57.

Smith, D. A., Lohrke, F. T., "Entrepreneurial Network Development: Trusting in the process", *Journal of Business Research*, 2008, 61 (2): 315 – 322.

Smith, N. R., *The Entrepreneur and His Firm: The Relationship Between Type of Man and Type of Company*, Bureau of Business and Economic Research, Michigan State University, East Lansing, MI, 1967.

Steier, L., "Next-generation Entrepreneurs and Succession: An Exploratory Study of Modes and Means of Managing Social Capital", *Family Business Review*, 2001, 14 (3).

Stephens, S., "Building an Entrepreneurial Network: the Experiences of Immigrant Entrepreneurs", *Journal of Enterprising Communities: People and Places in the Global Economy*, 2013, 7 (3): 233 – 244.

Storper, M., *The Regional World: Territorial Development in a Global Economy*, Guilford Press, 1997.

Strauss, A., Corbin, J., *Basics of Qualitative Research*, Newbury Park, CA: Sage, 1990.

Sullivan, D. M., *Dynamic Entrepreneurial Networks: An Investigation of Entrepreneurs, New Ventures and Their Networks*, University of Central Florida Orlando, Florida, 2006.

Tai-Young, K., "Framing Inter-organizational Network Change, a

Network Inertia Perspective", *Academy of Management Review*, 2006, 31 (3).

Tehseen, S., Sajilan, S., "Network Competence Based on Resource-based View and Resource Dependence Theory", *International Journal of Trade and Global Markets*, 2016, 9 (1): 60 – 82.

Thoman, G. S., "The End of Bureaucracy and the Rise of the Intelligent Organization", *Industrial and Labor Relations Review*, 1996, 49 (4): 765 – 767.

Thorelli, H. B., "Networks Between Markets and Hierarchies", *Strategic Management Journal*, 1986, 7: 37 – 51.

Thornton, P. H., Flynn, K. H., Entrepreneurship, Networks, and Geographies, *Handbook of Entrepreneurship Research*, Springer, 2003: 401 – 433.

Tichy, G., Clusters: Less Dispensable and More Risky Than Ever, *Clusters and Regional Specialization*, 1998: 211 – 25.

Ticky, G., *Clusters: Less Dispensable and More Risky than Ever Clusters and Regional Specialization*, London: Pion Limited, 1998: 101 – 123.

Timmons, J. A., *New Venture Creation* (5th ed), Singapore: McGraw-Hill, 1999: 37 – 40.

Turkina, E., Thai, M. T. T., "Social Capital, Networks, Trust and Immigrant Entrepreneurship: a Cross-country Analysis", *Journal of Enterprising Communities: People and Places in the Global Economy*, 2013, 7 (2): 108 – 124.

Ucbasaran, D. Westhead & Wright, M., "The Extent and Nature of Opportunity Identification by Experienced Entrepreneurs", *Journal of Business Venturing*, 2009, 24 (2): 99 – 115.

Uzzi, B., S. Jarrett, "Collaboration and Creativity: The Small World Problem", *American Journal of Sociology*, 2005, 111 (2).

Uzzi, B., "Social Structure and Competition in Interfirm Networks, The Paradox of Embeddedness", *Administrative Science Quarterly*, 1997, 42 (1): 35–67.

Van de Bunt, G. G., Groenewegen, P., "An Actor-oriented Dynamic Network Approach the Case of Inter-organizational Network Evolution", *Organizational Research Methods*, 2007, 10 (3): 463–482.

Van Der Laan, R., Driessen, M., Zwart, P., *Entrepreneur Scan Identifies Potential Fast Growers*, Working Paper, 2010.

Veblen, T., *Absentee Ownership: Business Enterprise in Recent Times: the Case of America*, New York: Brunswick, 1923.

Volery, T., "Ethnic Entrepreneurship: A Theoretical Framework", *Handbook of Research on Ethnic Minority Entrepreneurship*, 2007, 1: 30–41.

Waldinger, R., H. Aldrich, and R. Ward, *Ethnic Entrepreneurs*, Newbury Parker, Calif: Sage Publications, 1990.

Wang, C. L., Chugh, H., "Entrepreneurial Learning: Past Research and Future Challenges", *International Journal of Management Reviews*, 2014, 16 (1): 24–61.

Wang, Q., "Ethnic Entrepreneurship Studies in Geography: A Review", *Geography Compass*, 2012, 6 (4).

Wernerfelt, B., "A Resource-based View of The Firm", *Strategic Management Journal*, 1984, 5 (2): 171–180.

William, B. Gartner, "A Conceptual Framework for Describing The Phenomenon of New Venture Creation", *Academy of Management Review*, 1985, 10 (4): 696–705.

Yin, R. K., *Case Study Research: Design and Methods*, Sage Publications, 2013.

Yin, R. K., *Case Study Research: Design and Methods* (2nd), Sage:

Thousand Oaks, CA, 1994.

Yiu, D., Makino, S., "The Choice Between Joint Venture and Wholly Owned Subsidiary: An Institutional Perspective", *Organization Science*, 2002, 23 (6): 667 – 683.

Zelekha, Y., "The Effect of Immigration on Entrepreneurship", *Kyklos*, 2013, 66 (3): 438 – 465.

Zhang, M. L., Zhou, Z. H., "ML-KNN: A Lazy Learning Approach to Multi-Label Learning", *Pattern Recognition*, 2007, 40 (7): 2038 – 2048.

Zolkiewski, J., Story, V., Burton, J., "The Role of Relationships and Networks in Radical Innovation Special Issue Editorial", *Journal of Business & Industrial Marketing*, 2016, 31 (6): 717 – 721.

Zouiten, M., Bourakkadi, H., "Economic Theory of the Craftsman Entrepreneur-Operational Concepts", *International Journal*, 2014, 2 (3): 498 – 504.